本书为清华大学自主科研计划课题"梯田环境下之传统聚落与建筑研究——以云南省红河州元江南岸村寨为例"（科研项目编号：20121088018）成果。

哈尼梯田村寨

罗德胤 孙娜 霍晓卫 高翔 著

中国建筑工业出版社

图书在版编目（CIP）数据

哈尼梯田村寨/罗德胤等著.--北京：中国建筑工业出版社，2013.10
ISBN 978-7-112-15987-1

Ⅰ．①哈…　Ⅱ．①罗…　Ⅲ．①哈尼族-梯田-民族文化-中国　Ⅳ．①K285.4

中国版本图书馆CIP数据核字（2013）第243267号

责任编辑：戴　静　丁　夏
装帧设计：付俊玲
封面设计：官菁菁

哈尼梯田村寨

罗德胤　孙娜　霍晓卫　高翔　著

＊
中国建筑工业出版社出版、发行（北京西郊百万庄）
各地新华书店、建筑书店经销
利丰雅高印刷（深圳）有限公司制版
利丰雅高印刷（北京）有限公司印刷
＊

开本：787×1092毫米　1/16　印张：16¼　字数：30万字

2013年10月第一版　　2013年10月第一次印刷
定价：88.00元
ISBN 978-7-112-15987-1
　　　（24780）

序

　　这是一本详细描绘、解读正在闻名遐迩的哈尼梯田文化景观中的核心要素——哈尼梯田村寨，并且生动、细致讲述梯田村寨故事的精致书册。作者之一罗德胤先生嘱为此书作序。

　　踌躇耽搁之际，2013年6月22日中午12点28分，在柬埔寨王国首都金边和平宫三层会议大厅，第37届世界遗产委员会主席、柬埔寨王国副首相索安先生手中庄严的木槌郑重敲下，确认通过云南红河哈尼梯田文化景观被列入《世界文化遗产名录》。

　　这一历史时刻之前，是国际古迹遗址理事会世界遗产顾问苏珊·丹尼尔女士精美的推荐报告，世界遗产委员会委员国一个接一个不吝溢美之词的支持表态。

　　出人意料的是，最后，日本代表二次发言掭了个问题，"我不改变日本支持这一申报项目的立场，只向缔约国提一个问题，现代化的发展会不会使当地的人口日益减少？"

　　他的问题指向当今世界共同关注的难题——作为文化多样性和丰富生动的历史记忆的组成部分，不同民族区域，尤其是那些距离现代化还较远的地区和人民多姿多彩的传统，能否在迅猛发展的现代化浪潮中留存下去？该不该留存下去？如何留存下去？

　　作为杰出文化景观的红河哈尼梯田"天人合一"、"四素同构"、人与自然和谐相处的生产与生活方式是否还能保持？坚守了千百年的哈尼族人民还能否坚守下去？这种传统和景观是否还具备吸引力和凝聚力，是否可持续？

　　一个友好，却又尖锐的发问！

　　而无论是国际咨询机构——国际古迹遗址理事会（ICOMOS）的评估推荐报告，还是世界遗产委员会的审议决议，自始至终也都关注到哈尼梯田文化景观的创造者和坚守者的居住地——梯田村寨。

　　国际古迹遗址理事会在评估过程中坚持认为，"所有（所申报景观区域内）的村庄都应被纳入提名遗产的边界。……如果包括这些村庄，则需要提供这些村庄的资料及对它们的保护和管理安排，其中需要说明如何从社会、经济、文化和视觉效果方面，将它们作为整体文化景观的一部分加以管理？"

世界遗产委员会在对红河哈尼梯田文化景观的评语中写道，红河哈尼梯田文化景观所体现的森林、水系、梯田和村寨"四素同构"系统符合世界遗产标准。其完美反映的精密复杂的农业、林业和水分配系统，通过长期以来形成的独特社会、经济、宗教体系得以加强，彰显了人与环境互动的一种重要模式。

其中，世界遗产委员会的审议报告特别提及，"在梯田之上，山顶之下，有82个规模较小的村寨，每个村寨有50到100家人。寨子里的传统建筑是土坯堆砌的小屋，屋顶倾斜，上面堆着茅草，看上去像蘑菇，别有特色"。

应当说明的是，哈尼梯田以哈尼民族命名，但梯田的主人不只是哈尼族同胞。不过，哈尼村寨的确自有特色和内涵。

再认识其特色、意义与价值，保护、完善和延续这些村寨及其深蕴的文化与传统，这已成为热爱梯田并追寻人与自然和谐生存方式的人们一个永恒的话题和无尽的历史使命。日本代表看似简单的问题，国际组织淡淡的几笔文字，都关联着这样的话题和使命。

毫无疑问，当代人类文化与自然遗产保护理念和实践规则的最高共识——不断修订和发展中的《世界遗产公约》及其《实施指南》提倡、支持、促进、推广保护与延续如哈尼梯田一样的文化景观，其目的、宗旨，不是为了已享尽山珍海味、唱够卡拉OK的城里人到此猎奇，更不是要让社会停滞不前。那么，如何在社会的进步与发展中体现正确、可行的保护理想、方向与路径，就至为关键。

我们知道，当地政府已经为此出台了《红河哈尼梯田文化景观村庄居民管理保护办法》以及《红河哈尼族传统民居保护修缮和环境治理导则》。国家相关部门也正在考虑给予进一步的专业指导、政策和经费的支持。

同时，我们知道，一切正确的方针和措施，都离不开扎实的基础科研工作。我由此想到再来面对罗德胤先生即将付梓的这本凝聚了理念与实践、心血与汗水的精炼佳美之作——《哈尼梯田村寨》。

这本书不算很大，但是多年实地周详踏勘、测绘、精心研究、对比分析的成果，确切实在、内容丰富。它首先真切、详实地告诉了人们，支撑着哈尼梯田大地雕刻般壮美文化景观的文化内涵、底蕴是什么，传统、特色是什么。继而，它启问人们，这种内涵、底蕴、传统和特色，现实意义在哪里？未来向何处去？

这些问题，让外部世界，也更让千百年来世世代代劳作在哀牢大山梯田中的各族人民重新认识曾经司空见惯，但却渐觉耳目一新的家乡所蕴含的世界意义与价值，也引发对人类社会发展方向和模式的无尽思索。

传统建筑基础设施诸如给排水、卫生设施的改善是不存争议的合理需求和发展方向，但必须谨慎处理发展改善与保护传统建筑结构与风格、村寨格局与风貌之间的和谐与平衡。

另一方面，建筑材料随着传统的茅草资源枯竭，人畜"混居"的住房形式面临改造的需求和压力。方向和出路在哪里，途径和办法是什么？也还都是待解的难题。

本书对上述问题未必都能给出最终的或成熟的方案，但多多少少都会给我们一些有益的提示。

在国际古迹遗址理事会的评估意见和世界遗产委员会的决议中，还建议缔约国"考虑就管理梯田遗产地举行国际研讨会，以同其他面临着类似挑战的亚洲遗产地分享哈尼梯田在实现可持续性管理方面所做出的努力"。这既体现出哈尼梯田文化景观的全球突出普遍价值和意义，也体现出哈尼梯田可持续性所面临的挑战的普遍性和严重性，表达出国际社会共同的焦灼、关切和对中国的厚望。

中国已经郑重表态，接受了国际社会这一建议和重托，将尽快在哈尼梯田现场组办这样一个国际论坛，并将把这一重大文章持久做下去。

期待本书成为哈尼梯田文化景观遗产实践可持续保护和全人类探索新形势下人与自然和谐共生的进程中一块永久的铺路石。

郭旃

国际古迹遗址理事会（ICOMOS）副主席

中国古迹遗址保护协会副理事长兼秘书长

2013 年 7 月 3 日于北京

目录

绪言

哈尼梯田是 2013 年中国申报世界文化遗产的项目。按照世界遗产委员会的规定，从 2006 年起一个缔约国每年可至多申报两项世界遗产，其中至少一项是自然遗产。作为一个文化遗产的大国，中国可用于申报世界文化遗产的项目非常多，这些年光是排在预备名单里的就有几十项。最后又能从这几十项里脱颖而出的，没有高品质与独特价值是不可能的。

这里所说的哈尼梯田，实际上包含两层含义。第一层是广泛意义上的哈尼梯田，也就是红河[1]南岸几个县境内以哈尼族为主要民族所开垦成的梯田。第二层是申报意义上的哈尼梯田，也就是作为世界文化遗产项目的哈尼梯田，它分布于元阳县内，主要有坝达、老虎嘴和多依树三大片区。本书所涉及的梯田村寨，大都位于申报世界遗产的范围之内。

需要说明的是，生活在哈尼梯田里的民族并不只有哈尼族，这其中还有彝族、壮族、傣族和汉族等。如果把梯田上方的森林区域也计算在内，还有瑶族、苗族等传统意义上以打猎或游耕为生的民族。[2]国家文物局在申报世界遗产时之所以选择用"哈尼梯田"这一词，可能是出于将复杂事情简单化的考虑。以人口比例来算，哈尼族占元阳县人口的一半以上。在梯田集中分布的中高山区，哈尼族所占的比例更高一些。从这个角度说，"哈尼梯田"的称谓也算得上当之无愧。

---

1. 在我国境内常称为元江。
2. 哈尼梯田在申报中提出了"四素同构"的核心观点。所谓四素同构，即森林、村寨、梯田和水系形成的生态系统。从这个角度说，森林也是哈尼梯田的构成部分。

哈尼梯田以规模宏大、气势磅礴著称。加上哀牢山变幻莫测的云雾，这里便成了摄影艺术家的天堂。在哈尼梯田旅游旺季的秋冬季节，各个观景台上都架满了"长枪大炮"，这种场景本身就和哈尼梯田相映成趣。我们曾经在老虎嘴梯田的观景台上遇到一位摄影发烧友，几个月之前还是一个只会用傻瓜机的门外汉，就因为来到元阳，被壮美的梯田所感染，便果断去省城斥巨资购买了专业的摄影设备，从此天天起早贪黑，在几个观景台之间赶场拍摄梯田云海（图 0-01、图 0-02）。

我们的脖子上虽然也挂着还算不错的相机，却远够不上摄影发烧友的资格。我们关注的，是梯田里不太被人们留意的村寨。有人会问：梯田壮美足矣，村寨何用？

在哈尼梯田的申报文本中指出，森林、村寨、梯田和水系所形成的"四素同构"是哈尼梯田的核心价值所在。梯田是由人所开垦的，而开垦梯田的人就生活在村寨里。村寨里的人们利用森林涵养的水分，解决了自己生活所需，还通过兴修水利灌溉梯田。而梯田所产出的水稻，则养活了勤劳的当地人。这正是"四素同构"的生态意义。由此，村寨也成为哈尼梯田的重要组成部分。

图 0-01 多依树片区的梯田

图 0-02 老虎嘴片区的梯田

世界上的梯田有千千万万，其中很多由森林、村寨、梯田和水系组成，形成所谓的"四素同构"现象。而哈尼梯田的特殊之处在于，它是人类对自然的一种"极致利用"。"不极致利用"的梯田，规模也可能是庞大的，比如已经成为世界文化遗产的菲律宾巴纳韦梯田。但是这些梯田里的人口密度一般不大，村寨的分布比较分散，聚落发育程度也较低。生活在哈尼梯田的人们，通过高强度的劳动和高智慧的安排，将土地承载力发挥到了极限，所以这里的村寨在数量、层级和类型上都远远超过了一般梯田环境的聚落。[1] 在这样的村寨里，人们创造出了丰富多样的物质文化与非物质文化。所以，只有关注梯田里的村寨，才能完整挖掘出哈尼梯田的科学价值。

根据官方统计，哈尼梯田申报核心区内共有 82 个村寨。由于时间与精力所限，我们不可能对这 82 个村寨一一做详细的调查和研究。结合哈尼梯田申请世界文化遗产的环境整治工作，我们的调研主要是在全福庄、阿者科、牛保普、垭口、上主鲁老寨、麻栗寨、水卜龙寨、土锅寨这几个寨子里进行的。另外，为了对比研究，我们也

---

1. 根据文化遗产研究院申遗文本里的测算，哈尼梯田里的人口密度是菲律宾巴纳韦梯田的 2~3 倍。

对缓冲区内的聚起寨、大顺寨和牛角寨乡进行了一些调研。这些寨子分布在不同区位、不同海拔，也分属不同的民族，大致上能够反映出哈尼梯田村寨的整体情况。

梯田村寨确实是一个充满魅力的课题。不过，她的魅力并非在开始时就能发现，随着调查和研究的深入才会有所体验。第一眼看到梯田村寨，你也许会很失望。这种失望，一半源于我们保护工作的不力——大多数传统的蘑菇房已消失，取而代之的是一栋栋裸露着红砖的小洋楼；另一半源于和梯田的对比——那些丑陋的红砖楼房，单看它们就已经够难受了，更何况是放在壮美的梯田背景里。实在是格格不入！

失望之余，我们的眼睛也逐渐地学会了相机镜头的"过滤"本领，只看见我们所愿意看的，将不愿意看到的东西统统放到画框之外。这种掩耳盗铃之举，倒也能凑得一时之效。只是，自欺欺人到底是自欺欺人，长久不了。哈尼梯田要想成功申请世界文化遗产，村寨这个"四素同构"之中的短板，终究要补。于是，这就让我们有了更多的机会去深入梯田与村寨。

在梯田和村寨里穿行久了之后，我们的眼睛又学会了另外一种"过滤"，或者说是麻木。梯田景观确实很美，但是看得多了也会审美疲劳。反倒是村寨里的文化，越发激起我们的兴趣。开垦出如此壮观的梯田，一定需要非常强大的集体力量。哈尼人（以及其他几个民族的人）是怎么形成这股强大的集体力量的呢？

答案就在村寨里。哈尼族的村寨，上方有寨神林，下方有磨秋场。初时，这种现象并没有引起我们太多的注意。来元阳之前，我们在汉族聚落里做的调查比较多。汉族聚落里代表集体力量的，往往是祠堂和庙宇这样的大型公共建筑。在这里，作为实体存在的建筑和抽象的精神是相匹配的，一强俱强，一弱俱弱。我们怀抱着同样的思维定式来到哈尼梯田的村寨。因为没有看到像样的公共建筑，我们就自然而然地得出了结论：哈尼村寨的聚落发育，是不完善的。

一段时间之后，我们就发现了自己的错误。哈尼人在寨神林和磨秋场上的节日，彻底让我们惊叹，并重新认识了祭祀的作用。祭祀，不但在哈尼人的意识中建起了一座座"祠堂"和"庙宇"，也凝聚起一个又一个村寨的集体。他们年复一年地重复着自己的节日，重复着自己的祭祀，哈尼人最终得以形成并保持超强的集体合力，从而共同改造着他们所生存的环境。他们辛勤劳动的成果，就是铺陈于我们眼前的这千层梯田。

　　明白了这一点,我们的思考就有了主线,调查也就有了目标,写作也就顺理成章地开始进行。

　　哈尼梯田申报的类别是世界文化遗产中的文化景观。顾名思义,文化景观就是文化加上景观。哈尼梯田的景观,已经被世人所熟知。我们相信随着中国社会的进步和游客认知度的提高,哈尼梯田的文化会越来越受到重视。在元阳新街镇的云梯酒店里,我们遇到一批欧洲的游客。他们并没有像大多数中国游客那样,选择在哈尼梯田最美的冬季到来,而是特意挑选了秋收之际,为的是一睹当地农民在田里打谷子的盛况。也许在他们看来,劳动才是最美的,是劳动创造了文化,也是劳动创造了景观。

第一章
哈尼寨子诞生记

罗德胤 孙娜 霍晓卫

名词释义

寨神林：位于哈尼族寨子上方的一小片树林，里面有寨神树，是寨子的保护神。

昂玛突：在寨神林内祭祀寨神树的仪式，每年春耕前举行，通常持续三至五天。

磨秋场：位于哈尼族寨子下方的一个场地，是每年六月全寨人过苦扎扎节的地方。

苦扎扎：哈尼族预祝五谷丰登、人畜康泰的节日，每年收割前举行，通常持续三至六天。

哈尼族在红河南岸的哀牢山区可能已经居住了上千年之久，很多寨子的历史也已经达到几百年甚至更长。然而，由于哈尼族没有文字，村寨历史仅靠巫师记忆或口口相传，所以后人很难对寨子的成立和发展过程有一个清晰的了解。[1]

从这个角度来说，全福庄中寨这个"年轻而现代"的寨子，恰恰由于其历史较短——从 1963 年最初的 6 家人迁来这里，到现在不过 50 年的时间——才使得我们能够采访到从成寨之初便居住在这里的早期居民，从而对寨子的成立和发展过程有一个较

1.哈尼族的"地名连名制"，可帮助我们了解某些寨子的迁徙关系。见：王清华.梯田文化论——哈尼族的生态农业 [M].昆明：云南人民出版社，1999：62-69

为完整的认识。

全福庄中寨是属于云南省红河哈尼族彝族自治州元阳县全福庄村的一个寨子。全福庄，位于元阳老县城新街镇[1]以南 11 公里处，海拔在 1820 米左右。因为是在红河南面的山坡上，故村里大部分建筑是坐南朝北的。全村包括大寨、小寨、中寨和上寨四个寨子，有人口 1454 人，户数 307 户。[2]四个寨子中，大寨历史最长，规模最大（有 5 个村民小组），其他三个寨子（各 1 个村民小组）都是从大寨迁出的。根据寨中老人的说法，大寨的历史大约有 300 年，上寨和小寨的历史有 100 多年。

中寨有人口 356 人，71 户。[3]从村落的平面看，中寨明显是由东、西两个组团构成的，两个组团之间有几十米的距离。在组团内部，各有几十户人家，另外还有占地不等的菜地和树木。与全福庄其他寨子相比，中寨的聚落肌理呈现出较为松散的特点。这或许说明，中寨目前的形态还不是最终的。如果没有外力干扰（比如出台保护政策禁止新建房屋），随着村民加建新房，中寨最终也会和大寨、小寨一样，成为房屋密集的村落（图 1-01、图 1-02）。

图 1-01 全福庄中寨平面示意图（底图由云南红河州梯田管理局提供）

中寨西组团　　磨秋场　　　寨神林　　中寨东组团　　　北

---

1. 元阳县城原在海拔 1680 米的新街镇，由于存在山体滑坡的危险，1998 年迁至海拔约 300 米的南沙镇。
2. 据 2009 年的统计材料。
3. 据 2009 年的统计材料。

图 1-02 森林和梯田间的村寨

"惹罗古规"

根据流传下来的歌谣，哈尼族人在村寨选址上要遵照"惹罗古规"：

上头山包像斜插的手，寨头靠着交叉的山岗；

下面的山包像牛抵架，寨脚就建在这个地方。

寨心安在哪里？就在凹塘中央。

寨头也安下了神台，先祖来这里祭神，

寨脚安下了高秋，远处就能望见。

安居的基石是寨子的父母，它从遥远的惹罗普楚搬来。

最直最粗的树选做神树，它庇荫着哈尼子孙繁衍。

大寨要安在那高高的凹塘，

寨头要栽三排棕树，

寨屋要栽三排金竹，

吃水要吃欢笑的泉水，

住房要住好瞧的蘑菇房。[1]

古规里提到了形成寨子的三要素——寨头、寨心和寨脚。寨头即寨神林[2]，寨脚即磨秋场，它们是红河州哈尼族寨子的重要构成部分。红河州哈尼族寨子多选址于海拔1000多米的山腰上，寨子上方有森林，下方有梯田，森林涵养水分并形成溪流，供村民日常生活使用并灌溉梯田。村寨、森林、梯田和溪流，形成了"四素同构"的生态循环系统。在村寨与森林之间，哈尼族人会选择一处小树林，作为护卫整座寨子的寨神林，并在神林中选择一棵健康、笔直且多籽的树，作为寨神树。寨神树的生长情况预示着寨子里人、畜、作物的命运。村民们对寨神林和寨神树不只要精心维护，还要每年一次在寨神林里举办昂玛突节。而在寨子和梯田之间，哈尼族人会选择一处相对平坦的场地，作为每年过苦扎扎节的磨秋场[3]。

昂玛突节和苦扎扎节，是哈尼族人最隆重的两个节日。寨神林和磨秋场，也是哈尼族寨子里最重要的两个空间节点，它们一个指向上方的森林，一个指向下方的梯田，在空间上、精神上将村民与其生存环境联系起来，限定了哈尼族寨子的上、下边界，也完整地体现了"四素同构"的生态意义和文化内涵。

寨神林和磨秋场这两大要素在全福庄中寨中都是具备的。不过，关于寨心，我们在全福庄几个寨子的调查却一无所获。就连当初为中寨选定寨神林的头人[4]卢有开（1931-）也不知寨心为何物。[5]

古规里说寨心要安在"凹塘中央"。所谓凹塘，是指向内弯曲的缓坡地。为什么一定要选择凹塘，而不能是向外凸出的场地呢？这或许和凹塘在形态上的内聚性有关。内聚的形态可以让各家彼此相望，从而有利于村民们产生相互依赖和相互支持的情感。

相比于凸地，凹塘更容易获得水源，便于人们日常生活取水——如果是溪水，其流经或汇聚之处会是凹塘，而不会是凸地；如果是泉水，在凹塘出现的几率也比在凸

---

1. 引自：蒋高宸.云南民族住屋文化 [M].昆明：云南大学出版社，1997：311
2. 古规里栽三排棕树的说法，可能是针对其他地方的，全福庄及其附近村落的寨神林少见棕树。
3. 磨秋场上有磨秋和秋千，故有此名。六月节时，人们在磨秋场上转磨秋和荡秋千。磨秋由一根立柱和架在立柱上的一根横杆组成。转磨秋时，两人分别在两侧抱住横杆，以立柱顶部为支点，一边转一边上下摆动，相当于可以转动的翘翘板。古规中说的"高秋"，意为高高的秋千架或磨秋架。
4. 哈尼族称为米谷。
5. 全福庄几个寨子"没有寨心"，或许是因为年深日久的缘故。在元阳县规模最大的哈尼族寨子——麻栗寨，我们就调查到竖立在寨心上的寨基石（现已被埋在石院墙内）。另外在距离全福庄不远的彝族寨子——水卜龙，我们也看见保留至今的寨基石。

地高，因为凹塘地下的水源比较丰富，容易形成较高的水压。[1]当第一户人家定居在新寨子时，他一定是选择靠近水源之处。此后迁来的人家，往往也会在水源附近陆续建房，从而形成以第一户人家，也就是以水源为中心的村落格局。因此，古规才会说"寨心安在哪里？就在凹塘中央"，也会说"吃水要吃欢笑的泉水"（图 1-03）。

将此"凹塘寨心论"对照于全福庄的几个寨子，可以发现：

（1）在每个村民小组内部，等高线与房屋的分布是高度吻合的，而等高线的形状大多数是向内弯曲的；

（2）大寨的 5 个村民小组之间和中寨的两个组团之间，呈现出明显的凹塘形状。

综合以上两点，我们可以说：全福庄包括中寨在内的几个寨子大致符合"凹塘寨心论"，也符合哈尼族的"惹罗古规"。

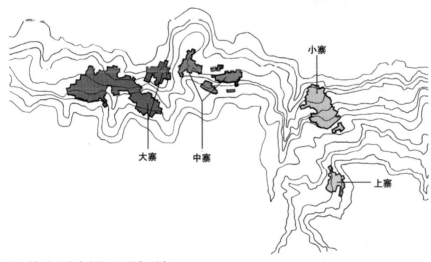

图 1-03 全福庄中寨的"凹塘"形态

选址

到 1963 年，经过几百年发展的全福庄大寨，建筑密度已经很高了，发展空间也比较小了。这时由三组的两户人——卢文长的父亲（即后来中寨的大头人，几年前去

1.凹塘水源多，有时候也不完全是好事。比如全福庄附近的箐口村，是极好的凹塘地形，但有泥石流的潜在威胁。见：马翀炜.云海梯田里的寨子——云南省元阳县箐口村调查 [M]. 北京：民族出版社，2009：4

图 1-04 寨头人卢有开（生于 1931 年）

世）和卢有开（即后来中寨的小头人，现任大头人，图 1-04）——共同发起，又联合了大寨三组、四组的其他四户人——包括卢向阳的父亲、卢志明的父亲、李落矮和李英义，商议决定一起从大寨迁出，另建一个新寨子。

他们将迁出的地点选择在大寨和小寨之间的一片荒地上。据后来成为中寨头人的卢有开老人回忆，这片荒地在当时有两个地名——"丫莫霍天"和"索扒虎播"，前者意为"官人的地方"，后者意为"首领的坟"。之所以有这样的地名，是因为 1950 年之前这里曾经是新街镇上一名官员家的坟地。"一共有 8 座坟墓[1]，还有一棵大多依树和两棵山楂树，剩下都是些低矮的荒草了，连一只兔子跑过去都能看见草在动"，卢有开老人这样说道。

在迁来之前，头人卢有开做了两件事。

第一件事是为新寨子选寨神林，同时将老寨子寨神林里的寨神树"迁"来。寨神林是位于新寨子上方的一片小树林。之所以选在这里，可能和卢有开自己家的位置有关系。卢有开的家就在寨神林的正下方，距离约 100 米。

新寨子的寨神林确定后，卢有开从大寨三四组的寨神林[2]里取了三把土，用衣服包好，带到新寨子的寨神林，将土放下，压上两块石头，一平一竖；又在三、四组的寨神林里选了 10 株小树（不拘品种），种在这两块石头周围。新寨子的寨神树，就是从这 10 株小树里选定的。具体选哪一株，要视其未来长势而定：长势最好的，就选为寨神树；而被选为寨神树的那棵树一旦发现有病虫害，就要另选一棵。之所以要从老寨子的寨神林里迁来的小树，而不是直接从新寨子的寨神林里选出寨神树，就是为了表示新寨子与老寨子之间的"血缘关系"。寨神树象征村寨的命脉，既然人是从老寨

---

1. 现在的公路上方有 1 座，下方有 6 座。1950 年代土地改革时，生产队组织村民开荒、挖塘，将 6 座坟都就地平整了，只有 1 座坟被迁移到了别处。之所以将此坟特殊对待，据卢有开老人说，是因为村民从坟里挖出了保存完好的尸体，并发现其头顶和胸口各佩戴有一块白玉。
2. 大寨的 5 个村民小组，形成由三个"非正式"的小寨子：A 寨即一、二组，有 128 户；B 寨即三、四组，有 133 户；C 寨即五组，有 46 户。A、B、C 三个寨子各有一个寨神林。

子迁出的，寨神树也得从老寨子迁出。而之所以要迁 10 株小树，而不是只迁 1 株，就是为了保险起见——迁移的树不一定能成活，即使成活也难保没有病虫害。

第二件事是寻找水井。新寨子的第一口水井位于东南角，距离头人卢有开家也不远——就在寨神林和卢有开家的中间（图 1-05）。这口水井，严格说来应该称为水池，因为它的水源并不是就地挖出来的，而是从别处引过来的。哈尼人把提供水源的地方都称为水井，不管它是地下直接冒出来的泉水，还是从附近引来的渠水。卢有开在寨神林附近找到了可供饮用的水源，但是它和新寨子还有距离，于是就用竹笕把水引了过来。架竹笕引水时，他还杀鸡祭祀占卜[1]了一番。

图 1-05 中寨最早的水井。原先只是一个小水池，现已扩建

寨神林和水井的问题都解决之后，6 家人才一起搬过来。从此，这个地方就被称为"六家寨"。

尽管只有 6 家人，头人却是不可缺的。提议迁出的两个人，即卢文长的父亲和卢

1. 祭祀时公鸡、母鸡各一只。占卜的方法是：吃完鸡肉，取出公鸡的两根大腿骨来，用刀削薄，在露山的洞上插竹签。若其中一支骨上有三洞，另一支有两洞，三洞的两侧竹签距离小于两洞的竹签宽度，或者两根鸡骨都有两个洞，需要左边的两根间距少于右侧，表明天地认同人们选择在这里居住。

有开，分别成为六家寨的大头人和小头人。这六家人中，恰好有一位户主是巫师[1]（李落矮，生于 1937 年）。哈尼族人的葬礼和重要节日上的祭祀活动都少不了巫师，所以我们猜测在迁出老寨、形成新寨的队伍中一定要有巫师。不过，这个猜测在实地调查中并没有得到证实。六家寨里出现一位巫师，似乎只是一个巧合。葬礼和祭祀活动里的巫师不一定从本寨请，也可以从其他寨子请。而且，哪些家庭请哪位巫师是要遵循传统的。也就是说，巫师与其"雇主"的关系在很多时候是固定的，不会因迁出寨子而发生改变。比如，为中寨卢姓人家举行葬礼的巫师，在 1950 年代土地改革之前是麻栗寨一位高姓人，之后则是小寨的杨志和；而在大寨，五组的二月节上配合头人的巫师，则一直是 1975 年从大寨迁至中寨的李欧忠。[2]

在六家寨东北角的路旁，有一棵大树。六家寨人将这棵大树确定为寨门，每年过二月节时巫师会在这里举行祭祀寨门的仪式。

初建

在迁入六家寨之初，可能是出于鼓励开荒者的目的，当时全福庄生产队为六家寨各户分配了面积比较大的用地。以卢有开家为例，占地约 820 平方米，长约 40 米，宽 14 ~ 24 米。其他 5 家的占地，也都和卢有开家差不多大，如图 1-06 所示。卢有开说，在他们之后迁入六家寨的人，就只能分到约 1/4 大小的土地了。

这 6 户人家的房子大致上是呈东西向一字排开的（只有水井北侧的卢志明家位

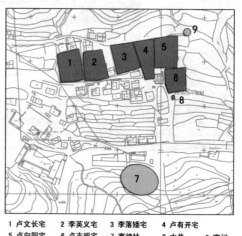

1 卢文长宅　　2 李英义宅　　3 李落矮宅　　4 卢有开宅
5 卢向阳宅　　6 卢志明宅　　7 寨神林　　8 水井　　9 寨门

图 1-06 1963 年六家寨各户土地分配示意图

---

1. 哈尼族称巫师为摩匹或贝玛。摩匹是大巫师，可以在葬礼上主持祭祀仪式。贝玛是小巫师，不能在葬礼上主持祭祀仪式。
2. 关于巫师祭祀活动的血缘特性，还可参考郑宇的《箐口村哈尼族社会生活中的仪式与交换》（云南人民出版社，2009 年，第 158-160 页）。

于卢向阳家的南面）。6家人首先做的事情是用竹篱笆圈起自己的土地，再建起了单层的竹编抹泥简易房。几年之后（大约在1968年），他们将房子改成了3层的土坯房（即蘑菇房，图1-07)[1]，同时开始在房子周围种树和竹子。之所以没有在迁入之后就马上建土坯房，是因为土坯房的建设成本较高（要多家人帮忙），周期较长（土坯要晒干才能用来砌墙），不能满足搬迁者的即时需求。搬迁要有"周转房"，这个道理至今不变。

图1-07 仝福庄中寨的土坯房

种树和竹子的实用目的是明显的。竹子在生活和生产中有重要作用：竹笋可以吃；青皮剥下来做成竹篾，可以当绳子捆东西用，还可做成各种竹编家具（6家人最初的篱笆和简易房，都使用了大量的竹篾）；竹竿能作建材（至今仍被一些人家用做支撑屋顶的檩条）。种树时，村民们会选速生的五眼果树[2]、水冬瓜树[3]、杉树和棕榈树，或者是结水果的梨树、樱桃树等。速生的树可以用来做建材[4]，结水果的树可以提供食物。李落矮、卢有开和卢向阳这三家种的树和竹子，很多是在他家土地北面的边界

---

1. 红河州哈尼族人将土坯建的房屋称为土坯房。其常见形式为3层，底层养牲口，二层住人，三层是贮藏用的阁楼。因为哈尼族人的土坯房是用茅草盖的四坡顶，形似蘑菇，所以又被称为"蘑菇房"。

2. 当地称为"雷打树"，因其长得高，易遭雷击。

3. 学名桤木，有重要的涵养水土和护坡作用。

4. 卢有开在1960年代种下的一棵五眼果树，在2001年以100元的价格卖给别人当建房木材。当时他需要这笔钱为妻子治眼病。

上的。这条边界的北边，就是连接大寨、中寨和小寨的一条主要道路。沿着路边种树和竹子，可以起到"屏风"的作用，增加房屋的私密性。当然，随着一批批树木和竹子的出现，六家寨的景观环境也有了大大的改善。原先只有 3 棵树的坟地和荒地，变成了片片绿荫环绕的村庄（图 1-08）。

图 1-08 中寨米谷卢有开家，房子旁边是菜园，远处有几棵高高的五眼果树

各家地块内的空地可用作菜地——常种青菜、萝卜、白菜、芹菜、丕菜、芫荽、生姜、南瓜、丰收瓜等蔬菜，以及花椒、草果、薄荷等香料[1]；还可以是将来建房的备用地——6 家人在接下来的几十年里大多新建了一栋或多栋土坯房，因为几乎每家的人口都在大幅增长。[2]

除了建设自家外，六家寨和各户还积极投身寨子的公共事务。

第一项，将六家寨的部分荒地开垦为梯田。传统社会里的梯田属于私有财产，进入公社化时期，土地归村集体所有。六家寨的南北两面原先都是荒地，在 1968 年之

---

1. 哈尼族人的烹调手段比较简单，香料在饮食中具有重要作用。
2. 按照哈尼族人的传统，父母只留一个已婚的儿子和自己同住（通常是小儿子，他同时也继承房产），其他儿子在成家之后都要搬出老宅，另建新房。二十世纪六七十年代，我国处于人口暴涨的时期，远在边陲之地的全福庄中寨也不例外。如今七十岁以上的中寨居民，很多都有两个或更多的儿子。

后才被开垦为梯田。这项工作由全福庄生产队出面组织，大寨村民也参加了。

种水稻的梯田离不开水，所以在开梯田的同时，村民做的第二项公共事务就是把水渠从寨子内修到了梯田里。寨子内部的水渠，同时也是各户的排水沟。

第三项，修路。在六家寨成立之前，这里原已有条道路，即6户人家北边的那条路（我们姑且称之为北横路），它是连接大寨和小寨的两条路之一。相比于另外一条位于低处的、梯田中间的道路，北横路距离寨子更近，但是因为人们出于对坟地忌讳和害怕的心理，所以它的使用频率并不高。六家寨成立之后，北横路的使用频率大大提高，超过了另一条路，村民也将其稍加拓宽，成为沟通大、中、小寨最主要的道路。与此同时，在六家寨的东部又形成了另一条寨内的道路（我们姑且称之为东纵路）。东纵路是连通寨神林、水井和北横路的，穿过卢向阳家的地块（卢向阳家的地因此被分成东、西两块，这可能是卢向阳家在卢有开家南面又建了一栋房的原因——此房的地基，或许是作为他家让出道路用地的补偿）。

第四项，种薪柴林。六家寨的东西两侧原先都是荒地，在六家寨成立之后村民在这里种树，形成了面积不大不小的几片树林。因为是为村民捡拾柴火所用，故而称薪柴林（图1-09）。薪柴林属于村集体所有，不同于各家自种的树木：后者可以按自家需要任意处理的，前者则不能随意砍伐（薪柴林现在已经让个人承包，若要砍伐仍需报批，经政府部门同意后方可进行）。六家寨的南面，即寨神林的周围，是广阔的树

图1-09 中寨东侧的薪柴林，右侧的道路通往寨神林

林，根本不缺薪柴，为什么还要在寨子旁边再种薪柴林呢？这恐怕要说到我国西南山区常见的"树林环绕式聚落"了。在西南山区的很多地方，如果一个村寨周围没有树林做防护，在心理上是让人难以接受的。村寨三面或四面有树林环绕，是元阳境内各民族传统聚落里普遍存在的现象。这些村寨在面向梯田的一侧，因为面朝低处的缘故，有的是视野较为开阔的；但也有不少种植了树林，将村寨与梯田隔开，形成围合感更强的形态。[1]

成村

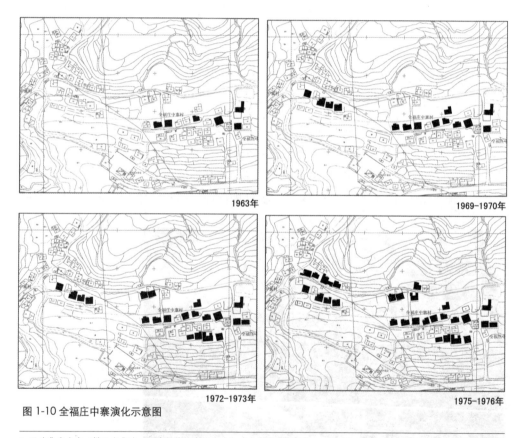

图 1-10 全福庄中寨演化示意图

1. 王清华先生在《梯田文化论——哈尼族的生态农业》（云南大学出版社，1999年，第245页）中指出，哈尼族村寨的下方有名为"朗主主波"的神林，其作用是镇压恶兽。全福庄中寨的磨秋场旁边有一片树林，从位置上说与王清华先生说的"朗主主波"类似，但是否"镇压恶兽"则未得到村民的证实。

在最初的 6 户人之后，又陆续有人从大寨迁进六家寨。这些人也都从生产队（后来的村集体）那里获批一份土地。不过，这份土地要小多了，大约只相当于最初者的 1/4。卢有开老人说，有的后来搬入六家寨（或中寨）的人，经过和先搬入者协商，也从先搬入者那里分得了一部分土地。

这些后迁者大致可分为三批。第一批是在 1969 年，有 5 户。其中 4 家在第一批居民住所西边约 60 米的地方新建住宅，形成第二个组团（即西组团）。这批人搬来之后，六家寨也改名为中寨。第二批是在 1972 年至 1973 年间，他们在水井的西侧建房，也是东西向一字排开。这时，中寨东组团内部的一条道路也形成了。它与北横路平行，我们姑且称之为南横路。在南横路的西边，也出现了一条将它与北横路连接的道路，我们称之为中纵路。第三批人是在 1974 年搬来的，主要居住在西组团的北面（图 1-10）。

中寨的西组团和大寨的五组已经很接近。五组人的水井，就位于中寨西组团的西头。他们共用这个水井。

在 1974 年，还发生了一件对中寨而言相当重要的事件——修建属于中寨自己的磨秋场（图 1-11）。中寨于 1963 年成立时并没有自己的磨秋场（尽管其位置已经在搬迁之时就已经选定），苦扎扎节要回大寨的磨秋场，和大寨人一起过。中寨新选的磨秋场位于西组团的北侧，一处向前凸出的场地上。从这里往北，就是层层叠叠的梯田，

图 1-11 全福庄中寨的磨秋场，建于 1974 年。图中建筑为秋房，在六月节期间用于杀牛、祭祀

不再有可供开荒或建房的土地。也就是说，发展到1974年，中寨的基本形态就确定了。此时其四面的边界是固定的：上至寨神林，下至磨秋场，东至寨神林下的薪柴林，西至五组的水井。

在1974年之后，中寨的房屋仍然在增加。其部分原因是还有人从大寨迁来，另外，中寨本身人口也在不断地增长。不过，这些房屋都是建在边界以内的。中寨在这时进入到内胀阶段。

20世纪80年代以来，随着政府部门在农村配套设施上的投入，中寨的基础设施得到一定的改善。比较重要的措施包括：

（1）配置取水点，并建有屋盖的水池以保证饮水卫生。以80米为半径配置取水点，凡超过80米的地方都设法修水渠引水过来，建蓄水池及洗衣、洗菜池。

（2）修公路。全福庄南侧的"大坪线"公路，于1978年通车。它为村民的出行创造了便利条件。在有这条公路之前，全福庄村民只能靠步行去新街镇或胜村街赶集，单程路上就要走两三个小时（有公路之后，坐车只需十几分钟）。公路的穿行路线，充分考虑到村民原有的生活生产——它从中寨寨神林的下面经过，避免穿过居民区，也避开了村民们下田劳动的路线。当然，公路也让村民和寨神林之间产生了空间上的隔离感，使得寨神林似乎脱离了中寨，不再是必不可少的寨头，而像是多余的、可有可无的一个部分。

（3）建村委会。村委会是位于中寨西南角的一栋两层小楼，供全福庄村干部办公用。从实际使用上看，村委会这栋建筑（以及它前面的小广场）在增强村庄凝聚力方面并没有发挥明显的作用。除了村干部，一年中村民们难得有几次到村委会。

小结

通过以上分析，我们可以说，全福庄中寨这个"现代的"寨子的产生和发展过程其实是相当"传统的"。从它身上，我们可以清晰地看出哈尼族寨子成长的历程。由于哈尼族村寨的历史大都因缺乏文字记载而语焉不详，故而对全福庄中寨的个案研究便具有了特殊的意义。

深入思考全福庄中寨的成长过程，我们还可以得出以下结论：

（1）水井的意义极为重大。在1963年之前，中寨这里是缺水的，否则不会变成遍布野草和坟墓的荒地。这片荒地之所以能够变成一个环境宜人的村庄，主要是依靠水。人们的日常生活需要水，建房需要水（用黄泥作土坯，要用水搅拌），梯田生产需要水，树林、竹林和菜地也都需要水。伴随着日常用水的解决，这里的人居环境发生了根本性的改变。在大寨6户人迁来六家寨之前，头人卢有开先选好了寨神林。但这只是一个象征性的动作，真正促使他们下定决心迁出大寨的实际因素，是在六家寨附近找到了可供饮用的水源。寨神林总是能够找到，因为傍依森林。真正稀缺的资源，还是水。

水井不只为村民提供生活用水，它还是备受欢迎的公共交往空间。近些年随着自制的"自来水"入户[1]，很多人家已经不需要到水井打水了，但仍有不少村民喜欢到水井边上洗衣、洗菜，一是因为这里地方大，便于施展，二是方便和邻居们谈话交流感情。

（2）在改变人居环境的过程中，人的因素相当重要。水源是需要人们自己去发掘利用的。有了水源之后，还得依靠人来将其多加善用。村民们在房前屋后种植树木、竹子和蔬菜，是将水从远处挑来灌溉。这些滋养植物的水分，源自人们辛勤的劳动。当然，这些劳动也都得到了回报。人们栽种的植物，不但提供了建材、食物，同时也美化了环境。植物是村子里不可缺少的组成部分。

（3）磨秋场的意义十分微妙。为什么寨神林要在迁寨之前选定，而磨秋场却可以"缓建"呢？笔者认为，这反映了全福庄哈尼族人既注重精神，又不脱离实际的智慧。迁寨之前即选定新的寨神林，标志着开创和独立的决心。在迁寨之后十几年的时间里仍和老寨子一起过苦扎扎节，则是在维持与老寨子的亲密关系。毕竟，刚成立的新寨子人口还比较少，不足以完全独立地应付所有艰难，还离不开老寨子的帮扶。直到1974年第四批人从大寨迁来之后，中寨才建起了自己的磨秋场，开始自己过苦扎扎节。从这个角度来说，寨神林只是哈尼族村寨开始建立的标志，而磨秋场才是其完全建立的象征。哈尼族有谚语："寨神树下不能埋死人，磨秋房下不能盖房子。"[2]在磨秋场确定之后，村民就不会在磨秋场的下方建造房屋了。

---

1. 用塑料水管从高处引水到家里。
2. 张红榛.哈尼族古谚语[M].昆明：云南美术出版社，2010：75

第二章
寨神林与磨秋场

罗德胤 孙娜 李婷

上一章，我们对全福庄中寨的形成过程进行了考察。由此，我们也对元阳县哈尼族寨子的基本结构有了初步了解。这里的哈尼族寨子，多选址于海拔 1000 多米的山腰上，寨子上方有森林，下方有梯田，森林涵养水分并形成溪流，供村民日常生活使用并灌溉梯田。村寨、森林、梯田和溪流，形成了"四素同构"的生态循环系统。在村寨与森林之间，哈尼族人会选择一处小树林，作为护卫整座寨子的寨神林，并在神林中选择一棵健康、笔直而且多籽的树[1]，作为寨神树。村民们对寨神林和寨神树不只要精心维护，每年还要在神林里举办一次昂玛突节。而在村寨子和梯田之间，哈尼族人会选择一块相对平坦的场地，作为每年举办苦扎扎节的磨秋场。昂玛突节和苦扎扎节，是哈尼族人最隆重的两个节日。寨神林和磨秋场，也是哈尼族寨子里最重要的两个空间节点，它们一个指向上方的森林，一个指向下方的梯田，在空间和精神上将村民与其生存环境联系起来，限定了哈尼族寨子的上、下边界，也完整地体现了"四素同构"的生态意义和文化内涵。

在这一章中，我们将通过全福庄大寨这个案例，对寨神林和磨秋场的意义做进一步的探讨。之所以选择全福庄大寨，是因为这里存在着"多寨神林对单磨秋场"的现象——寨神林是每个寨子各自拥有的，而磨秋场则由几个寨子共享。

---

1. 常见的是锥栗树。

简介全福庄、昂玛突和苦扎扎

在开始分析之前，有必要先简单介绍一下全福庄大寨的情况，并交待该村昂玛突和苦扎扎大致的仪式过程。

全福庄村包括大寨、小寨、中寨和上寨四个寨子，其中大寨的规模最大，历史最长，现有人口 1454 人，户数 307 户。[1]大寨又是由三个"非正式"的小寨子组成的，我们姑且以 A、B、C 来表示：A 寨即现在的一、二村民小组，有 128 户；B 寨即现在的三、四村民小组，有 133 户；C 寨即现在的五组，有 46 户。A、B、C 三个寨子各有一个寨神林，但它们共享一个磨秋场。而且，从村落的平面上看，三个寨神林、三个小寨子和一个磨秋场之间形成明显的轴线对应关系，几乎是以磨秋场为中心，向东南、西南和西三个方向发散（图 2-01、图 2-02）。[2]

昂玛突（现常称二月节），即祭寨神，时间为阴历二月属马日[3]到属猴日。[4]在哈尼族的神话传说中，寨神栖息于寨神林，守护着整个寨子；寨神林内有一棵寨神树，其生长情况预示着寨子里人、畜、作物的命运。阴历二月正值万物复苏，所以二月节实际上也是宣告春耕开始的祭祀仪式。过了节，村民们就要进入繁忙的育秧、插秧等农业劳作了。在持续三天的祭祀里，第一天属马日举行的仪式有普哈哭（叫寨魂）、米咪咪（祭村界处的寨门）和哈托托（祭居住地的寨门）；第二天属羊日要在寨神林里宰杀一头大猪，并分猪肉到各家各户；第三天属猴日要在寨神林里举行"神林宴"，各家派代表参加。除第一天里的几项祭祀仪式由摩匹（巫师）主持外，其他活均则由米谷（头人）主持。整个二月节期间，村民们通过集资消耗掉大量的食物[5]。

苦扎扎的日期是阴历六月的属狗日到属鼠日，也是持续三天。[6]这时春耕栽秧的

---

1. 据 2009 年的统计材料。
2. 寨神林、寨子和磨秋场由上至下形成大致的轴线对应关系的现象，同样出现在全福庄附近的大鱼塘村和菁口村。全福庄上寨的寨神林与磨秋场之间的轴线则完全偏离了寨子。上寨的情况也许属于少数，但我们目前还不可能对元阳所有哈尼族寨子做统计。
3. 哈尼族用十二生肖来记日。
4. 也有四天或五天的。另外哈尼节日的时间只规定了大致的月份和属日，具体日期由村寨领袖（现在是村干部和头人等）共同商议决定。由于哈尼族支系众多，各寨梯田的海拔高度不同，村寨的高度不同，可能相隔不远本节日时间就有差异。每年具体气候条件的变化造成农耕时令的差异，过节的时间也不一样。
5. 关于这一点，可参考郑宇的《菁口村哈尼族社会生活中的仪式与交换》一书（云南人民出版社，2009 年，第 75~82 页）。菁口村是全福庄附近的一个哈尼族村寨。
6. 也有四天、五天或六天的，内容相似。

忙季已过，梯田里禾苗打苞、抽穗、扬花，所以苦扎扎节有预祝好收成的意味。在第一天属狗日，人们要修理祭祀房，搭好秋千和磨秋。第二天属猪日要杀牛，祭祀天神，各家分食牛肉。第三天是转磨秋和荡秋千。这些活动都由头人主持。

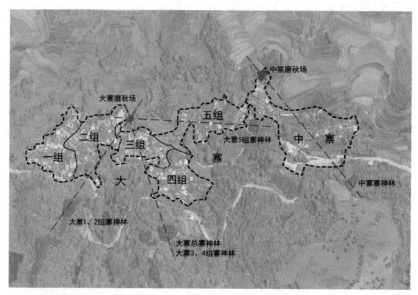

图 2-01 全福庄大寨和中寨平面图

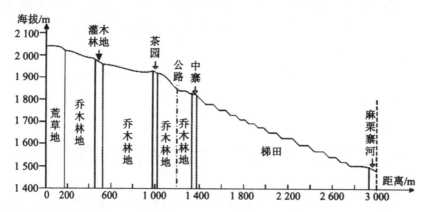

图 2-02 全福庄小流域的水系和植被系统。低处的河流蒸发后，形成雨水降至地面，涵养于森林，最终又形成溪流[1]

---

1. 角媛梅. 哈尼梯田自然与文化景观生态研究. 中国环境科学出版社，2009 年，第 58 页之图 3-2。

为什么有三个寨神林?

全福庄大寨为什么会有三个寨神林? 或者换个角度说,为什么在全福庄大寨会出现"多寨神林对单磨秋场"的现象呢?

首先可以想到的是,寨神林和磨秋场对场地的要求不一样。寨神林无疑是神圣的,哈尼族人在挑选新寨神林时也是严肃而谨慎的。但我们也应注意到,寨神林的人工痕迹可以说相当弱,在这里几乎找不到任何属于"建筑的"东西。哈尼族人对寨神林的态度,是尽量不去打扰它,让它成为一片不受侵挠的"净土"(图 2-03、图 2-04)。

相比之下,磨秋场就具有较多"建筑的"意味了。磨秋场里没有树,但少不了祭祀房、磨秋和秋千这三样东西。祭祀房是一座半临时性的建筑[1],草顶,一面有土坯墙,其余三面开敞,占地 20 ~ 30 平方米,面宽约 10 米,进深约 2.5 米。[2]磨秋由立杆与横杆组成,立杆高 1 ~ 2 米,横杆长 5 ~ 10 米。秋千宽约 2 ~ 4 米,高 5 ~ 10 米。转磨秋和荡秋千是带有竞技色彩的游戏活动,需要相应的场地。除了这二样东西之外,磨秋场还要有足够的面积,以便人们参加或观看祭祀仪式与游戏活动(图 2-05 ~图 2-07)。

哈尼村寨所处的山地环境,树林是很多的,从中挑选出一片来作寨神林也是不难的。[3]但是,要寻得一个做磨秋场的理想之处,就不那么容易了,因为它需要一块面积不小的平地。全福庄大寨的磨秋场,面积达 1500 余平方米,是非常难得的一块大平地(后来在其原址上建起了全福庄小学,有六个教室班,还有一个操场)。大寨中的 A 寨和 C 寨在成立之初,可能在附近找不到如此合适的平整场地,所以才一直和 B 寨共用一个磨秋场。而全福庄小寨的磨秋场,因为寨脚附近没有大块平地,与大寨又距离较远,不便共用一个磨秋场,所以就将祭祀房、磨秋、秋千分别建在了几个小平台之上。这种磨秋场能勉强使用,但终究不够理想。

其次我们可以想到,寨神林和磨秋场的"建设成本"也大不一样。寨神林的"建设成本"主要是头人[4]个人的时间,他要挑选合适的树林,还要从老寨子的寨神林里

---

1. 平时不用,也无人维护,只在苦扎扎节前做修葺。如果损毁严重,则重新搭建。
2. 现在磨秋场里的祭祀房,多改为平顶石墙,面宽减小到 5 米左右。
3. 为新寨挑选寨神林时,有不合适便另选一处树林的情况。这既说明人们在选择新寨神林上的慎重态度,也说明树林不难得到。
4. 一般每个寨子有大、小两位头人。头人一般是选举产生,备选人必须父母双全,夫妻和睦,有儿有女,三代以内没有做坏事且无残疾。哈尼人认为,头人及其家庭的命运代表着整个村寨的福祸,因此要由最有福气的人来担当。

选择一批小树，移栽到新寨子的寨神林里，并确保其中有成活的小树。而磨秋场的"建设成本"，就不是头人个人所能承担的了，它需要若干人家共同搭建磨秋房，竖立磨秋和秋千。在新寨子成立之初，这个问题是尤其要考虑的，因为这一阶段的村寨人口可能很少，人们对新寨子是否可以长住尚且没有把握，更不愿意花太多时间去建设磨秋场了。成立于 1963 年的全福庄中寨，最初只有六家人，寨神林在这六家人搬来之前就已经选定，磨秋场则直到 1974 年才"建成"。在 1963～1974 年的 11 年间里，中寨居民是回大寨的磨秋场，和大寨村民一起过苦扎扎节的。

再次，寨神林和磨秋场对哈尼族人而言，文化内涵也不一样。寨神林护卫着寨子，是举行昂玛突仪式的地方。其间巫师和头人还要到水井、寨门、近山地点、近田地点等处做祭祀活动。磨秋场虽然也有杀牛的祭祀仪式，但流程比较简短，人们在磨秋场更看重的是转磨秋和荡秋千这样的娱乐活动。

可见，相比于磨秋场，寨神林更强调祭祀，也更具有神圣性和严肃性。按王清华先生的说法，寨神林代表着大森林，"大森林生动活泼、变幻莫测和阴森恐怖的气氛，使先民们产生了巨大的神秘感和畏惧感"。[1] 因为寨神林的神圣性和严肃性，哈尼族人对它也有着诸多禁忌，比如女人严禁进入寨神林，普通人在非祭祀的时间也不得进入寨神林，寨神林内禁止打猎，也不能捡拾落枝作柴火等。甚至，在建房时如果很接近寨神林，也会被认为是不好的，会触犯寨神从而导致村寨厄运降临。而对于磨秋场，哈尼族人就没那么多的讲究了。磨秋场更像是一个游乐场，里面充满了欢乐的气氛。尤其是在节日的第三天之后，人们在磨秋场上不但要转磨秋、荡秋千，还要跳鼓舞，并和来"串寨子"的朋友们对歌。陆建辉先生这样描述串寨子："小伙子们有的穿上了女装，有的用锅底灰烟把脸画得花里胡哨的，有的戴上假面具，有的穿上了扯成一条条布片的裤子，有的腰上还挂着响铃，总之你想怎么打扮就怎么打扮。"[2]

神圣的场所，是来不得半点马虎的，所以每个寨子在从老寨子分出去时，必须先选好一个寨神林。游戏的场所，则是可以"将就"的，所以大寨的三个小寨子可以共用一个磨秋场，中寨在成立之初的一段时间内也和大寨共用一个磨秋场。

1. 王清华. 梯田文化论——哈尼族的生态农业 [M]. 昆明: 云南大学出版社, 1999: 244
2. 陆建辉. 农耕盛典——哈尼族节庆活动散记 [M]. 昆明: 云南美术出版社, 2010: 79

图 2-03 大寨一、二组（A 寨）的寨神树　　　　图 2-04 大寨三、四组（B 寨）的寨神树

图 2-05 已经改建为小学的原大寨磨秋场

图 2-06 从原大寨磨秋场（现小学教学楼）可以看见下面的梯田和远处的山峦

图 2-07 祭祀房，当地称秋房。大寨磨秋场的秋房已经被遮挡在教学楼后面，此处为全福庄中寨磨秋场的秋房，可作参考

"多寨神林对单磨秋场"的意义

我们已经从客观环境、建设成本和文化内涵三个方面，分析了"多寨神林对单磨秋场"的原因。但这还不足以解释一个更为本质的问题，那就是：为什么全福庄大寨要分成三个小的寨子，而不是继续维持一个规模较大的寨子？——假如是一个较大的寨子，也就没有必要有三个寨神林了，大家一起过昂玛突节，岂不省事？

这或许和哈尼族村寨的"适度规模"有关。哈尼族寨子多为几十户。100户以上的寨子，通常会分出新的寨子。全福庄大寨 A、B、C 三个寨子的户数，分别是 128 户、133 户和 46 户[1]，其中 A 寨祖先和 B 寨祖先于二三百年前分别从祖鲁寨和麻栗寨迁来的（B 寨祖先要更早一些），C 寨则大约于 20 世纪 30 年代从 B 寨分出。

几十户的规模，是和梯田生产相适应的。我们知道，越大的寨子，人口越多，所需要的田亩数也就越多。如果寨子很大，就会有一部分村民不得不花费大量的时间往返住家与稻田的途中，这是非常不划算的。哈尼族人居住的山区环境，决定了他们不可能把村寨周围所有的土地都用来耕种，因为寨子上方是涵养水源的森林，寨子两侧和下方也要留出一些树林作柴薪林，在过于陡峭或容易发生滑坡的山坡上也不宜开垦梯田。与此同时，由于在山坡上行走比在平地上困难，哈尼族农民比起很多平原地区的农民，在相同距离内要花更多时间的。更重要的，还在于历史上元阳梯田水稻的产量一直不高，每亩只有二三百斤，远不及现在的杂交水稻。山区环境加上不高的水稻产量，决定了大多数哈尼村寨的规模不可能很大。像全福庄大寨这样户数超过 200 户的大寨子，只能出现在少数农业生产条件较好（比如坡度较缓、日照充足等）的地方。

几十户的规模，在村落管理和组织上也是比较方便的。太小的村落不足以形成强大的凝聚力，无法完成一些需要集体力量才能完成的任务，比如开挖长距离的引水渠、抵御外来入侵等。而太大的村落，则是不便管理和组织的，可能会有出现更多"搭便车"的现象。从昂玛突仪式本身来看，户数如果太多，也会产生一系列的问题。比如分食祭祀猪肉：在寨神林里宰杀之后的一头猪，是由头人在自己家中平均切分给各家的，如果户数有二三百户，工作量可能就太大了（箐门村的二月节，因为全寨"有 160 多

---

1. 这是 2009 年的统计数据。如果是在 1950 年以前，每个寨子的户数要少一些。

户人家出了钱，因此猪身上几乎每个部位都被分成了160多份"[1]）。又比如第三天的"神林宴"：因为各家都要派代表参加，而且要带上一桌祭品，如果户数有二三百户，寨神林里很可能是摆不下这么多张桌子的。[2, 3]

除了"适度规模"的考虑外，大寨之所以分成三个小寨子，还应该和姓氏组织有关。只要看看大寨里三个小寨子的居民姓氏构成，就不难发现这一点：A寨以李姓为主，也有少量卢、龙、高的姓氏；B寨以卢姓为主，也有少数姓李；C寨除一家姓李外，都姓卢。换句话说，这三个小寨子都是血缘村落。从这个角度看，寨神林也就具有了"祠堂"的意味。

反过头来看磨秋场，就会发现它具有更多地缘联结的作用。三个小寨子的村民，也就是多个姓氏的居民，在磨秋场上一起举办苦扎扎。这个时候，他们是忘却了血缘和姓氏的界限的，只知道自己是"属于此地的人"。我们在全福庄大寨做现场调查时，也多次听村民说到：在水泥房大量出现之前，人们站在自家蘑菇房的晒台上可以清楚地看到寨脚的磨秋场。磨秋场的标志意义和"向心力"作用，不止表现在苦扎扎的那几天，还深植于全福庄村民的日常生活。

因此我们可以说，在全福庄大寨，寨神林和磨秋场实际上是在不同层面上发挥着地缘联结的作用。每年一次，小寨子的村民在各寨的寨神林里举办昂玛突，以此增强小寨子内部（同时也是宗族内部）的凝聚力。同样，也是每年一次，大寨子内的几个小寨子联合起来，在磨秋场上举办苦扎扎，以此增强小寨子之间及大寨内部的认同感。磨秋场还有欢迎其他寨子的人来交流的"串寨子"活动——"每一个寨子都会组织起一支或数支串寨的队伍。男女青年们男扮女装，女扮男装，有的画脸谱，有的穿破衣，有的藤条缠身，有的棕皮为衣，有的挂长刀，有的系牛铃，五花八门，奇形怪状。串寨队伍每到一寨定会掀起寨中高潮。"[4]这又在一个更大的范围内加强了地缘认同感。

寨神林和磨秋场扮演的角色不同，对于刚迁出去的新寨子是具有特殊意义的。一方面，"初生"的新寨子要有自己的寨神林，因为这是它独立出去的精神象征。另一

---

1. 卢鹏.箐口村昂玛突节祭祀活动考察.见范元昌、何作庆.红河哈尼族文化研究.昆明：云南大学出版社，2008：84
2. 反观苦扎扎节的仪式，就知道它是有意地避免了户数较多所带来的问题。分食牛肉时，不是拿到头人家去平均分，而是在现场分，场地够大，帮忙的人手够多，其中牛头和四肢还是由帮工者现场吃掉。村民们也不用搬桌子到磨秋场。
3. 我们在麻栗寨了解到，该寨四个寨神林分别为卢、张、白、李姓人所用；卢姓人口较多（约占全寨的一半），昂玛突时只能每几家卢姓派一个代表进入寨神林。
4. 王清华.梯田文化论——哈尼族的生态农业.昆明：云南大学出版社，1999：200

方面，"初生"的新寨子又要和老寨子共用一个磨秋场，因为这时它可能还不具备完全独立的生活能力，也可能还处于定居的试探阶段，不能离开老寨子的支持与帮扶。寨神林和磨秋场的角色分工，为新寨子提供了一个从决定成寨到真正成寨的过渡阶段。

小结

如果我们把眼光放得更远，远到一个乡镇内所有的哈尼族人民，或者一个哈尼族支系的人民，再到整个哈尼族，寨神林和磨秋场在形成文化认同感的作用上都是不容小觑的。"家—寨—支系—民族"的层级性文化认同，正是通过昂玛突和苦扎扎这样的节日祭祀，也就是寨神林和磨秋场这样的空间节点，来实现的。

由此，全福庄大寨的"多寨神林对单磨秋场"现象便具有了两层意义：

（1）它在哈尼族人"家—寨—支系—民族"的四级文化认同体系中又增加了一个层次，形成"家—小寨—大寨—支系—民族"的五级文化认同体系。

（2）它在把"家—寨"分层为"家—小寨—大寨"的同时，也使哈尼族人实现了从血缘联合到地缘联合的过渡。

第三章
哈尼族的二元祭祀

孙娜 罗德胤

上一章我们以全福庄大寨为例，讨论了元阳县哈尼族村寨的两大结构性元素——寨神林和磨秋场。严格说来，寨神林和磨秋场都算不上建筑，[1] 但是它们都在聚落结构中扮演了重要角色。以我们在汉族地区形成的经验来看，这种情况似乎是"不太正常"的。很多汉族地区（比如浙江、江西、广东等省）的村落里，重要的结构性元素常是大型的祠堂或庙宇。这些祠堂或庙宇在建筑规模和装饰水平上，都要远胜过普通民宅，这样才能突显出它们的重要地位。但是，在元阳县的哈尼族聚落里，最重要的结构性元素居然是连建筑都算不上的寨神林和磨秋场。这不禁让我们产生了好奇：哈尼人靠什么来突显并维持寨神林和磨秋场的特殊地位呢？

答案是祭祀。信仰万物有灵的哈尼族人，有着丰富繁杂的节日祭祀活动，他们一年之中有四分之一的时间都在过节。[2] 哈尼谚语也说："汉人读书不止，哈尼打卦不停。"[3] 打卦，经常是祭祀活动中的一个环节。对元阳哈尼族而言，最重要的祭祀活动有两个，即"昂玛突"和"苦扎扎"。[4] 在这一章，我们仍以全福庄为例，来分析这两个节的现象和意义（图 3-01）。

---

1 磨秋场里的秋房属于建筑，但它只是磨秋场里的一个组成部分。

2.《哈尼族简史》编写组.哈尼族简史 [M].昆明：云南人民出版社，1985: 110

3. 张红榛.哈尼族古谚语 [M].昆明：云南美术出版社，2010: 9

4.哈尼族历的新年是在汉族历的十月，所以"十月年"也是哈尼族的重要节日。不过，元阳很多地方的哈尼族人在解放后都因为受汉族的影响，过上了春节，十月节已不再如原先那么重要。而且，即使是原先的十月节，其内容也是以家庭团聚为主，集体祭祀意味较弱。

图 3-01 上方由左至右，分别是全福庄中寨和大寨，都位于森林和梯田之间

昂玛突

"昂玛突"，"突"即祭祀；"昂玛"是人名，是哈尼村寨的守护神，相传是一位以智慧战胜魔鬼的女祖先。[1] "昂玛突"的意思就是"祭祀寨神"。在农历二月的属马日到属猴日这三天，元阳哈尼族会以村寨为单位，举行一系列公共祭祀活动，村寨内的各家也会举行家庭祭祀活动。

哈尼族各支系的过节日期略有差异。笔者所调查的元阳县全福庄及周围的箐口、麻栗寨等，都属于爱伲支系，其昂玛突的时间是农历二月的属马日到属猴日三天，苦扎扎的时间是农历六月的属狗日到属鼠日。[2] 节期的灵活性，便于村寨选择在不影响农时的时间过节——因为海拔和天气的原因，各村寨进入农忙的时间是有差别的，即使是同一个村寨，每年进入农忙的日期也可能因为天气原因而有所变化。即使在全福庄，四个寨子的昂玛突仪式也是有些差别的。

---

1. 史军超 . 哈尼族文化大观 [M]. 昆明：云南出版社，1999：16
2. 哈尼族历法采用十二生肖来记日。其他支系的节期，以六月节为例，绿春县哈欧支系从属猪日开始，红河县奕车支系从属羊日开始。

我们先来看公共祭祀的活动。

第一天举行叫寨魂、祭火神[1]、守寨和封寨门的仪式。这些仪式同时也是为后面祭祀寨神昂玛所做的预备活动。其中，守寨仪式不是每年举行的，而是隔年举行一次。祭火神的仪式，只有位于村东边的小寨和村西边的大寨举行，位于村中间的中寨和上寨没有这个仪式。中寨的叫寨魂仪式，也是隔年才举行一次。

大寨的叫寨魂仪式（哈尼语"普哈哭"），从早上八点开始，由大寨的摩匹李雄辉主持，时间约为半个小时。摩匹带领一组乐队[2]、抬祭品的助手以及两个男扮女装的人，从寨神林出发，边演奏边念咒，绕寨一周，目的是"将不好的东西、邪气咒出村外"。助手又叫"昂徒"，每年从A、B、C三组团轮流选出，负责收钱、买祭品及祭祀期间的协助工作。这个仪式的祭品包括小猪、鸭子、公鸡和母鸡各一只。绕寨后，祭祀队伍在寨内找个地方宰杀、烹饪并享用祭品。杀食祭品的地方，也是每年在三个组团之间轮换的。

小寨和中寨的叫寨魂仪式与大寨的不同。后者要绕寨，前两者则在寨神林及其附近举行。中寨举行叫寨魂仪式时，由摩匹与其助手一早在寨神林内准备好一桌祭品，包括黄豆、炸鸡蛋、糯米、米粉腌猪肉各一碗，鸭子、公鸡、母鸡和小猪各一只（以前经济条件差时，用公鸡代替小猪）。敬酒祭祀寨神后，到四个地方叫寨魂：先到中寨下方路边，向田叫寨魂；再到寨神林旁边的水沟边，向山叫寨魂；然后到中寨和小寨交界处、茶厂（位于中寨西南角）背后，分别向着太阳升起和落下的方向叫寨魂。在每一处叫完寨魂，都要先回到寨神林重新敬酒献饭之后，再去下一处叫寨魂。[3]

小寨的叫寨魂是到三个地方：在寨子的田间，"叫粮"；在太阳落山的地方（指寨子西侧某处）"叫畜"；在寨子的东南方"叫人"。祭品包括两只小鸡（一公一母）、糯米、豆芽、炒黄豆、鸡蛋、魔芋、树花等。

祭火神的仪式是在第一天下午的两点左右举行，时间持续约一个小时。大寨的祭火神由摩匹李雄辉主持，地点是在大寨和大鱼塘寨的交界处。小寨的祭火神由摩匹杨

---

1. 哈尼语"米咪咪"。根据大寨摩匹李雄辉的说法，"米咪咪"仪式通过在村寨地界处叫魂，阻挡厄运从邻村进入本村，也有防止村寨发生火灾的意图。临近的箐口寨有名称相同的祭祀仪式，正月属马日由咪谷和摩匹在寨子西北方约一公里的箐沟边祭祀火神，防止村寨有火患发生。在此将"米咪咪"译为"祭火神"，与"普哈哭"相区别。
2. 包括敲锣鼓、吹树叶、吹巴乌（一种竹制乐器）和弹丝弦的人。
3. 中寨叫寨魂仪式隔年举行，这是因为中寨成立时间较短，户数少，经济实力较差。开始时也是试探着这么办的，之后并未发现有不良结果，就定下了隔年举行的规矩。

志和主持，地点是在小寨西侧的寨脚，也是小寨和中寨的交界处。大寨祭火神的祭品包括小猪、鸭子、公鸡和母鸡各一只。

与大寨相比，小寨祭祀火神的不同之处是用公狗取代了猪，同时增加一只刚出壳的雏鸡。根据小寨摩匹杨志和的说法，用公狗做祭品，是为了让人们别像狗一样喜欢吵架；而雏鸡要用针线将嘴缝起来，之后活埋，意思是不要带来火灾。祭祀完成后就地杀食祭品，没有吃完的食物是"不好的东西"，不能带回家。

大寨的摩匹隔年要在磨秋场举行一次守寨仪式（哈尼语音译"普作作"），程序比较简单，杀一只鸡，说几句祝福避灾的话即可。小寨的守寨仪式则有些特殊。小寨有十位"长老"[1]组成类似"长老会"的组织，这些人共同维护村寨内的秩序。当其中有人去世时，要选举新人做替补，便会在当年二月的属虎日举行这个仪式。届时，"长老会"的每个成员自带凳子和祭品[2]到磨秋场，先由摩匹诵经，此时其余的人则围坐在桌边，不能抽烟，不能说话，也不能随便乱动，之后大家选出新的"长老会"成员。这一天，寨子里所有人都不能干活。

封寨门的仪式（哈尼语音译"哈托托"）是在傍晚，村民和家畜都回到寨子之后，由咪谷及其助手在树寨门处举行。中寨的树寨门位于寨了的东北角——这里的路边各有一棵树，在两棵树之间挂上草绳，象征着"门"（图3-02）。草绳上还挂着木制的刀、剪、斧头等"武器"，用来"吓走妖魔鬼怪"。封寨门的祭品是一只公鸡，要将鸡皮连头带翅膀和腿一起剥下，用竹编撑起（以维持完整的鸡的形状），然后面朝东钉在树寨门的一棵树上。第二天若鸡皮未被老鼠咬坏，则预示来年村寨没有厄运。

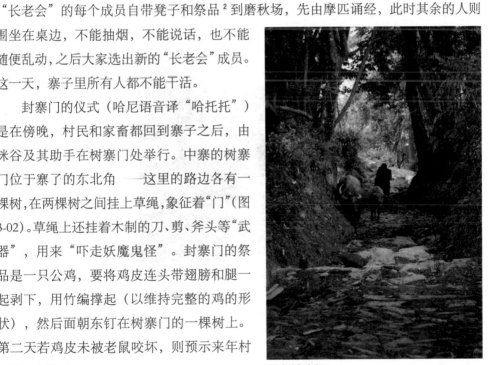

图 3-02 寨门

---

1. 包括摩匹、咪谷、村内德高望重的老人，现在还包括村小组组长。
2. 包括一碗糯米和一个煮熟的鸡蛋。

第二天的活动主要包括祭水井、咪谷祭寨神、分猪肉和为新生儿祝福这些仪式。[1]

早上，咪谷及其助手祭祀寨中所有的水井，哈尼人称之为"倮或索"[2]。每口水井的祭祀都需要公、母鸡各一只。祭祀时要用到竹片编成的平盘，上面插着九根鸡毛，放在水井边上。全福庄中寨有四口水井，需要杀八只鸡。小寨祭祀水井时，要从较老的四口水井[3]里各打一杯水，集中在村东北角磨秋场旁边的水井旁祭祀。

下午，大、小咪谷、摩匹和三名助手（又叫"三伙头"）[4]在寨神林里祭祀神树。咪谷要穿上长袍衣服，围头巾，穿土布鞋，带一把专门的刀。祭品包括一头重 80 公斤左右的公猪、两只公鸡、一只母鸡和一只鸭子。咪谷负责杀猪和一只公鸡，摩匹负责杀其他的祭品。公鸡、母鸡和鸭子分别代表寨中男人、女人和小孩的命运。咪谷通过观察猪肝的颜色和纹路，预测来年寨子里的吉凶和参加祭祀者的生活是否顺利。如果猪肝的颜色和纹路象征出凶运，就要请摩匹举行"叫魂"仪式，可避免灾祸。宰杀

图 3-03 在寨神林中分肉（张洪康摄）

1. 根据云南师范大学角媛梅教授的调查（《哈尼梯田核心区五村寨森林 - 梯田 - 村寨 - 渠系与村寨文化景观元素调查》，2012 年 8 月 10 日提交，第 12 页），全福庄中寨的昂玛突在祭寨神之后，还举行"普拉枯"仪式："祭寨神仪式结束后，从寨中挑选两名英俊后生扮成美女，由摩匹率领乐队和小伙子们，唱情歌游寨一圈后拥'美女'进入神林，意为与妖魔完婚，然后举行酒宴。席间'美娘子'乘妖魔饮酒高兴之机，拔尖刀'刺杀'妖怪。林外乡亲冲入林中，在两名祭祀助手的带领下，手持木刀、木枪、木锤作砍杀之状，灭掉妖怪。随后人群从神林冲入寨内，一名祭祀助手甩动铜链，另一名不停敲铓锣，摩匹念撵鬼咒词，挨家搜查小妖，直至把全村的妖魔驱出寨外。"这个环节可能就是大寨昂玛突第一天的"普哈哭"，见第 36 页。
2. 参考：郑宇.箐口村哈尼族社会生活中的仪式与交换 [M].昆明：云南人民出版社，2009: 69。箐口寨同时祭祀一个小石虎。
3. 两口水井靠近公路，一口位于磨秋场下面，一口位于现在老年活动中心附近。
4. 没有老婆的人不能参加此仪式。

牺牲后，象征性地取部分猪肝、下杂肉（指腹部五花肉）煮熟，六人在寨神林内分食（图 3-03）。除了内脏和猪头留待次日公共祭祀外，其他的猪肉则由一位助手背回咪谷家，在咪谷家里将猪肉均分给寨内各家各户。各家都能分到一小块猪肝，以及一块不带骨的瘦肉。这些猪肉在当晚和隔日早上献饭祭祀时敬献给祖先。

晚上，家中若有当年出生的小孩则要带小孩给咪谷磕头，并送给咪谷一些礼品，包括鸡蛋、蝌蚪（代表水中的动物）、小鸟（代表天上飞的动物，只有男孩子送）、烟、酒、肉等。这个仪式在哈尼语里叫"之者把"。

第三天举行集体祭寨神仪式，这是昂玛突的最高潮。每家要准备一桌包括 8 ～ 10 道菜的祭席，祭品一般比较固定，包括咸鸭蛋、魔芋、炸泥鳅、黄豆、黄瓜和树花等，都用拳头大的小碗盛着放到篾桌上（图 3-04）。每户派两个代表把祭席送到寨神林里，按照固定的位置排好。中寨的寨神林分成高、低两个平台，高台上有寨神树和石块，不摆桌，只有摩匹和大小咪谷二人能在这里祭祀；其他人只能待在卜面一层台地上。咪谷再次祭拜寨神，然后大家一起吃饭，即"神林宴"。每家代表均要向咪谷敬酒。宴席期间，如果有树叶或树枝掉到篾桌上，必须请摩匹叫寨魂。吃饭时间不长，大约一个小时，等咪谷宣布结束时，大家要尽快撤离寨神林，咪谷和摩匹最后离开。此时，每家的妇女要到寨神林边上等候，并为参加仪式的家人叫魂（妇女们为家人叫魂的方式比较简单，只要口中不停地说"某某快回家"即可）。据大寨摩匹李雄辉说，之所

以要众人尽快离开寨神林，是因为寨神林的"神力"会让独自待在那里的人"丢魂"——也正是因为这个原因，参加了神林宴的男人们才需要由没有参加神林宴的女人们来叫魂。

图 3-04 供桌上的祭品

再看家庭祭祀的活动。

哈尼族家庭在昂玛突的第二天晚上举行家庭祭祀[1]，即全家向大、小神龛献饭，祈求祖先神灵保佑全家人畜安全和家庭繁荣。在哈尼族的传统住宅里，后墙的高处挂着两个篾制的供台，左边靠近灶台的是大神龛，右边靠近楼梯的是小神龛。哈尼族有俗语："居住在右边祭台下就能安心，栖息在左边祭台下就能稳神。"[2]

祭祀的顺序是先祭祀大神龛，后祭祀小神龛。大神龛即位于后墙灶台上方的蔑台（哈尼语音译为"阿波卓戈"，意为"爷爷的地方"），祭品（一碗酒、一碗姜汤、四碗肉和糯米）及四双筷子放在神龛前的篾桌上，祭祀时全家要行三跪九鞠躬礼。祭完大神龛，再将祭品减半，祭拜位于后墙楼梯上方的小神龛。最后还要将一些水、饭洒在屋外。

为什么哈尼族要设置大小两个神龛呢？有两种说法。一种说法是，哈尼族人认为只有六十岁以上、善终于家中的人才能成为家庭的保护神，享受大神龛的供奉，其他祖先则只能栖身于小神龛内接受祭祀。另一种说法是，哈尼族的两处祭台分别代表父系和母系的祖先。[3] 至于洒在门外的水饭，实际上是给无家可归的鬼魂享用的。

苦扎扎[4]

"苦扎扎"的时间刚过春耕栽插的忙季，梯田里的禾苗已经打苞、抽穗、扬花，所以苦扎扎节有预祝好收成的意味。

先看公共祭祀的活动。苦扎扎的公共活动集中在磨秋场举行。磨秋场位于寨脚，面向梯田，最好是开阔平整、面积较大的一块场地。比如全福庄大寨的磨秋场[5]，面积有1500余平方米。祭祀房位于在磨秋场靠近寨子的一侧，背山面田。祭祀房又叫献饭堂，哈尼语叫"爱秋"，是一座半临时性的建筑[6]，一般为茅草屋顶，一面有土

---

1. 参考箐口村的仪式。
2. 张红榛编撰. 哈尼族古谚语 [M]. 昆明：云南美术出版社，2010：35
3. 此说法载于：张红榛编撰. 哈尼族古谚语. 云南出版集团有限责任公司、云南美术出版社有限责任公司，2010年10月，第35页。这个说法似乎不太好理解，因为父系祖先只有一个系统，而母系祖先则有很多个系统。
4. 此节部分内容参考：郑宇. 箐口村哈尼族社会生活中的仪式与交换 [M]. 昆明：云南人民出版社，2009
5. 现已被全福庄小学占用。
6. 平时不用，也无人维护，只在苦扎扎节前做修葺。如果损毁严重，则重新搭建。

坯墙，其余三面开敞，面宽约 10 米，进深约 2.5 米 [1]。磨秋和秋千位于场地中部，磨秋由立杆与横杆组成，立杆高 1～2 米，横杆长 5～10 米。秋千则由四根长竹竿搭成，底宽约 2～4 米，高度 5～10 米不等。

第一天的活动是为祭祀仪式作准备工作，包括修理祭祀房，搭秋千和磨秋。这天一大早，两名"龙头"（指参加祭祀的工作人员）和一位木匠就去村集体的树林中砍伐做磨秋梁的树和搭建秋千的四棵大竹。木匠将树干加工成磨秋梁；如果前一年的磨秋梁未朽坏，则将其略加修理后继续使用。之后，咪谷和这三人一起用新竹子搭好秋千。

这天早上每户要割三把茅草。中午时，每家派一名男性代表参加翻修磨秋房的屋顶。修理好磨秋房后，咪谷和助手用公鸡、母鸡各一只来磨秋房祭祀。剩下的祭品要抛在磨秋房周围，不可以带回家。

第二天中午，咪谷助手采集用来包牛肉的芭蕉叶。每户派成年男性为代表到磨秋场和咪谷一起杀牛。杀牛前先将牛头、牛脚冲洗干净，意为洗掉"邪气"。然后割下牛的睾丸，再将牛杀掉。咪谷先将牛鞭挂在磨秋柱上祭祀，然后用部分牛肉祭祀，并将牛的下颌骨挂在磨秋房神龛前的木梁上。牛头和牛脚由参加祭祀的人一起享用，牛肉、牛骨和牛皮则均分给村民，用芭蕉叶包着带回家。

第三天早饭后，咪谷及助手准备祭祀的祭品。在得到咪谷通知后（在大鱼塘村，以咪谷转磨秋的声音作为通知），每家男人用篾桌端着自家饭菜到磨秋场。咪谷及助手抬祭品到磨秋柱边祭祀。然后是祭秋千（图 3-05）。祭完秋千，咪谷要"面向梯

图 3-05 磨秋场上的秋千，摄于攀枝花乡垭口村

1. 现在磨秋场里的祭祀房，多改为平顶石墙，面宽减小到 5 米左右。

田荡三圈，祝愿谷苗棵棵秀穗，祝愿寨子人丁发展"，再"面向寨头荡三圈，祝愿林中的竹笋像手指一样密，祝愿寨中的牲畜像石头一样多"[1]。之后咪谷回到磨秋房，村内每户男性依次来敬酒。村民可以转磨秋和打秋千。完毕后，男性将篾桌反扣过来，装好饭菜赶紧往家跑，咪谷等殿后。此时，也有妇女为家人叫魂的仪式。[2]

再看家庭祭祀活动。各家摘三把新鲜的铁线草（每把九棵），插在晒台门上（哈尼族住宅有3层，其中第三层一半是晒台，一半是阁楼，阁楼有门通往晒台，是为晒台门），并盛一升谷子放在火塘上的"篾筐"上。根据哈尼族传说，这些都是农神梅烟下凡所骑的马的饲料。连续三天早上都要杀鸡祭祖（可每天杀一只鸡，也可以杀一只鸡后分成三份，每天用一份）。

两个节日的对比

先看祭祀的对象。昂玛突的祭祀对象是以寨神昂玛为主，另外还包括地神咪收、天神摩咪、火神、水井神以及祖先神。

苦扎扎祭祀的主神是农神梅烟。传说在苦扎扎节时，农神梅烟骑马下凡，享用哈尼人的供奉，赐予哈尼人种植的稻谷灌浆丰满，获得丰收。关于苦扎扎的来源，哈尼族还流传着这样一个故事：哈尼族开辟梯田过程中火烧森林，毁掉了大量的生灵的居所；它们到天神那里告状，天神就下令每当梯田栽种完毕，就要杀一个男人来祭祀动物亡灵；人祭后来演变为用公牛祭，但村民要转磨秋、荡秋千来象征受到惩罚，以慰动物亡灵。从这个故事看，苦扎扎实质上是哈尼人对掠夺、改造自然的良心不安的物化，所以自然生灵也是六月节祭祀的对象。

另一个关于苦扎扎的传说则更能说明其祈求丰收的性质。哈尼族认为，"威嘴"和"石批"是天神派来的两个农业保护神，因而在六月节时必须宰牛相迎，请两位小天神与人们共度节日。节日过后，"威嘴"和"石批"会一直守在田间地旁，待各种作物成熟之后，才带着成熟的果实回到天上，向天神交差，说明他们完成了守护庄稼

1.哈尼古歌，引自：南马著.无字诗篇——哈尼族口传文化与梯田农业.云南出版集团有限责任公司、云南美术出版社有限责任公司，2010年10月，第120页（张红榛主编，《文化解读哈尼梯田》丛书）。
2.箐口的苦扎扎，除了三天祭祀外，还有九天串寨的时间，总计12天。鸡日早上，咪谷等抬下磨秋梁，砍断秋千绳，宣告节日结束。这时每家要抓几只蚊子放到碓臼中踩死。全福庄的六月节之后也有串寨的环节，可能节期三天仅指祭祀时间。

之责。[1]

祭祀对象的不同说明这两个节日的祭祀目的截然不同。昂玛突侧重于对村寨的保佑，而苦扎扎更注重祈求农业丰收。村寨的平安、农业的丰收，是一般农业社会最主要的利益诉求，昂玛突和苦扎扎的祭祀体现了哈尼人对这两方面的强烈愿望。

再看祭祀的参与者和主持者。昂玛突和苦扎扎的祭祀参与者是有差别的。对于规模较小的村寨，昂玛突和苦扎扎的参与者是全体村民。而在规模较大的村寨，则由血缘相近的村民聚居形成多个不同的组团，苦扎扎还是全体村民共同参加，但昂玛突时则以各组团为单位来举行。全福庄大寨就是分为三个组团进行祭祀的（即A、B、C组，分别以李、卢、卢姓为主）。元阳县最大的哈尼族聚落，是离全福庄不远的麻栗寨，全村约六百户人家，有卢、李、白、杨、朱、张六个主要姓氏。昂玛突时，卢、朱两姓一起过，杨、白两姓一起过，李、张两姓分别过。由此可见，昂玛突的祭祀活动是带有血缘色彩的，而苦扎扎则更多地体现了地缘关系。

昂玛突和苦扎扎的祭祀的主持者也不同。虽然都是由咪谷来主持，但其中咪谷的等级不同。村寨内每个组团都有大、小两位咪谷，从中又会选出两位咪谷作为整个村寨的首领。祭寨神的咪谷是组团的咪谷；而苦扎扎的咪谷是整个村寨的咪谷。

在昂玛突的各项祭祀活动中，带有叫魂性质的祭祀，如叫寨魂、祭火神、守寨，均由摩匹来主持。摩匹不一定是本寨、本姓氏的。比如，为大寨五组过二月节的摩匹，就是中寨的李欧忠。

再看祭祀的场地。昂玛突在村寨边界、寨门、水井、寨神林、磨秋场等多处地点举行祭祀仪式，苦扎扎的祭祀地点则集中在寨脚的磨秋场。

笔者认为，昂玛突的多点祭祀，源于它关注的是村寨安全。在哈尼族的宇宙观念中，村寨内部是人类的世界，而村寨外面是鬼魂的世界，村寨边界正是将人和鬼魂隔离开来，保证鬼魂不会侵害人类安全的屏障。为此，哈尼村寨设有三重边界——这个边界并不具备实体形态，而是以标志物或植被等形成的空间边界——从内到外，分别是树寨门所标示的寨界、村寨交界处的地界、村寨占有的森林和梯田的边界。这三重

---

1. 陆建辉. 农耕盛典——哈尼族节庆活动散记 [M]. 昆明：云南美术出版社，2010：128

边界，在防卫功能上是逐渐减弱的。[1] 除了森林和梯田的边界距离村寨较远，采取遥祭的方式外，在昂玛突第一天的活动中要从外向内——祭祀村寨的边界。[2]

哈尼村寨的公共节点包括寨头的寨神林、寨脚的磨秋场和寨中的水井。寨神林是保护村寨的寨神昂玛和去世祖先的灵魂的栖息之所，最重要的祭祀寨神的仪式是在寨神林举行的，并且要举行两次祭祀，即代表村寨的咪谷（及助手）的祭祀和全体寨民共同参加的祭祀。水在哈尼族人的生产、生活中的重要性自不必言，水井在村寨的选址中也起到决定性的作用，水井也因此成为祭祀的重点之一。磨秋场在昂玛突的各个祭祀环节中所占的比重很小：全福庄大寨隔年才在这里祭祀，而小寨则只有"长老会"更新时才祭祀。

通过昂玛突的仪式，村寨的边界和重要的节点都得到了"标示"，村寨的聚落结构就这样每年得以重新认定和加强，这有利于增强村寨的精神凝聚力。

苦扎扎只有磨秋场一个主要祭祀场所。不同于昂玛突的各个祭祀地点，磨秋场上出现了专门的祭祀建筑，并模仿哈尼族住宅，在后墙设置神龛，神龛前设木梁，杀牛后要将牛的下颌骨挂在木梁上。

昂玛突以组团为单位组织祭祀，组团多的村寨拥有多个寨神林。全福庄大寨有三座寨神林，麻栗寨有四座寨神林。并且，寨神林、磨秋场与村寨（组团）存在明显的轴线对应关系。

寨神林和磨秋场的空间特征也有很大差异。寨神林无疑是神圣的，禁忌繁多：禁止妇女进入，禁止随意入内伐木、捡柴或打猎等。寨神林最大程度上保持了自然的状态，是一个比较封闭的空间。而磨秋场是一个开敞的空间，且位于村民每天下田来回的路上。苦扎扎既包括村民的祭祀和各种活动，还有与其他村寨交流的机会，大家都去别的寨子"串寨子"。

再比较一下两种祭祀的经济账。昂玛突和苦扎扎的公共祭祀要消耗大量的祭品，花费不菲。因此，每年节前会有两位助手，哈尼人称为"昂徒"或"龙头"，挨家挨户收取份子钱，负责采买公共祭品和干祭祀中的杂活。各寨可以根据各自的经济实力

---

1. 规模较大的村寨，在寨界内还设有标志居住组团边界的建筑寨门，如全福庄大寨的三个组团就各有寨门。居住组团的寨门一般不具备防卫的功能。
2. 大寨的顺序不同，是先绕村，再祭地界，然后祭祀寨门的。

略微调整祭品,但总的数量、种类差别不会太大,所以规模较小的寨子每户的负担较重,规模大的寨子负担小。寨内经济特别困难的家庭,不用交钱也可以参加仪式。2010 年昂玛突,大鱼塘寨每家交了三四十元;苦扎扎时每家交了五六十元。全福庄大寨六月节时每户集资 20 元。对于人均年收入只有 500 ～ 800 元的哈尼族家庭而言,过节的花费是一笔不小的支出。

参加公共祭祀的人员,包括大、小咪谷和摩匹以及"昂徒",可以直接享用仪式的祭品。此外,咪谷和摩匹可以得到一定的回报。摩匹可以得到一定数额的金钱(近些年每次仪式约 30 元)。咪谷得到的报酬主要是实物形式,他可以分得比普通人家多的祭品,比如昂玛突时每户仅能分到一小块猪肉,咪谷则可以分到一斤肉。昂玛突每户要送一些糯米团给咪谷,当年有新生儿出生的家庭还要送给咪谷一些礼物。

最后对比一下祭祀的祭品。昂玛突的主祭品是一头 80 公斤左右的公猪,苦扎扎的祭品则是一头公牛。大猪和牛分别在寨神林和磨秋场宰杀祭祀后,按户均分给各户,作为各户家庭祭祀的祭品和参与集体聚餐的食物。通过集资、分肉和家庭祭祀,祖先不仅享受了供奉,也和在世者一同参加了活动。

在公共祭祀中,还将鸡、鸭、狗作为祭品。不同的祭品在各个仪式中所代表的含义可能有差别。祭品的选择有相对固定的模式,但也会根据经济条件作适当的调整。例如,因为狗的价格提高较多,故而现在已较少用狗祭祀,改用鸡鸭等代替。从下表可以看出,公鸡和母鸡是使用最多的祭品,这与哈尼人日常生活中养鸡最普遍是相符合的(表 3-01)。

昂玛突和苦扎扎祭祀仪式祭品比较 表 3-01

	仪式	牛	大猪	小猪	公鸡	母鸡	小鸡	鸭子	狗
昂玛突	叫寨魂			●	●	●		●	
	祭火神(大寨)			●	●	●		●	
	祭火神(小寨)				●	●	●	●	●
	封寨门				●				
	祭水井				●	●			
	咪谷祭寨神		●		●	●			
苦扎扎	修祭祀房				●	●			
	苦扎扎	●							

小结

　　节日在形成文化认同感的重要性上是毋庸置疑的。例如春节，这是每个中国人都要过的节日。每当春节临近，各大交通枢纽都能看到回家心切的拥挤人群。何不换个时间回家呢？那样既可以避开高峰期，还能省下很多钱。但是大多数人都会回答：不行。因为只有在这个时间回家，我们才能见到最多的亲人。若无法在规定的时间回家，我们将不得不忍受那种被排除在节日氛围之外的孤独——一种将心灵绞杀的孤独。从小到大，我们已经习惯了每到这个时候就和家人在屋里吃着丰盛的晚餐，还能听到门外噼噼啪啪的鞭炮。几乎可以这么说：过不过春节，已经成为判断是不是中国人的标准。

　　昂玛突和苦扎扎就是全福庄哈尼族人的"春节"。哈尼族原先也有自己的新年——很早以前，当哈尼族人还在采用自己的历法的时候，他们的岁首是汉族人所谓的十月份；后来哈尼人的历法被汉族历法所取代，这个节日就被称为十月节或十月年。如今在很多哈尼族居住的地方，十月节依然是重要的节日，会摆起长街宴。不过，至少在元阳县新街镇全福庄一带，十月节已经退化，远不及昂玛突和苦扎扎重要了。

　　昂玛突、苦扎扎又是和春节不一样的节日。春节是带有很强的时间性的节日——每年都必须是固定的那天，但空间性较弱。或者可以换个说法，春节的空间性是泛指的，没有具体的地点，它可以是每个家庭，无论在何处。而昂玛突和苦扎扎，不但时间性很强，其空间性也很强——一定要在某个寨子的寨神林和磨秋场。

　　对应着昂玛突和苦扎扎的二元祭祀，哈尼族村寨形成了一个空间节点的系统。最重要的两个空间节点——寨神林和磨秋场，分别位于村寨的上方和下方。哈尼族村寨的范围，上不超出寨神林，下不越过磨秋场。这两个节点界定了村寨的上、下边界。此外，哈尼族村寨没有实体的寨墙，但有树林作为"自然的"边界，同时以树寨门作为村口标志。在哈尼人的观念中，寨门以内是人的世界，寨门以外就是鬼魂的世界。许多村寨最初的水井，也是位于寨子的边上。所以，通过定时且反复地对寨神林、磨秋场、寨门、水井等大小节点的祭祀，就相当于在人们的头脑中建立起一个空间节点系统。这是用一种非建筑的手段，在人们的思想意识上建构起寨子的空间结构。与汉族村落里经常出现的祠堂、庙宇等重要的建筑节点相比，这种方法有异曲同工之妙。

　　昂玛突、苦扎扎和春节还有一点不一样，那就是它们在祭祀仪式上的繁琐性。在前文我们几乎是不厌其烦地叙述并比较了这两大节日的细节。如此繁琐的仪式，除了构建起意识形态上的聚落空间结构外，是否还有其他什么意义呢？笔者认为，仪式的繁琐说明了人们对它的重视和严肃态度。而人们之所以要如此严肃并重视，是因为在共同应对艰苦环境时，需要形成一种集体凝聚力，以完成个体无法实现的任务。这种集体凝聚力，不仅让个体联合起来形成了合力，还以互相激励、互相模仿的方式提高了个体的耐受力。昂玛突和苦扎扎在祭祀仪式上的每一步，几乎都是围绕本村寨的安全与兴旺而展开的。这里强调的是集体，而不是个人。村民一丝不苟地执行着前人传下的祭祀礼仪的过程，也是个人融于集体的过程。可以想象，如果没有发达的集体凝聚力，哈尼族人是无法将大地"雕刻"成梯田的。

第四章
一个壮族寨子

罗德胤 孙娜

通过前几章，我们已经对元阳梯田里的哈尼族村寨有了较为完整的了解。实际上，生活在元阳梯田里并非只有哈尼族，同时还有彝、壮、傣、汉等民族。除汉族外，其他几个民族大致分布在不同海拔。在这一章，我们要说说壮族的一个寨子——聚起寨。

聚起寨隶属于云南省元阳县新街镇芭蕉岭村委会，距离村委会的所在地芭蕉岭寨约 5 公里，距离新街镇约 11 公里。全寨均为壮族，有 186 户，797 人 [1]。聚起寨的海拔约 1000 米，比前面讲的全福庄低 800 米左右。海拔不同，导致了气候上的差异。全福庄所在的地点属温带气候，而聚起寨则属亚热带季风气候。

元阳县人口 30 多万，壮族只占不到 1%。和人口占一半多的哈尼族或近 1/4 的彝族相比，他们绝对属于"少数民族"。即使这不到 1% 的人口，其族源也分为土佬（自称为徒傣）和沙人（或称沙佬，自称为布雅）两个支系。据《元阳县志》："壮族均由广西、文山壮苗自治州迁入，在境内的戈他、肥香村、聚起等地居住" [2]，"徒傣于公元 1661 年前后，由蒙自一带迁入，先居嘎娘，再转小瓦遮，最后在阿勐控、肥香村、聚起等地定居。布雅于明末清初由金平一带迁入，定居于大坪区的马店大寨和马店新寨等地" [3]。聚起寨的壮族，属于"土佬"支系。

聚起寨的梯田主要位于寨子的下方（东南方），从寨脚一直延伸到麻栗寨河（海

---

1. 2010 年 12 月数据。

2. 云南省元阳县志编纂委员会 . 元阳县志 [M]. 贵阳：贵州民族出版社，1990：55

3. 云南省元阳县志编纂委员会 . 元阳县志 [M]. 贵阳：贵州民族出版社，1990：658

拔约 750 米，直线距离约 1400 米）（图 4-01）。村民原先在梯田里种的是传统的红米，一年一熟，亩产较低（约干稻 300 斤），部分人家连口粮都不够吃。1997 年后，引进了杂交的再生稻[1]，产量大为提高，加上外出打工的人越来越多，口粮普遍有了富余。

其实早在杂交水稻进入之前的 1986 年，就有蔡家文和黄有明两家人从石屏引进了柑桔。他们获得好收成后，村民们纷纷效仿。根据一份十几年前的资料，聚起寨全村共有耕地 876.19 亩，其中水田 465.39 亩，旱地 410.8 亩，人均耕地 1.13 亩；另有林地 1824.4 亩，其中经济林果地 427 亩，人均经济林果地 0.55 亩，主要种植柑桔、荔枝等经济林果。[2]这份资料说明，那时候聚起寨的经济作物已不止有柑桔，还包括荔枝，而且规模也相当可观了——人均经济林果地的面积（0.55 亩），与人均水田已不相上下。

经济作物要卖到外地才能获得收入，这样其价格容易受外部市场起伏的影响。如果赶上市场疲软，或者同类产品过剩，那么种植这种经济作物的村民就会损失惨

图 4-01 山林坏抱的聚起寨

1. 再生稻，第一次水稻收割前追一次肥，收割后在原稻秆上还能再长一茬，产量约相当于第一次收割的 1/3 左右。
2. 云南省数字农村网站。http://www.ynszxc.gov.cn/S1/S664/S769/S771/S198513/S198524/Default.shtml#

图 4-02 聚起寨下方改造成西瓜地的梯田

重。不过多数情况下，种植经济作物的收入大大高于种植水稻，这也是近年来聚起寨的村民积极种植经济作物的原因。现在的聚起寨，经济作物的种类又加上了甘蔗、西瓜和西贡蕉[1]，规模更胜十几年前（图4-02）。村里还专门成立了"瓜果种植研究协会"，成员有 170 多人。

经济作物的种植，是以改造寨子周围的梯田和树林为代价。根据最新的统计，目前聚起寨种植水稻的水田只有几十亩了。从寨脚往下望，冬天里已经看不见层层的镜面，秋季也没有了往日漫山金黄的景色。

地理和历史

近年来聚起寨蓬勃发展的果林经济，在一定程度上妨碍了我们对其往日真实面目的认识。我们不能忘记，在市场经济极不发达、交通极不便利的年代，水果种植是不会给农民们带来收益的，因为这些水果无法被运到外面，也就换不回现金。在传统的元阳梯田社会，种水稻才是硬道理。而就种植水稻的条件来说，聚起寨的条件并不理想，甚至是比较差的——否则，人口占优势的哈尼族或彝族人也不会将这里拱手相让，给了壮族这个"少数民族"。

之所以说聚起寨的人居环境差，主要是针对这里的气候而言的。元阳县的气候被

---

1. 一种个头较小的芭蕉，原产越南。越南首都胡志明市，亦称西贡。

两个地理因素所左右：一是纬度，二是地形。元阳县的纬度是比较低的，北回归线在其境内穿过。世界上处于类似纬度的其他地方，气候炎热，潮湿异常。而元阳县为什么没有形成这样的气候呢？原因在于其高山深谷的褶皱地形。高山，挡住了从南边吹来的印度洋和太平洋暖湿气流。暖湿气流在爬升迎风面的过程中，遇到高处的冷空气而凝结，形成降雨或水雾——这是元阳中高山区多雨雾、多云海的原因；翻过山峰之后，暖湿气流仍旧可以在背风面形成降雨，但强度已经减弱。等气流来到背风面的山脚（即河谷）时，湿度降到最低，但日照的强度丝毫不减，从而形成特殊的河谷干热气候。

元阳的河谷地带，只有河岸稍宽处才会形成聚落。这里靠近红河，灌溉方便，加上积温高，相对适合水稻生长，但因为终年气温偏高，夏季尤为炎热，历史上只有傣族人（以及少数汉族人）才能适应。元阳县的主要民族——哈尼族和彝族，主要居住在海拔1000～1800米的中高山区。在这一海拔区域，水稻生长总的说来是越低越好的，因为水源有保证，而低处的积温较高。哈尼族谚语说："要种田在山下，要生娃娃在山腰。"意思是说，山腰处气候凉爽，适宜人类居住；而山脚气温高，适宜水稻生长。

图 4-03 聚起寨及其周边环境（红色圈表示神树林，黄色圈表示庙）

这里说的山腰，主要指海拔 1400～1800 米的山区，而"山下"则是指海拔 1000～1400 米的山区。

从海拔约 200 米的河谷往上，一直到海拔约 800～1000 米的地方，因为气温偏高，让人不适，被称为"热区"。"热区"除了气温较高之外，还由于蒸发量较大，影响了水稻的灌溉，所以人口密度是比较小的，比不上河谷，更比不上中高山区。聚起寨的海拔是 1070 米，其梯田从寨脚延伸至海拔约 750 米的麻栗寨河边，正好处于"热区"的边缘（图 4-03）。这个位置，对哈尼族和彝族人来说太热了，对傣族人而言又缺水，所以就让壮族人"钻了空子"。据村民罗忠兴老人（生于 1951 年）回忆，最早到聚起寨定居的是罗姓人，其祖先是在广西被镇压的壮族起义军，先迁至通海，之后又分迁至元阳聚起寨；[1] 在罗姓之后，有王、李两姓人家从红河北岸的通海、石屏等地迁来；再后来又有其他姓氏。因为家谱都没有被保留下来，所以我们现在无法准确了解这些家族在聚起寨到底住了几代人。

图 4-04 现任"龙掌"罗忠兴老先生和他的妻子

罗老的母亲和妻子都是彝族人。在元阳各少数民族里，壮族在民族间的通婚问题上是最开放的，这或许和他们的人口较少有关。

现在寨内的居民有王、熊、卢、刘、张、高、罗、蔡等姓，以王姓最多，其次是

---

1. 红河州梯田管理局的张洪康副局长，曾在十几年前因为采访"三月三"来过聚起寨，他当时了解到的情况是：聚起寨的祖先是广西壮族起义失败后，逃到云南来的。

李、杨。罗姓居住在寨子的中间，王姓住在寨子的西南半边，李姓和杨姓分别住在寨子东北半边的上侧和下侧。寨北侧有龙树林，寨东北方的树林中有一座祭祀观音和财神的庙。

尽管来得早，罗氏家族却并不兴旺。现在罗姓有 11 户，还分属两个家族。因为是罗忠兴的家族最先定居此地的，所以管龙树的龙头（或称龙掌）都是这一家族的人。罗忠兴是现任龙掌，前任龙掌罗朝文是他的大伯。罗忠兴现在年纪也大了，即将"退休"，下一任龙掌是他的堂弟罗发金。

聚落与建筑

从聚落的形态上看，聚起寨的聚集程度相当高，房屋间距很小——除了巷路外，几乎是房檐挨着房檐（图 4-05）。寨子里的建筑大都坐西北朝东南，这也是山坡的走向。寨子西南侧有一口公共水井，被村民称为"龙泉"。龙泉往西，有十几栋零零散散的住宅，它们都是 1960 年代之后才陆续建造起来的。龙泉是用石块围出的半圆形水池，半径约 3 米，修有入水管和排水通道。村民们在这里接水、洗衣洗菜，"龙泉"因此成为村民，尤其是妇女互相交流的公共空间。

图 4-05 聚起寨的建筑很密集

房屋密集，从气候上解释是因为这里太热，人们需要将房屋靠近以减少阳光直晒，并增加荫凉。不过，罗忠兴老人对此却另有见地：村民们之所以要聚集在一起，是因为以前寨子的周围野兽多，房屋互相靠近，有利于共同防御野兽侵扰。罗忠兴老人的说法不是没有道理的。聚起寨所在的区域，人口密度较低，树林是比较多的，这为野兽的生存提供了条件。1950 年代之后，随着人口增加，人们不断开垦新的梯田，树林越来越少，野兽也逐渐变少，甚至销声匿迹。

聚起寨的传统住宅多由主体和"外间"组成（图 4-06）。主体两层；附于主体之前的外间，1 层或局部 2 层。主体和外间，都以木梁柱为承重结构，以土坯墙或夯土墙做围护材料，屋顶都是平顶。主体部分的平面格局为面阔三间，每间又分为前后两部分。一层中间的前面是过厅，后面为堂屋，靠后墙摆放供桌，其上贴"天地国亲师"，下贴"福德王神位"，这是祭祀祖先和土地神的地方（图 4-07）。两次间，靠后墙的都是卧室，其中右边由老人住，左边则是年轻夫妻的住房（左右以面朝前为准）。之所以这么安排，据罗忠兴老人说，有两个原因。一个原因是，壮族人认为太阳东升西落，老年人如日薄西山，而青壮年则是活力四射的初生太阳，所以西边住老人，东边住年轻人（这里说的东西，是以坐北朝南为准的；如果转换成面朝前的方向，则东为左，西为右）。另一个原因是，年轻的儿媳还在生育期，身体"不干净"，不能住楼上。右次间的前部，按传统是设置火塘的。左次间的前部，是通往二层的楼梯。

图 4-06 罗忠兴住宅外观

图 4-07 聚起寨某宅二层的供桌

　　罗忠兴老人没有进一步解释儿媳处在生育期和她不能住楼上这两者之间有何关系。我们猜想，这或许是出于一种对妇女经血的禁忌。经血禁忌曾广泛出现于世界范围内的很多地方和很多民族。例如汉族传统就认为，年轻妇女的身体因为在经期带血的缘故，是神秘而且不干净的，男人要予以避讳。我们最常听到的一个说法是，男人不能从晾晒的女人衣服的下面走过，否则就要倒霉。就聚起寨的住房来说，如果儿媳妇住楼上，那么楼下的房间就势必让长辈住；而"儿媳妇天天在自己头上走来走去"，这是男长辈们难以接受的。

　　"老年人如日薄西山，青壮年是初生太阳"的说法，和汉族传统里"左为上"的习俗也是类似的。大多数汉族地区，在住宅的朝向上都以坐北朝南为佳，"左为上"反映于此，即是东房为上。在一些汉族地区，儿子结婚之前，作为一家之长的父亲和母亲住东房，实行的是伦理优先的分配原则；但在儿子结婚之后，父母就要将东房让出来给儿子、儿媳住，改为生育优先的分配原则。聚起寨住宅的卧室分配之法，与此相似。

　　主体一层前墙和外间前墙均在中间开门。前者是正式的住宅大门，有两扇门板，可以关闭。外间的门只是个栅栏门。以栅栏门为界，外间左右两侧分别为灶间和牲畜圈。罗忠兴老人说，牛是大牲畜，比较珍贵，为了防止被野兽咬伤甚至叼走，也为了避免潮气，所以要关在外间里（图 4-08）。

　　二层与一层相对应，也分前后两部分。外间的二层可能全部是阳台，也可能靠一侧建有一个小房间，其作用相当于哈尼族住宅的耳房。主体部分：中间的后面是客厅；

图 4-08 罗忠兴住宅原一层平面图

楼梯的后面是卧室（东侧）；另一侧的前半部分也是一个卧室（因为是在西侧，也是给老人住的），后半部分则是谷仓。罗忠兴家的谷仓尺寸是宽 2.3 米，深 2 米，高 2.2 米（其主体部分进深 4.4 米，面宽 5.4 米）。

近年来聚起寨的部分传统住宅发生了一些内部变化，以建于 1992 年的罗忠兴宅为例，表现在：①屋外另建牛棚与猪圈，外间也不养牲口了；②火塘消失；③祭祀空间消失；④长辈卧室由一层移至二层西侧，一层西次间全都用于堆放柴禾、农具（图4-09）。

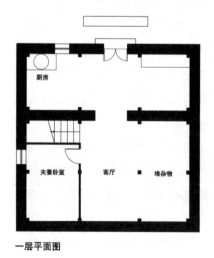

一层平面图

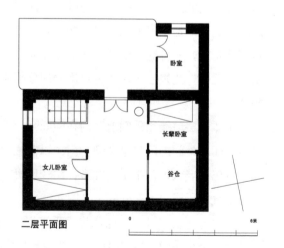

二层平面图

图 4-09 罗忠兴住宅现状平面图

村寨中建有村公房，以前是土坯房，现已翻修为二层砖混结构的建筑。公房除了供村民集体议事之外，还是办丧事、喜事时宴请宾客的场所。为此，村公房里备有数量不少的桌椅碗筷。使用村公房，要收取一定的费用。[1]

庙和庙会

寨子东北方的树林中，有一座庙。据红河州梯田管理局的张洪康副局长说，聚起寨以前的庙是没有建筑的，只是几块雕有简单神像的石板；现在的庙屋，是一座红砖坡顶、面阔三间的平房，建于 1996 年。庙屋内，左边供武财神赵公明和土地公，右边一间供观音——按村民的说法，这叫"左边求财，右边求子"。

庙有庙主，每月的初一、十五要去庙中烧香、打扫。现任庙主是李家全。每年的农历八月初二，村民们会在这里举行庙会（也叫"真会"）。这一天，全村人要凑钱杀一头猪，各家还要带水果、香烛、蜡烛等来拜财神和土地神，并在公房内聚餐。所有祭品要收集起来，然后随意分给各家。因为庙日食荤，而菩萨是吃素的，所以拜观音菩萨要提前一天（即八月初一）去献祭。庙日那天，如果还有要拜菩萨或者还愿的，可单独开门，拜完即出来，马上关门。庙日里功德箱里收到的钱，都交给庙主，用于买供品、香烛、蜡烛等，也用于维修。

萨米给与苦蜜给

和哈尼人一样，元阳壮族人也有象征森林崇拜的寨神林。这片树林也位于寨子的上方——具体到聚起寨，是在寨子的北面。壮语里管这片树林叫"萨米给"。不过，可能是为了便于外来人理解，不少村民在用普通话跟我们交谈时都将其称为"龙树林"[2]。针对龙树林，壮族人也有诸多禁忌，例如龙树林的树不可以乱砍，女人不可以进入龙树林，男人也不可以穿白色或红色的衣服进龙树林等。

聚起寨祭龙树林的日子是农历二月的第一个属牛日。祭祀仪式在壮语里叫做"苦

---

1. 2000 年前后，租用村公房要交每天 20 元的电费和碗筷使用费。
2. 傣族话管寨神林叫"隆示"，谐音"龙树"，这可能是元阳各民族都将寨神林称为"龙树林"的原因。

蜜给"。如果第一个属牛日是在初五之前，则"日子太软"，要推到下一个属牛日。如果二月份寨子里有人去世，则后推到三月份。祭龙树仪式分为两个主要环节：一是由龙掌带领在龙树林里进行祭祀；二是全村在公房内聚餐。

根据罗忠兴的叙述，参加龙树林祭祀的人包括：一位龙掌、一个煮饭的（与龙掌为一组）、四个小伙子（由思娘姆[1]指定，要求未婚，且家里"干净的"[2]）、四个砍木头的、两个捡树枝的和六个杀猪的。具体的人数可以有增减，但总人数一定是双数。四个小伙子中，必须有一个是姓罗的。所有参加祭祀的人要提前十几天通知，祭龙树的人前三天不能与妻子同房。

祭祀龙树的上午，四个小伙子里两个女扮男装，另两个吹笛子和三弦。他们点着香，唱着山歌，从龙树林出发，沿龙掌指定的路线，往山里走约一公里，然后点香返回。这是将龙树神引回寨子的程序。大约在中午十二点，龙掌和这四个小伙子，以及其他帮忙的人，到龙树林中燃放鞭炮，并杀猪祭祀。祭祀时要准备好9对香和12套碗筷，祭品里要有酒、红米饭、黄米饭、鸡肉和猪肉。

杀猪时，众人只能用手按，不可以伸腿横跨过猪或用膝盖顶着猪。杀猪后，取三块猪肉，分别是带有三根肋骨、两根肋骨和六个猪乳头的，在龙树林里煮熟。之后，村长或副村长要扮成豹子，将一根带瘦肉的猪大腿骨、一块猪脾脏附近的肉和一块猪板油用棒子穿起来，"逃"出龙树林。后面的人要在后面追赶，并大叫"老豹子来抬猪了！"。

这一天，每家都要煮紫色花和黄色花染的糯米饭，并用绿、红、紫、黄四色将鸡蛋上色。晚饭时，每户派一个代表到公房参加聚餐。在公房中，也要杀一头猪。龙树林中宰杀的那头猪的头、脚、内脏也在公房内分食。从这天中午十二点开始，到之后的两三天内，除了在家中做针线活等小活之外，村民不能下地干活。祭祀结束后，龙掌能得到带三、两根肋骨的一块猪排、一只母鸡和一块下杂肉。煮饭的能得一只公鸡。四个小伙子能分得一小碗菜。

总的说来，聚起寨的苦蜜给与哈尼族的昂玛突是比较类似的。它们都在二月份举行，场地都位于寨子上方的神树林里面，都有隆重的祭祀活动，都以猪为主祭品。这

---

1. 即女巫。
2. 指家里最近没出现不良事件。

或许说明，作为少数民族的聚起壮族人，其文化在相当程度上受到了当地主流民族（哈尼族）的影响。

不过，苦蜜给和昂玛突也是有一些差别的。比如主持祭祀的人，聚起寨的龙掌必须是最早定居于此的罗氏家族的成员，而哈尼族的咪谷则是由村民选举产生的头人。又如祭祀之后的宴会，哈尼族有两种形式，或是各家派一名男性代表，在寨神林里举行"神林宴"，又或是各家在村内主街上举行"长街宴"（菁口村）；在聚起寨，则是移至公房举行。这些差别又说明，作为少数民族的壮族人，其文化中仍然保留有自己独有的成分，并没有完全被主流民族同化。

一组比较

笔者曾在 2005 ～ 2009 年对广西省龙胜县的龙脊十三寨做过调研。龙脊十三寨里，除了一个黄洛寨是瑶族寨子外，其余均为壮族村寨。同为壮族，聚起和龙脊有什么异同点呢？笔者拿龙脊十三寨中最大的寨子——廖家寨，与聚起寨进行了一番对比。

首先是自然环境。两者都属亚热带季风气候，但龙脊廖家寨的纬度比聚起寨高 2 度多，而聚起寨的海拔则比廖家寨高出几百米。这导致廖家寨的气候起伏性要大于聚起寨。具体表现是，两地的年平均气温一样，都是 18 摄氏度，但聚起寨终年无霜期，廖家寨的霜期则达到 50 天。因此，以农业的生产条件而言，聚起寨是更有优势的。在推广杂交稻和开展果林经济之后，这种优势体现得更加明显。

其次，两地都是梯田稻作农业，而且都是单季稻，但是耕作方式略有不同。可能是由于习惯使然，龙脊梯田比元阳梯田的田块小，所以耕地时采用人力耦耕——女人在前面架犁，男人在后面扶犁（图 4-10）。而聚起寨所在的元阳，则大量使用水牛耕田。

再次，从聚居方式上说，龙脊廖家寨是血缘聚落，同时由多个血缘聚落形成一个地缘性的大型聚落群，即龙脊十三寨。广西很早就实行了改土归流，乾隆年间设置龙胜厅，由流官管理当地少数民族。不过，由于龙脊处于两县交界，距两边的县城都比较远，政府管辖不及，更多是由当地村民自治。聚起寨，则是由多个姓氏组成的地缘聚落。另外，龙脊所在的地区，壮族人口占主流，旁边也只有一个民族（瑶族）生活。而聚起寨的壮族，则处于哈尼族、彝族、傣族、汉族的包围之中。在这个多民族共处

图 4-10 龙脊梯田的田块很窄，牛在田中无法回转，还会践踏田埂，造成破坏，因此这里用的是古老的"耦耕"来犁田（引自《四季龙脊》张力平摄）

的环境中，文化交流多，互相影响也多。

再从聚落形态上说，聚起寨是一个封闭的形体，有明显的边界，村寨周边有树林环绕。而廖家寨则没有明显的边界。聚起寨的梯田一般都在村寨下方，村寨上方是森林。廖家寨的梯田，则绵延至村寨的侧面甚至上方，森林不一定挨着村寨。廖家寨有庙有社，分别是地缘与血缘联系的纽带。聚起寨没有社，庙也只是由几块石板拼成（近年才改建为一座庙屋）。

最后看住宅形式，两者可以说有很大差别。龙脊廖家寨是干栏住宅，纯木结构，双坡瓦顶。聚起寨是土掌房，内部木梁柱，外墙夯土或土坯砌筑，屋顶是平顶。在占地面积上，面阔 3～5 间的廖家寨住宅，可达 70～120 平方米；而面阔以 3 间为主的聚起寨住宅，通常只有 80 平方米左右。在功能布局上，廖家寨的干栏住宅是底层养牲口，二层住人，三层是用于储藏的阁楼；聚起寨的土掌房，外间用于养牲口和做饭，主体两层均用于住人。廖家寨的火塘至今仍是家庭的重要象征，终年不熄，而且每个住宅里有两个火塘，供长大的兄弟分炊；聚起寨的火塘，则没有这么强的象征意义（图 4-11）。

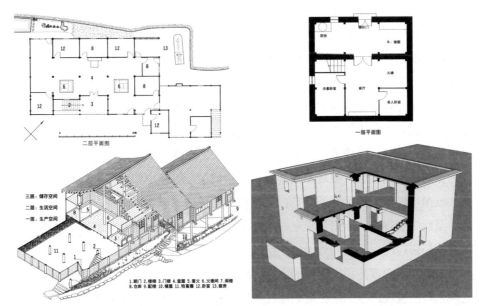

图 4-11 龙脊和聚起壮族民居比较。龙脊的壮族干栏住宅的布局遵从"下畜上人"的原则，二层以堂屋为中心形成有序的居住空间。聚起寨土掌房则一二层均住人，并形成以堂屋为中心的对称布局形式

聚起寨和廖家寨的住宅之所以有这么大的差别，和它们各自所处的自然环境是有着密切关系的。龙脊廖家寨的降雨量较大，蒸发量相对较小，所以住宅的底层不住人（因为太潮湿），屋顶用双坡瓦顶（利于排雨）；聚起寨的降雨量较小，同时日照较强（纬度较低），蒸发量大，所以住宅的底层也住人，屋顶也用了平顶。平顶可用作晒台，方便晒稻谷——这项功能对种稻的人家来说是相当重要的。廖家寨的双坡屋顶不能用来晒稻谷，于是在住宅的前方或侧面会伸出一个竹制的晒排，以满足同样的功能。廖家寨的冬季较冷，而木板墙的厚度较薄，防寒能力有限，所以住宅里少不了火塘。聚起寨的冬季不太冷，而厚实的夯土墙或土坯墙，保暖性能好，所以住宅里虽有火塘，但并不是必需品。

然而，光从自然环境上看，我们无法解释二者在建筑材料上的重大差别。直观上

理解，包括龙脊廖家寨壮族在内的很多西南山区少数民族，似乎是"自然地"选择了干栏式住宅。干栏式住宅的底层是架空的，这是对潮湿山地环境的绝好适应。纯木构的建筑，是源于周围森林资源的充沛，同时木材的加工也比较简便。相比之下，夯土墙或土坯墙对季节有较强的依赖（工作期间最好别卜雨，而且还需要阳光将其晒干），还需要更多的劳力，甚至组织工作。

聚起寨的壮族祖先们在迁到红河南岸后，为什么没有延续他们原本极为方便的干栏式建筑呢？气候的确是变化了：降雨减少，蒸发量增大，温度升高。不过，干栏式建筑应该也是可以适应这种气候的——它甚至不必做任何大的调整，只需要把本来不住人的底层，也用来住人即可。答案，或许还要归结到社会文化上。聚起寨的壮族处于哈尼族、彝族以及傣族为主的社会环境之中，这三个民族的住宅形式都是土掌房，作为少数民族的壮族人很难不受其影响。我们甚至有理由猜测，聚起寨的祖先们早在进入云南境内而未渡过红河之前，就已经接受了这一影响。即使在今天，当你从昆明驱车至元阳看梯田，不管是走东线经过元江县、红河县，还是走西线经过建水市、个旧市，公路边的村子里到处是夯土房或土坯房（尽管有的已经因为"新农村建设"，整个地刷上了白漆）。在云南的大多数地方，夯土房或土坯房早就已经成为主流。哈尼族人自己也说，他们是在从北边往南迁的过程中，学会了夯土建房的技术。

尽管差别巨大，这两个寨子的住宅在对称性这一点上却是相同的。它们都以堂屋居中，卧室分居两边，堂屋后墙上还供着祖先牌位。这种对称性，是元阳哈尼族民居里所没有的，但却是汉族传统民居里常见的。或许，壮族人是在以这么一种方式来保持并显示他们的文化优越感吧。

表 4-01 是广西龙胜廖家寨与云南元阳聚起寨的详细对比。作为参照，表中同时列出了同在元阳县境内的一个哈尼族寨子——全福庄大寨。希望通过这三者的对比，可以更突出聚起寨的特点。

广西龙胜廖家寨与云南元阳聚起寨对比　　　　　　　　　　　　　表 4-01

<table>
<tr><th colspan="2"></th><th>广西龙胜廖家寨</th><th>云南元阳聚起寨</th><th>云南元阳全福庄大寨</th></tr>
<tr><td rowspan="6">背景</td><td>民族</td><td>壮族（沙佬支系）</td><td>壮族（土佬支系）</td><td>哈尼（爱傈支系）</td></tr>
<tr><td>族源</td><td>广西南部南丹、庆远</td><td>广西起义军；通海石屏</td><td>氐羌</td></tr>
<tr><td>历史</td><td>明万历始</td><td>可能是清代</td><td>约 300 年前</td></tr>
<tr><td>血/地缘</td><td>血缘聚落</td><td>地缘聚落</td><td>地缘聚落</td></tr>
<tr><td>统治</td><td>流官</td><td>土司</td><td>土司</td></tr>
<tr><td>社会</td><td>壮族是主流民族</td><td>哈尼族和彝族是主流民族</td><td>哈尼族和彝族是主流民族</td></tr>
<tr><td rowspan="4">生产</td><td>耕作模式</td><td>梯田稻作农业，一年一熟；精耕细作，12 道工序，人力耦耕；特产包括辣椒、罗汉果等</td><td>梯田稻作农业，一年一熟；精耕细作，牛耕；现改种香蕉、柑橘、西瓜等水果</td><td>梯田稻作农业，一年一熟；精耕细作，牛耕</td></tr>
<tr><td>自然环境</td><td>亚热带季风气候；海拔约 600 米。北纬 25°45′，年平均气温 18℃，年霜期约 50 天，日照时数平均 1247 小时，年降雨量约 1500 毫米</td><td>亚热带季风气候；海拔 1080 米。纬度 23°10′，年平均气温 18℃，无霜期；日照时数 2020 小时，年降雨量约 1200 毫米</td><td>亚热带季风气候；海拔 1820 米。纬度 23°10′，年平均气温 14℃，年霜期 1.5 大；日照时数 2020 小时，年降雨量约 1400 毫米</td></tr>
<tr><td>田亩</td><td>人均约 0.5 亩水田</td><td>人均 0.6 亩水田</td><td>人均约 0.5 亩水田</td></tr>
<tr><td>产量</td><td>老品种亩产干稻约 300 斤</td><td>老品种亩产干稻约 300 斤</td><td>老品种亩产干稻约 300 斤</td></tr>
<tr><td rowspan="4">信仰</td><td>神职</td><td>道师、鬼师、杠桐师</td><td>思娘姆；龙掌</td><td>咪谷、摩匹、思娘姆</td></tr>
<tr><td>类型</td><td>万物有灵，祖先崇拜，道教、佛教</td><td>万物有灵，祖先崇拜，森林崇拜</td><td>万物有灵，祖先崇拜，森林崇拜，稻魂崇拜</td></tr>
<tr><td>场所</td><td>庙、社</td><td>神树林，庙</td><td>神树林，磨秋场</td></tr>
<tr><td>祭祀</td><td>庙日、社日</td><td>苦蜜给，庙日，三月三</td><td>昂玛突，苦扎扎，十月年，新米节等</td></tr>
<tr><td rowspan="4">聚落</td><td>位置</td><td>半山</td><td>中低山</td><td>中高山</td></tr>
<tr><td>形态</td><td>团块式</td><td>团块式</td><td>团块式</td></tr>
<tr><td>梯田</td><td>四周有梯田</td><td>梯田在下方</td><td>梯田在下方</td></tr>
<tr><td>组织</td><td>头人制的自治制度，有村规民约</td><td>受土司统辖，村规民约</td><td>受土司统辖，村规民约</td></tr>
</table>

小结

元阳梯田的一大特点，反映了当地人民对土地的"极致利用"。而最能体现这种

续表 4-01

		广西龙胜廖家寨	云南元阳聚起寨	云南元阳全福庄大寨
住宅	形式	干栏住宅，坡屋顶	土掌房，平屋顶	土掌房，坡屋顶
	布局	3层，下畜上人，三层阁楼放杂物、粮食。开间3~5间；中堂屋，左右火塘间；后排卧室，前排妹仔房和门楼。一般人家没有谷仓。有晒排	2层。主体加1层外廊。主体三开间，中间为堂屋，两侧卧室，东为主人房，西为老人房，老人房一侧设火塘。二层设谷仓。外廊作为厨房和关牲口。有晒台	3层，下畜上人，三层阁楼放杂物、粮食。主体3~4开间，中间为堂屋，两侧小卧室，老人房一侧设火塘。外设阳台与耳房。有晒台
家庭结构	类型	复合式家庭	复合式家庭	复合式家庭
	分家	兄弟"分炊不分户"，各有一个火塘，父母与小儿子合炊	父母与小儿子同住，其他儿子迁出	父母与小儿子同住，其他儿子迁出

"极致利用"的，莫过于生活在中高山区的哈尼族和彝族人。他们把所有可能的土地都开垦成了梯田，从而形成了规模宏大、气势磅礴的梯田景观。根据2010年版的《红河哈尼梯田申报世界遗产文本》，坝达、多依树、老虎嘴和牛角寨四大片区内，梯田占地面积约占总面积的30%，其中牛角寨片区的梯田达到41%。[1]

然而，当海拔降至1000米左右乃至更低的山坡时，哈尼族和彝族人都止步不前了。[2] 在这里，是壮族人接起了开垦梯田这把"接力棒"。他们把梯田延伸到了本来不太适于种植水稻的"热区"。不可否认，壮族人的梯田不管是从规模上，还是从景观上，都比不上哈尼族和彝族人的梯田。不过，它们却从另一个角度诠释了什么是对土地的"极致利用"。缺少了壮族人的梯田，元阳梯田是不完整的。

把水稻种进热区的壮族人，也建设起属于他们的村寨和建筑。这些村寨和建筑和哈尼族、彝族的相比，既有相同之处，也有不同之处。这些相似性和差异性，体现了文化上的交融与碰撞。元阳梯田里不同民族的村寨和建筑，是构成梯田文化的不可缺少的部分，同时也是最能体现文化深度与厚度的部分。而聚起寨，也是元阳梯田里壮族聚落的一个典型案例。

---

1. 2010年版的《红河哈尼梯田申报世界遗产文本》，第80页
2. 少数哈尼族和彝族人也生活在海拔1000米左右的山区。比如牛角寨乡团结村中冲彝寨，海拔约950米。

第五章
四个民族的六个寨子

罗德胤 孙娜

前几章我们主要围绕全福庄和聚起寨这两个寨子进行讨论。现在，我们希望将视野放大到整个元阳梯田，以便对这里的村寨有一个更为全面的了解。

多民族共居是元阳县的一大文化特征。根据 2002 年的统计，元阳全县总人口为 365321 人，其中哈尼族占 53.23％，彝族占 23.35％，其余汉族、傣族、苗族、瑶族、壮族分别占 12.08%、4.9％、3.29％和 0.92％。[1] 这些民族在居住上有两个特点。一是形成民族聚落，即同一个自然村内的绝大多数居民都属于一个民族，少有民族混居的现象。[2] 二是立体分布，即不同民族的聚落分布在不同的海拔范围内。按 1990 年《元阳县志》的说法，哈尼族位于海拔 1400 ～ 1800 米的中高山区[3]，彝族、汉族位于海拔 1000 ～ 1600 米的中山区[4]，苗族、瑶族位于 1600 ～ 1800 米的高山区[5]，壮族位于海拔 800 米左右的半山区，傣族位于海拔 600 米左右或更低的河谷地带。[6]

哈尼族流传着一个神话，是关于各民族为何居住于不同高度的：

---

1. 根据"云南网"的资料：http://yn.yunnan.cn/hh/html/2008-12/16/content_166038.htm。1990 年版《元阳县志》上的数据与此接近。
2. 1990 年《元阳县志》的说法是：元阳县"多数村镇为几种民族杂居"。但笔者在实际调研中发现：元阳县的镇集确实是多民族杂居，但在自然村则是以单民族为主的。
3. 笔者在实际调研中发现，哈尼族村寨在海拔 1800 ～ 2000 米的范围内也不少。
4. 据红河州梯田管理局张洪康副局长说，元阳县关于汉族人有"上吃哈尼，下吃摆夷"的说法（摆夷即傣族），意思是说汉族人居住的海拔范围较广，上至哈尼族村寨附近，下至傣族村寨附近。
5. 实际调研发现，苗族和瑶族村寨有不少位于海拔 2000 米左右的山区。
6. 云南省元阳县志编纂委员会编纂.元阳志 [M].贵阳：贵州民族出版社，1990：56

人类的始祖是塔婆，她叉开四肢仰卧于日月山沟之中，张开全身的器官生下了二十个民族的祖先。从头发中生出的是瑶族，高山密密的丛林是他们永世的家园；脑门上生出的是苗族，陡峭的石岩山地是他们栽种包谷的地；汉人生在嘴巴里，能说会道，主意多；彝族生在胸口上，不高不低住半山腰；哈尼族生在手掌心，开筑梯田是从始祖的掌纹上学来的；土佬（壮族）生在脚膝盖，靠近河边吃穿不愁；傣族生在脚掌上，祖居大小江河坝。[1]

从科学的角度进行分析，之所以出现立体分布的现象，和元阳县的气候特点以及不同民族对气候有不同适应能力大有关系。元阳县海拔的最低点为红河岸边，约150米，最高点为白岩子山顶约2940米。从山麓到山顶，依次形成南亚热带、中亚热带、北亚热带、暖温带、温带和寒温带的气候。[2] 这些不同的气候带，在温度和湿度上的差别都是相当大的。从温度而言：在元阳山区，海拔每上升100米，温度就下降约0.7摄氏度，所以同一时刻里最高处村寨（约在2200米）与最低处村寨（约在150米）的温度差就有15摄氏度之多。从湿度来说：最低处的红河岸边由于日照充分，蒸发量大，导致空气相当干燥；而在中高山区，由于从低处蒸发起来的气流遇冷凝结，极易形成雾气或雨水。比如，在老县城新街镇[3]附近，一年中有180天起雾，云海奇观时常出现。对低海拔干热气候适应了的傣族人，无法在寒湿的中高部山区生活。而在中高部及中部山区生活惯了的哈尼族和彝族人，也同样难以忍受红河岸边的炎热天气。

民族聚居和立体分布是元阳县各民族保持自身文化独特性的两个重要因素，因为它们使具有相同文化属性的人群聚集在相对独立的空间内，从而在较大程度上限定了人们的交往范围。不过，居住在同一县境内的人，生活环境是相似的，交流也在所难免——这种交流，既有物质上的互换，也有文化上的互通。于是，在元阳县我们就看到了这样的现象：各民族在饮食、劳作、居住、服饰、节庆、习俗等方面，都存在着不同程度的相似性与差异性。本文的目的，是从聚落的角度出发，对元阳县哈尼族、彝族、壮族和傣族的传统聚落做比较性的研究，并探寻导致其相似性与差异性的原因。

---

1. 艾扎 . 哀牢家园——元阳六蓬哈尼部落及其后裔 [M]. 昆明：云南出版社，2010：53
2. 中国国家文物局 . 红河哈尼梯田申报世界遗产文本 . 2010 年版，第 38 页
3. 元阳县城原在海拔 1680 米的新街镇，由于存在山体滑坡的危险，1998 年迁至海拔约 300 米的南沙镇。

六个村寨简介

这六个村寨涉及四个民族，分别是：哈尼族的麻栗寨和全福庄、彝族的水卜龙寨和土锅寨、壮族的聚起寨和傣族的大顺寨。

麻栗寨是元阳县规模最大的哈尼族村寨，全村有 600 多户，2000 多口人（图 5-01、图 5-02）。麻栗寨地势南高北低，海拔高度约 1650 米，在哈尼族村寨中属中等偏上。麻栗寨的地势相对平坦，耕作条件较好。寨内有卢、李、杨、朱、白、张六个姓氏，其中卢、李两姓的人口最多，而卢姓又分为两个家族。卢姓是从主鲁寨（麻栗

图 5-01 麻栗寨

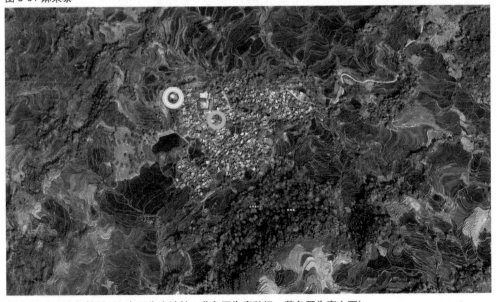

图 5-02 麻栗寨航拍图（红色圈为寨神林，黄色圈为磨秋场，蓝色圈为寨心石）

寨东北方向约1500米)迁来的,而李姓则来自一个叫阿托普玛的寨子。据巫师李正义(生于1938年)为我们背诵的卢、李等姓氏的家谱,卢姓在麻栗寨已有16代,李姓则有14代。如果按20年一代计算,麻栗寨应该有300年的历史了。在距村委会不远的空地上,是原寨心石的位置。

全福庄由大寨、中寨、小寨和上寨四部分组成,其中大寨规模最大,分为五个村民小组,全寨300多户,1400多人,姓卢、李的占大多数(图5-03)。小寨约有110户,有杨、张、李、卢等几个主要姓氏,一部分人自上寨迁下来,杨姓主要从麻栗寨迁来。中寨1963年从大寨迁出,有70多户,也以卢、李两姓为主。上寨是全福庄规模最小的组团,全寨仅有不到30户人家,也都是从大寨分出来的。全福庄的地势也是南高北低,但海拔较高,大寨、中寨、小寨都在1800米以上,而上寨已经有1900多米了。这里已经接近梯田农耕生产所能承受的极限海拔,水稻产量较低。

哈尼族村寨都有寨神林和磨秋场。磨秋场位于寨尾,每寨一个。寨神林位于寨头,小型寨子一寨一个寨神林,规模较大的寨子会有多处寨神林。全福庄大寨有三个寨神林,每个组团一个。麻栗寨共有四个寨神林。

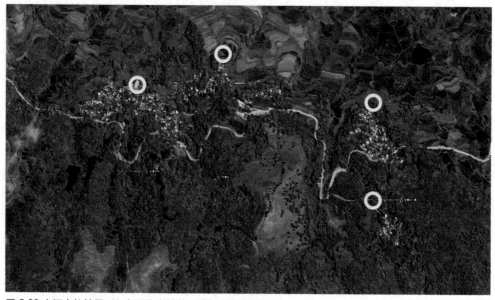

图 5-03 全福庄航拍图(红色圈为寨神林,黄色圈为磨秋场)

水卜龙寨隶属于新街镇水卜龙村委会，地势西高东低，海拔约 1730 米，285 户，1223 人，其中 90% 是彝族，10% 为汉族（图 5-04）。寨内居民，李姓约占一半（分属两个家族），张、苏各约占两成，另有少量刘姓。寨西北有一片龙树林[1]；寨中偏西的空地上有寨心石。在水卜龙寨附近的山上，有举行六月二十四日火把节的场地。水卜龙寨的汉族居民，可能是 100 多年前从其他地方迁来的，聚居在寨子的南面。[2]

土锅寨隶属于新街镇土锅寨村委会，地势也是西高东低，海拔约 1700 米。全寨 214 户，857 人（图 5-05）。杨姓是村内第一大姓，有 60 多户。孔姓和李姓的人口也较多，分别有 40 多户和 30 多户。林、罗是小姓，各有几户人家。土锅寨现在的总平面呈琵琶状，但这不是村落原有的形态，而是受上方公路的影响所致。村落原先的平面近似椭圆形，1978 年公路建成后，寨子和公路之间就多了一条道路。村民陆续在这条路边建房，使得村寨平面变成了琵琶状。

公路建成之前的寨子，其上方有龙树林，西侧有一座庙。村下方两侧各有一条路，通往梯田及其他村寨。两条路在靠近寨子的位置上，各有一个树寨门，其中东侧的寨门是主寨门。在庙与寨子之间，有两口水井。

图 5-04 水卜龙寨航拍图（红色圈为龙树林，黄色圈为庙，蓝色圈为寨心石）

---

1. 龙树林即寨神林。当地人常称寨神林为龙树林，可能有两个原因：一是傣族话里称龙树为"隆示"，与"龙树"接近；二是为了迎合外地人尤其是汉族人崇拜龙的观念。
2. 最近几十年，随着民族通婚的增加，汉族家庭已逐渐分散到寨子的其他位置。

图 5-05 土锅寨航拍图（红色圈为龙树林，黄色圈为庙）

聚起寨隶属于新街镇芭蕉岭村委会，地势呈西北高东南低，海拔约1070米（图5-06）。186户，797人。寨内居民有王、熊、卢、刘、张、高、罗、蔡等姓，以王姓最多，其次是李、杨。最早在聚起寨居住的是罗姓人家，然后是王、李两姓，他们都来自北边的通海或石屏。罗姓居住在寨子的中间，王姓住在寨子的西南半边，李姓和杨姓分别住在寨子东北半边的上侧和下侧。寨北侧有龙树林，寨东北方的树林中有一座祭祀观音和财神的庙。

图 5-06 聚起寨航拍图（红色圈为寨神林，黄色圈为庙）

大顺寨隶属于牛角寨乡的果统村委会，地势西高东低，海拔约 1000 米。242 户，986 人。全村大致分为三部分，中间是罗姓，卢姓在西，白姓在东。在卢、白姓之间还有少量李姓和杨姓的人家。

大顺寨的人均耕地达 1 亩左右，在本文涉及的几个村寨中是最多的。因为地处低海拔的河谷区，气候炎热潮湿，适合荔枝、芭蕉等热带水果生长，所以大顺寨的周边满是芭蕉林和荔枝林。在这些林子之外，才是梯田。因为日照强而水量充沛，大顺寨的梯田产量也比较高，有"一年种，三年吃"的说法（图 5-07）。

图 5-07 大顺寨航拍图（红色圈为寨神林，黄色是有几棵大树的村口）

四个民族的迁徙史

元阳民间流传着"盐巴辣子一起拌，哈尼族彝族一娘生"的说法，元阳境内的哈尼族和彝族的迁徙史很相近，他们都源于我国西北地区的氐羌族。哈尼族史诗《哈尼祖先过江来》详细记录了哈尼族人的迁徙历程：他们从西北地区[1]开始，由于受其他民族压迫而不断向南搬迁，进入云南后，先在滇中一带定居，后经通海、石屏等地，南渡红河，最终定居于红河南岸哀牢山区。彝族的迁移路线与哈尼族大致相同。

哈尼族人南渡红河后最早落脚在六蓬古渡。在那里与傣族共居了一段时间之后，又分几路继续向高处迁徙，其中的一路到了主鲁寨。从主鲁寨，又沿着麻栗寨河向上，先后迁至海拔更高的麻栗寨和全福庄。可见，哈尼族是从哀牢山的低海拔区一步步迁移至高海拔区，直至水稻生产的极限地区。[2]

元阳的壮族分为土佬（自称为徒傣）和沙人（或称沙佬，自称为布雅）两个支系。据县志记载："壮族均由广西、文山壮苗自治州迁入，在境内的戈他、肥香村、聚起等地居住。"[3]笔者调查的聚起寨壮族，属于"土佬"支系，从通海、石屏等地迁来。

元阳的傣族人民，"多为公元1284年前后，自西双版纳一带迁入"[4]，现在主要分布在红河、排沙河、者那河、藤条江沿岸的河谷地带。

从以上信息可知，四个民族是从三个方向迁来元阳的。哈尼族和彝族从北边迁来，壮族从东边迁来，傣族则从西边迁来。

相似点

相似点1："四素同构"的生态体系。元阳县哈尼、彝、壮、傣村寨的布局一般都遵循"上方森林，下方梯田"的布局，形成从山顶森林到山脚河流的"森林—村寨—梯田—河流"的四素同构体系。村寨多位于梯田和森林的分界线处。

除了山顶的大片森林，村寨周边也有树林环绕。森林和树林有多重用途：上方森林涵养水源；森林中原有野兽，村民常进山打猎，猎物是重要的蛋白质来源；周边树林可以改善村寨的微气候，还供村民捡拾柴火，并提供建房用材。各村寨都会挑选上方的一片树林当作神树林，作为村寨的保护神。

梯田一般位于村寨下方。离村寨近的梯田，由于方便管理，多数用作育秧苗的秧

---

1. 可能是今天的大渡河两岸，现代羌族居住的地方。
2. 元阳县申遗区内哈尼族村寨海拔最高的是爱春村的哈丹普寨，海拔约1965米。
3. 云南省元阳县志编纂委员会编纂. 元阳县志 [M]. 贵阳：贵州民族出版社，1990：55
4. 云南省元阳县志编纂委员会编纂. 元阳县志 [M]. 贵阳：贵州民族出版社，1990：641

田，少数改造为鱼塘。每个村寨的梯田，在村民步行下山进入梯田所允许的时间之内可达。以海拔较高、地势较陡峭的全福庄为例，按当地人的脚程，下山到距离最远的梯田需要约 40 分钟[1]。

梯田生产离不开先进的灌溉技术，各村寨都修建有水渠，合理分配水源，保证每一片梯田都得到充分的灌溉。

相似点 2: 聚落形式。六个村寨都是杂姓聚落。它们在聚落形式上表现为两个特点。

一是内部分化不明显，建筑绝大多数是住宅，没有或极少有公共建筑，住宅的形式与规模也相差不大。

二是形成组团式结构。村寨初建时，居民以第一户（或寨心石）为中心向四周发展（图 5-08）。村寨的发展受到两股力量的推动：先到者的繁衍和后来者的加入。在内部构成上，居民常根据血缘关系，形成血缘聚居的组团。组团之间常由水塘、小树林等做分隔。当村寨发展到一定规模时，会有一批居民迁出，形成新的聚落。这些外迁的居民，就可能包括两三个姓氏的村民了。此时新聚落的地缘属性，会超过血缘属性。

图 5-08 水卜龙的寨心石，已经被村民们用水泥墙"保护"起来

1.上山时间略长，约有1个小时，除了上、下山不同的体力消耗特点外，劳动后的疲劳也是上山时间较长的原因。农忙或防偷盗时，村民还可以睡在梯田间的田棚里。

比如，全福庄大寨分为四个组团：一二组以李姓为主，是第一个组团；三四组各是一个组团，都以卢姓为主，少量姓李；五组由三四组分出，也是以卢姓为主，是第四个组团。而全福庄中寨，是在 1963 年由三四组的六户人家迁来而形成的。这六户人家里，有四户姓卢，两户姓李。全福庄中寨现在的姓氏比例，也差不多是卢姓占三分之二，李姓占三分之一。再如，麻栗寨大致可以分为五个组团，其中李、张、卢和杨姓各占一个组团，而位于寨子东部的组团，是由以上四个组团的各姓人组成的杂居组团。

相似点 3: 水井、水磨房。水源是村寨选址的重要依据，也影响着聚落的结构。哀牢山植被好，泉水资源也丰沛。村寨边上如果有泉水，人们会就地修建水池。如果泉水距离村寨稍远，人们就用竹笕将泉水引到村边的水池。这两种水池，当地人都称其为"水井"。水井位于村寨边缘，而不在村内，这样有利于防止生活用水污染水源。不过，一个村寨的水井数量是有限的，所以随着村寨规模的扩大，有的人家就不得不走一段比较远的距离去挑水。

有的被称作"龙泉"的水井，有很大的水池，还有较完备的用水设施。壮族聚起寨的"龙泉"位于村寨西侧，用石块围出半径约 3 米的半圆形水池，修有入水管和排水通道。人们就在这里接水、洗衣洗菜，"龙泉"也成为村民，尤其是妇女互相交流的公共空间。

多数水井是露天的，没有井盖，比较重要的水井有井盖，有的还修成水房。如土锅寨西侧的古水井，倚山崖而建一座水房，高约 1.5 米，长约 10 米（图 5-09）。水房左侧的石墙上嵌了一个 0.5 米见方的小龛。外侧矗立着五根古朴的石柱，将水房分成六个开间。水房前的地面铺砌着石板。每年大年初一，寨中各家都要到水井边"取新水"[1]。

水井在哈尼族人的世界里有洁净灵魂的功用。哈尼族人在昂玛突祭寨神前要祭祀水井，头人等参与祭祀的人员均要用村寨内最老水井里的水净身[2]，在葬礼前也要在水井边宰杀牛等祭品。

---

1. 打水前先要在左侧的神龛处烧香。用取回的水煮汤圆，用三碗水和三碗汤圆祭祀祖先，剩下的水给家中人喝。
2. 这是以前的做法，现在仅以洗手示意。

图 5-09 土锅寨的水井

差异点

差异点 1: 建筑密度。全福庄、麻栗寨（哈尼族）和土锅寨、水卜龙寨子（彝族）的住宅，都是一户一宅，相互独立，住宅旁边有菜园。彝族住宅还有单独的猪圈和牛圈。这样的寨子，远看起来是房屋与树木间杂的，建筑密度较小。

大顺寨（傣族）内的住宅，多相互紧贴而建，或三四座联排，或十几栋集合成一片。一栋傣族住宅通常有两三片不同高度的平屋顶，于是整个村寨从远处看就是一片片大小不等的平屋面，顺山势层层跌落，宛如一座壮观的立体棋盘。大顺寨的建筑密度是六个村寨里最大的（图 5-10）。

聚起寨（壮族）的建筑密度介于大顺寨和其他寨子之间。聚起寨的住宅，相互之间也靠得比较近，但是屋顶并没有连成一片。

村寨的建筑密度之所以有如此明显的差异，是因气候原因造成的。傣族和壮族居住在低海拔的十热地带，日照强烈，建筑相连或靠近有利于增加遮阴。而哈尼族和彝族居住在高海拔的潮湿地带，一年里有一半时间云雾弥漫，根本不存在日照过强的问题。

图 5-10 远眺大顺寨

　　差异点 2: 道路系统。大顺寨（傣族）的住宅组合形式，也造就了一套独特的道路系统。在大顺寨住宅的多层屋顶之间，人们使用爬梯联结起不同高度的平面，并在两排住宅间搭板为桥——这赋予了平屋顶交通的功能。再加上联排住宅间形成的小巷，形成了屋顶加地面的双层交通体系。地面的道路系统狭窄逼仄，主要供牛等牲畜行走和人们在炎热的夏季里使用。屋顶的道路系统则开阔自由，联系方便，供人们日常使用。

　　除了傣族村寨，其他三个民族的道路系统相似。村寨以道路系统为脉络，串联起多个组团。村寨的主要道路受出村路线和方向、等高线和组团关系的制约。以全福庄为例，村寨下方的平行于等高线的道路串联起大寨各组团、中寨和小寨；连接主路和寨神林（及更高的树林）的垂直等高线的道路形成辅路，形成组团内的主要道路，从辅路上又分出平行于等高线的支路通向各家各户。三级道路系统也出现在壮族、彝族三个寨子中。麻栗寨地势比全福庄平缓，道路不完全以等高线为指向，但仍然大致符合以上规律。

　　值得注意的是，近年修建的公路对聚落的道路系统产生了很大的改变。现代交通工具的产生对村寨道路系统造成的改变是巨大的。原来村寨间依靠梯田间的道路相互交通，以垂直等高线的交通线居多，但现在则以水平交通线为主。仍以全福庄为例：限于坡度因素，公路多平行于等高线而修，它从村寨和寨神林的分界线穿过，形成了第二条主路，这就让原先的辅路转化为两条主路之间的道路了。聚起寨为了方便水果的运输和小型农业机械的使用，特意将村寨下方的横路拓宽并修成环路。公路的修建对交通的改善，以及对村寨的发展机遇都有着重大的有影响，而远离公路的村寨则发展得比较缓慢。

差异点 3：聚落边界和寨门。元阳县各族村寨均无寨墙形式的确定边界，而是用树林将村寨与梯田分隔开，形成边界林。不同民族的村寨，其边界林的"厚度"差异很大，树木的种类也不一样。

在六个村寨中，哈尼族的全福庄和麻栗寨的边界林是最薄的，原因可能是哈尼族在元阳的人口最多、最密集，其村寨在扩张的过程中不断蚕食周边的树林。相比之下，彝族水卜龙和土锅寨的边界林就要厚一些。傣族大顺寨的边界林，在六个村寨中厚度最大，这与傣族人口少于其他几个民族是有直接关系的。大顺寨的周围种了很多荔枝和香蕉，因为这里海拔较低，适合种植果树。

壮族的聚起寨，海拔介于彝族村寨和傣族村寨之间，其边界林也比较厚。聚起寨近年来大力发展规模化水果种植业，将部分梯田改成了果树林，这更增加了边界林的厚度。

六个村寨都有寨门，但各民族对寨门的重视程度是不一样的。这里的寨门指树寨门，一般是位于村边、通向外村路口处的两棵树（图 5-11、图 5-12）。哈尼族对寨门最重视。在哈尼族人的观念中，村寨内是人的世界，村寨外则是鬼魂的领地，寨门就是划分人、鬼两个世界的界限。每年昂玛突的第一天傍晚，人归屋、畜入厩之时，头人就要祭祀寨门。他用麻绳将两棵树连起来，麻绳之间插雕成刀、剪等形状的木片。头人会宰杀一只公鸡来祭祀寨门，并将带着鸡头、鸡爪的公鸡皮钉在树寨门上，第二天观察鸡皮的完整程度来判断当年村寨中人畜稻谷的运势。

除了树寨门之外，哈尼族人还有建筑的寨门，多位于村寨内各组团的入口处。全福庄大寨三组的寨门，两层，底层是大门，顶层是一间房，向组团方向开敞，内部可供人休息；四组的寨门前有两只石狮。

图 5-11 大顺寨的村口

图 5-12 麻栗寨的树寨门

差异点4: 节日与公共空间。四个民族都把靠近村寨上方的一小片树林当作神树林，只是名称各不相同。哈尼族叫做"阿玛阿波"，一般译作寨神林；傣族叫做"隆示"；壮族叫做"萨米给"，彝族叫做"米噶在"。一般情况下，一个村寨拥有一座神树林。而规模较大的哈尼族村寨会出现多个寨神林的情况。他们以家族（或村民小组）为单位建立寨神林。县内最大的哈尼族村寨——麻栗寨，有四处寨神林，其中李、张二姓各自拥有自己的寨神林，卢、朱合用一处寨神林，杨、白合用一处寨神林。而全福庄大寨拥有三处寨神林，一二组公用一个，三四组公用一个，五组自己有一个。

对神树林的祭祀，往往是各民族每年最重要的节日之一。哈尼族于每年二月的某个属马日开始的三天举行祭祀寨神林的"昂玛突"。彝族在正月属牛日开始的三天内祭祀龙树林。壮族祭祀龙树的仪式叫做"苦蜜给"，在农历二月第一个属牛日举行[1]，祭祀的主持者，哈尼族的"头人"、彝族的"咪色浦"[2]在村寨中具有崇高的地位，是民族模范的代表，并肩负着村寨的命运。聚起寨祭祀的主持人由罗忠兴家族的人世袭。

大顺寨的傣族人祭祀寨神林的活动，是各家在正月初七到十三之前单独进行的。在祭"隆示"之后，青年男女相约到河里捞鱼捞虾，至傍晚将捕获的鱼虾各取少许，放入江河，意为祈愿来年鱼虾满江河，捕不完，捞不尽，当晚在河畔共餐，男女青年同吃同乐。"隆示"期间，客人准进不准出，定要留下盛情款待，方能了却心意。[3]

六个寨子中，壮族和彝族的寨子受汉族文化的影响较大。体现在建筑上，是这两个民族的三个寨子都有庙（位于寨旁的树林里），而哈尼族和傣族的三个寨子都没有庙。

聚起寨现在的庙，建于1996年，是红砖坡顶、面阔三间的平房。室内被隔成两个祭殿："左边求财，右边求子"，左边两间供财神、土地公，右边一间供观音。农历八月初二举行庙会，壮语叫"真会"[4]，其他村寨的村民也会来参加。庙有庙主，即组织庙会的人。现任庙主是李家全，每月的初一、十五他都要去庙中烧香。庙会日时，全村要凑钱杀一头猪祭祀，各家还要带水果、香烛、蜡烛等到庙里拜神，然后在

---

1. 当日正午开始，三天内不能下地干活。
2. "咪色浦"必须是年纪最大的属龙或虎的男性。
3. 云南省元阳县志编纂委员会编纂. 元阳县志 [M]. 贵阳：贵州民族出版社，1990：644
4. 因为庙日食荤，而菩萨吃素，拜菩萨的要提前一天去祭拜，即八月初一。庙日时再有要拜菩萨或者要还愿的，再单独开门，拜完即锁。庙日功德箱里收到的钱，交给庙主，用于买供品、香烛、蜡烛等和用来修庙。所收钱数另有人记账。

公房吃饭。献祭的物品要全部收集起来，然后分给各家。庙会日的活动移植了其他民族祭祀神树林的仪式，也保留有自己民族的特点（图 5-13）。

图 5-13 聚起寨近年重建的庙

　　壮族人以狮子为村寨的保护神，多数的壮族村寨在村边路口立有一尊石狮子。每年农历二月初九要杀鸡祭狮子。

　　元阳县哈尼族和壮族有打千的习俗，其中以哈尼族的打千仪式——"苦扎扎"最为隆重。每年阴历六月，春耕栽插的忙季已过，梯田里禾苗打苞、抽穗、扬花，哈尼族人就选某个属狗日过苦扎扎，预祝今年可以取得好的收成。苦扎扎的场地位于寨脚的一块平地——名叫"磨秋场"，正面对着村寨下方大片的梯田。磨秋场后侧是石砌的"秋房"，是宰杀公牛的场所。磨秋场中央立着一根木桩"磨秋"，过节时还要将一根中间有孔的长木棍"转秋"置于木桩之上，哈尼族人在两侧飞奔旋转木棍，这就是"转秋"。场中还要竖起四根竹竿搭的秋千，届时哈尼人就打着秋千上下翻飞，并向着梯田大声祈福。

壮族打千的日期是"三月三"。这是从小农忙过渡到大农忙（种西瓜，插秧）的时间，村里人都一起唱歌、跳舞和打千。打千的场地离庙不远，现在是小学的篮球场，也是本村文体活动基地。

彝族最重要的节日是火把节，或者叫做六月节。每年阴历六月二十四，彝族人都要杀鸡叫魂，并到田间祭祀，晚上还要用火把驱鬼，再把火把送出村外，照耀着青年小伙子们开展摔跤比赛，以示降服凶神，预祝丰收。第二天，元阳西部地区各彝族村推举出来的大力士集于水卜龙附近的摔跤场进行摔跤比赛[1]；周围的其他民族也可以观看。彝族的火把节集宗教仪式和体育活动为一体，突破了村寨的范围，成为一个地区的彝族人和其他民族相互交往联系的场所。

壮族的聚起寨有公房，以前是土坯房，现在翻修为2层砖混结构建筑。除了供村民议事之外，这里还是村民举办丧事、喜事时宴请宾客的场所。为此，村公房里备有大量的桌椅碗筷。使用村公房收取一定的费用。[2] 傣族的大顺寨也有村公房。

哈尼族村寨中若谁家有闲置的房屋，就充作村中公用的轮换住房，供村民翻修新房时临时居住的房子。例如全福庄中寨卢支书家就有一栋这样的土坯房。麻栗寨中心水塘边有一间同样性质的简易棚屋。哈尼族寨内道路及田间道路的交叉口，修有许多高约六七十公分，长约一米的石台，上立"指路碑"，上刻道路的四向指向。这种石台一方面起到指路的作用，另一方面方便过往劳作的村民倚靠休憩，所以它在哈尼语里就叫"休息"。"休息"带有很强的公益性质，一般是父母为小孩积德而修建的。

小结

本文所涉及的元阳县六个村寨，分属哈尼族、彝族、壮族和傣族，它们在很多方面都是相似的，比如在聚落与周边环境的关系、聚落内部的组团结构和水井的位置等。它们的差异性也是明显的，比如聚落的边界、聚落内部的建筑密度和道路系统等。

就这六个村寨而言，如果按照聚落结构的层次性和聚落要素的多样性来排序，哈尼族的寨子当排第一。全福庄和麻栗寨，都属于规模较大的哈尼族村寨，它们都拥有

---

1. 1977年，全县的摔跤比赛由水卜龙迁至县城举行。
2. 2000年前后，租用村公房要交每天20元的电费和碗筷使用费。

多个寨神林，这是其他几个村寨所没有的现象。哈尼族寨子还有其他民族的寨子所没有的空间节点及与其相应的节日——磨秋场和苦扎扎节。哈尼族人在祭祀寨神林时会有专门的寨门祭祀活动，这也是其他民族所没有的。

彝、壮、傣这三个民族，也拥有哈尼族所没有的文化现象。比如，彝族人过火把节，壮族人过三月三，傣族人过泼水节。彝族和壮族的村寨，还体现出一定程度上的受汉族文化影响的印迹。土锅、水卜龙和聚起这三个寨子里都有庙，祭祀文、武财神和观音——这几位神灵都源于汉族文化，尤其是汉族的民间文化。

通过比较元阳县这六个村寨的聚落结构，我们可以知道：①作为元阳县内人口最多的民族，哈尼族的村寨在聚落层次和要素上也是发育得最为完善的；②其他几个人数较少的民族，尽管在聚落层次上不如哈尼族，但也一直保持着自己的文化传统，并未被哈尼族完全同化。

第六章
哈尼蘑菇房

高翔 霍晓卫 陆祥宇

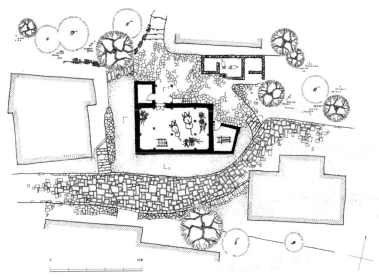

图 6-01 全福庄中寨 44 号首层平面及周围环境

前面几章我们都在讨论梯田里的聚落问题。现在，我们要具体到更为微观的层面，谈谈聚落内部的建筑，也就是民居。

哈尼族的民居有蘑菇房、土掌房、双坡土坯房等式样。在元阳，典型的哈尼族民居俗称"蘑菇房"，因其外形尤其是房顶类似蘑菇而得名。蘑菇房外形简单，几乎没有任何装饰，但它是哈尼族人适应生存环境的产物，与哈尼族人的生产生活以及精神信仰有着紧密的联系。

我们仍以全福庄中寨的调研为例。这里的住户大多分布在两个较为平坦的地块上，人均土地面积比全福庄的其他几个寨子要大一些，其建筑密度也相对较低，绿化率则比较高（图 6-01）。

中寨住宅的周边多有私人土地，常用简单的篱笆、石头堆、树等来界定。这些界定物也是有所归属的，如石头堆常是这户人家存着，将来修建新房之用，而樱桃、梨等果树也通常是主人家自己种的。住宅占地的大小，与各户迁至中寨的时间先后有关。最先来的 6 户人家土地较多，如头人（咪谷）家有 820 平方米（包括住宅及其周边土地）。之后迁来的人家，每户的占地面积大约只相当于第一批人家的 1/4。

住房附近或紧贴着住房，常有一个 6 ～ 10 平方米大小的猪圈，旁边连着一个室外厕所。有的人家在猪圈附近挖有沼气池，这是政府组织修建的。由于沼气原料不多及使用不得当，很多沼气池已经废弃了。有的人家在房屋旁边有一个肥塘（图6-02）。到春耕季节，靠近村内水系的肥塘便可以冲肥入田（即打开肥塘关口，搅动肥塘，利用溪水使其中的肥料随水流注入梯田）。不靠近水系的肥塘要靠人工挑肥。

图 6-02 石头围成的肥塘

房子周边值得注意的还有家家均会种植的佛手瓜。佛手瓜是藤蔓植物，有的人家会在门廊外搭起与平台一般高的架子，使瓜藤爬出一片绿色走廊。佛手瓜结果丰富，果肉饱满，用清水煮熟便可食用，口感糯软清甜。佛手瓜的茎、叶及果实削下的外皮，可剁碎加到猪饲料里当猪食。

基本格局

蘑菇房的面积不大，如果一户有两个儿子，那么长子成婚后通常会选址另建新房，而老宅则依俗由小儿子继承。这两家人会住得比较近，因为儿子盖房的地是从父辈的土地中分出来的。村子的人口增加到上地无法承受时，就会有几户人家分出来另寻村址。全福庄中寨即是 1963 年从大寨分出来的。

哈尼族住宅对朝向没有严格的要求，只要朝向开阔处即可。这与世界上很多山地地区的民居是一致的。其实这是一个简单又实用的原则，既可以观察田地的情况，又有比较好的景观视野。另外，全福庄所在的地理位置纬度较低，对日照的需求不强，同时建筑材料的限制又使得住宅外墙不能开较大的洞口，因此哈尼族住宅的窗子少而且小，只在两侧及后面开窗，每面一到两个，每个窗宽约 0.5 米，高不到 1 米。正面墙只在一层和二层各开一个门。因为门窗小而少，哈尼住宅的室内是很暗的。

哈尼住宅是一户一栋独立的，平面为矩形，进深约 6 米，面宽约 9 米。多为 3 层（图 6-03）：一层养牲口、存放柴草等；二层住人，有起居室、卧室和厨房；三层的阁楼部分用来存放粮食，平台部分则用作晒台。下面分层介绍。

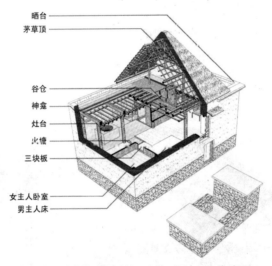

图 6-03 哈尼族住宅剖轴测图（按：此户的猪圈已迁至户外，图中下方为猪圈）

首层部分。哈尼族住宅的首层低矮且潮湿，不宜住人，主要用来养牲口，也用来存放柴草和农具。首层的柱子一般是均匀的三行五列。每间面宽 1.6 ~ 2.5 米。在进深方向，前两行柱子间距 2.8 ~ 3.2 米，后两行柱子间距 1.7 米左右。层高一般在 1.9 ~ 2.1 米。正对大门靠后墙处，有内楼梯通往二层。内楼梯由石头堆成，也有只是搭一个木梯的。石头堆成的楼梯，一般是在面对后墙上三级之后沿墙拐弯，再上五至七级。楼梯每级的高度在 20 厘米以上。有的人家在楼梯靠着的墙面上，高度距拐弯平台 1.3 米的地方有一两个小龛，大小 30 厘米见方，用于存放物品，也有做鸡窝用的。距平台 2.2 米高之处，还有一个宽约 40 厘米、高约 25 厘米的龛，这是用来供奉"非正常死亡"的祖先的小神龛（大神龛见后文）。

内楼梯因人家不同，有的在使用，有的基本废弃了。房子前面有足够地方的人家，都会设一段室外楼梯，直通二层大门前面的平台。外楼梯是用较为整齐的大石块堆成的。外楼梯用得多的人家，首层室内因为少人走动，主人打扫得不那么勤快，致使蛛网灰尘遍布。内楼梯经常使用的住宅里，首层的卫生状况就要好得多。首层地面除了门到楼梯之间铺石板之外，均为裸露的土地。

首层门外常有一个门廊和一间耳房，支撑着二层的平台（图 6-04）。耳房被称为"女儿房"，只有 2.4 米见方，它是为了方便长大的未婚女儿交朋友而设置的。女儿出嫁后，也可以让其他家庭成员来住，有时也用作储藏间。女儿房内，有的只有一张床，稍大一些的会放一张桌子，还可能有一台缝纫机。

首层在主体房子之外，有时也会附设特殊功能的房子，如中寨巫师李落矮家就在山墙外盖有一间纺织房，同村的其他人家也可以来使用。

图 6-04 哈尼族住宅的门廊和耳房

其次是二层。二层是人主要活动的场所（图 6-05 ～ 图 6-07）。其正面开大门。二层大门与首层大门均开在房屋左次间 [1] 内——正立面不要求对称，是哈尼住宅的一个特征。二层大门外的平台，是哈尼族人经常用的室外活动空间。哈尼族民居室内较暗，空间也较为狭小，因此这个室外平台就被当作室内起居空间的延伸。在天气好的时候，居民们喜欢在这个平台上做些事情。我们经常看到平台上有男人坐在小板凳上抽水烟筒，旁边的女人在准备食材或者用竹条编织一些日常容器，或者拿着一把铡刀在一个大竹簸箕里剁猪菜。大门外的墙上，常挂满了各种物品，有斗笠、蓑衣之类的日常用品，也有用来祈祷平安或丰收的干枝叶。二层室内以中间一排柱子为界，划分为前后两部分。两个角部各有一个卧室：进门左手边的近角是女主人房；进门右手边的远角是儿子和儿媳妇房。卧室的开间与进深都很小，这可能和使用的木材有关，但更重要的原因可能还在于哈尼族人的生活观念——他们对家庭公共生活的重视，远远超过了对个体成员生活的重视。

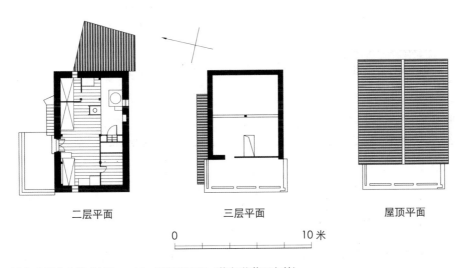

二层平面　　　　　　三层平面　　　　　　屋顶平面

0　　　　　　　　　　10 米

图 6-05 全福庄中寨 44 号二、三、屋顶平面图（恢复茅草顶之前）

---

1. 全福庄位于红河以南的山坡上，房子大都坐南向北，其左次间即西次间。

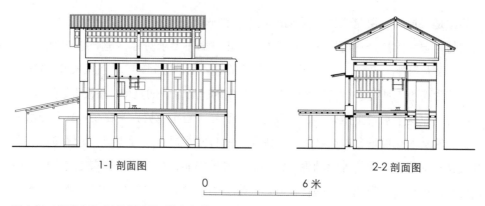

1-1 剖面图　　　　　　　　　　2-2 剖面图

0　　　　　　　　6 米

图 6-06 全福庄中寨 44 号剖面图（恢复茅草顶之前）

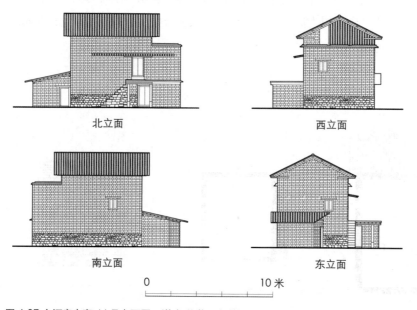

北立面　　　　　　　　　　西立面

南立面　　　　　　　　　　东立面

0　　　　　　　10 米

图 6-07 全福庄中寨 44 号立面图（恢复茅草顶之前）

　　进门左手的远角是厨房（无隔墙，有灶台），右手近角没有房间，通常会放一张床，给未婚儿子或临时待客用。在大门和女主人房之间，顺墙也放着一张床，这是专门为男主人准备的。男主人床和厨房之间，有一个火塘，火塘周围是传统的起居空间。正对大门靠近后墙处是谷仓，位于楼梯上方。谷仓由位于其下方的两根附加梁承重。

谷仓上方通常是三层的晒台。与谷仓相对的晒台上，常开一个直径约5厘米的小洞，便于稻谷晒好后直接倒入谷仓。

谷仓的防潮是一大难题。哈尼族人的解决方式，一是将谷仓悬空设置，以减少受潮机会；二是让火塘的烟气在屋内蔓延，让谷仓经常处于被熏的状态，以保持干燥。

后墙上靠近灶台和墙角的位置，有供奉"正常死亡的祖先"的大神龛，约50厘米长、20厘米高、30厘米深，距二层地面1.4～1.6米。大神龛前通常悬挂一个竹蔑台。灶台紧贴后墙，灶台上方有一个窗子，为烧菜做饭采光。灶台的位置正好是在首层的一根柱子之上，由于防火和使用方便上的考虑，二层这里是没有柱子的。灶台附近的地面是土质的，其他部分则是木地板，这也是出于防火的需要。

二层的天花板，除了卧室和通往三层楼面洞口处是一层木板之外，其余的都用小木棍交错搭成几层的"吊顶"。这几层"吊顶"之间常放满木柴，下面还常挂满玉米、辣椒等农产品。二层的层高在2.6～2.8米之间，刨去"吊顶"后的高度只有1.7～1.8米。

位于灶台和大门之间的火塘，在防潮方面作用极大。除了谷仓之外，放置于吊顶和三层楼板之间的木柴、挂在吊顶下的一串串玉米和辣椒以及挂在三层阁楼内的粮食都靠火塘烟熏才得以干燥。火塘本身也是哈尼族一家人生活的中心。哈尼族人喜欢在火塘边聊天和商量事情。天气冷的时候，老人常在火塘边烤火。哈尼族人习惯在火塘边上设一小方桌子，围坐着吃饭。吃饭时的座位安排很有讲究，反映着家庭成员的尊卑等级。例如，有客人的时候，男主人坐在靠近男主人床的位置，客人坐在男主人左手边或对面，家里其他男性成员坐在男主人的右手边。女人是不能坐在火塘旁边的。

灶台与女主人房之间的一小块场地，可以算是厨房空间，放有柜子、木柴等。灶台与火塘之间的一根柱子，是有着神圣意义的中柱。

哈尼族住宅的室内几乎没有装饰，但木隔板墙以及谷仓向外的一侧都是用宽20～25厘米的木板条整整齐齐地拼成的，板墙上还有上、中、下三条5～10厘米宽的横串，整体风格相当的统一。这些木板都被火塘的烟熏得乌黑发亮。

再次是三层。哈尼族住宅的三层有2/3处在草顶之下，这部分属于储藏粮食的空间。另外1/3是室外平台，主要作用是晒谷子。

三层的蘑菇顶不但使住宅多了一部分储藏空间，还增强了排雨和防水的功能。蘑菇顶是用茅草或稻草做的四坡顶，坡度较陡（在45°以上）。如今全福庄的老房子大都改成了简易的石棉瓦双坡顶，尽管坡度变缓（约 30°）了，但原先不能用的靠近山墙的边角部分也变大了。

三层和二层的连通靠的是谷仓旁边的天花板洞口，工具是一把竹梯（也有个别人家是木梯的）。三层的室内部分就到遮住洞口为止，外墙紧贴着洞口外侧砌，并在墙上开一个小门通往三层晒台。这个小门有的是连门扇都没有的，即使有门扇，大多时候也是开启的。这个小门在方便住户进出晒台的同时，也有利于增加二层采光。三层晒台的檐口伸出外墙几十厘米。哈尼族人常在晒台的檐口顶上种些植物。

最后说说精神空间。哈尼族住宅中，"男主人床——三块板——火塘——蔑筐——蘑菇顶"是一组完整而连贯的精神信仰符号，具有与祖先灵魂相关联的意义[1]。

二层大门左手边的男主人床，是家中男性长者专用的。如果父辈的男长者去世，新的一家之主就继承这张床，成为新的男主人。男主人床与火塘之间，有三块长约 2.1 ~ 2.3 米的木板，被称为"三块板"。三块板有特殊意义，它们是不允许女人（以及入赘的女婿）踩跨的。据一些老人说，当一家的男长者去世时，要将其尸体停放在这三块板上，直至出殡；丧礼结束后，要将三块板翘起并翻面，再重新钉好。三块板的翻身，象征着新的男主人开始掌家。

三块板前的火塘，也同样有特殊意义。火塘宽 70 ~ 80 厘米，长约 1 米。火塘里的三角铁环，是家庭繁荣稳定的象征，不能轻易移动。

火塘上方的置物架"蔑筐"，也与祭奠死者的仪式相关。蔑筐一般有两层，大小与火塘相当，平时放些谷物、餐具和挂些腌肉、辣椒等。蔑筐的四个边角各有一串藤编的圆环，起连接上下层的作用。哈尼人相信，举行葬礼时，死者的灵魂会顺着这些藤环向上升，直至屋顶。关于灵魂的出口，有两种说法。其一是在蔑筐的上方楼板上开洞，在蘑菇顶上也开一个洞，使灵魂向上离开。其二是在后墙上某个位置去掉一匹土坯，形成一个小洞口，这个洞口是供死者灵魂出屋的，在葬礼过后要封上（图 6-08）。

灶台边的大神龛和楼梯门边的小神龛，也与祭祀祖先有关，它们是为了迎接老祖先回来过年和过节的。供奉的祭品有八碗和十六碗两种，后者比前者更为隆重。大神龛供奉正常死亡的祖先，小神龛供奉非正常死亡的祖先。

---

1. 郑宇. 箐口村哈尼族社会生活中的仪式与交换. 云南：云南出版集团公司, 云南人民出版社, 2009:106

图 6-08 火塘、篾筐和藤环

住宅建造

先说建造材料。哈尼族住宅的建筑材料都采自当地。用来砌墙体的土坯，原料是从梯田或山上挖来的泥土。其制作过程为：先去掉浮土，然后与沙子混合，再混入稻秆以增加强度，之后填到长 30 厘米、宽 15 厘米、高 12 ~ 13 厘米的模具里，风干成型。首层墙基（有的是首层下部）和垒猪圈用的石头，也是山上采的。当某家有盖房子的打算时，家人上山干活时会将石块陆续背回，堆在村寨空地上（多在自家附近）。沙子同样来自山上，哈尼人常用引水渠将沙子"冲"回寨子里（在上游将沙子放入引水渠，在下游的寨子里用沙袋将水渠堵住，水从沙袋上方流走，沙子被沙袋截住，用锄头将沙子捞起）。

哈尼族住宅的墙体有三层土坯厚，隔热蓄热及隔湿防潮的性能均较为良好，适应夏季潮湿、冬季寒冷的气候。有的房子在土坯墙外刷了一层黄泥（也有刷石灰的），这有利于防止雨水侵蚀墙体。哈尼族人还习惯把牛粪贴在住宅外墙上，以晒干的牛粪作燃料或肥料之用。这种行为相当普遍，使得贴有牛粪的土坯墙成为哈尼民居的特征之一。有的住宅在前、后墙上会插着一些细木棍，这是哈尼族人用来晾晒玉米的。

哈尼族住宅一般为木构架承重，其木材多来自村民自己种植的树。以中寨头人

（咪谷）卢有开家在十几年前建房为例，他在建房之前向村干部申请，砍了公路上方村集体林里的几棵树，同时又在自家的私有林里砍了几棵树。卢有开家附近种有几棵树，但此次建房时他并没有砍这些树木，据说是要留待翻修房子时应急之用。卢有开从 1963 年搬家到这里之后不久，就开始种树，其种类有五眼果、水冬瓜、棕榈、樱桃、杉树等。

哈尼族村寨旁边还有竹林。竹子在哈尼族人的生活、生产中有重要作用，竹笋可以做菜（鲜炒或制成笋干），竹竿可以做板凳、桌子、梯子、建房的房梁，竹篾可以用来捆东西、编席子等。

寨子上方的森林是不允许村民为私人目的进行砍伐的，只可以捡干枝。如果是因为村寨重要的公共利益而不得不砍树（比如中寨刚刚建立之初，为了建房而砍树），也要复种回去。现在中寨周围的树，都是属于最初搬到那里的六户人家的，其他人家要用就需要向这几户人家买。

住宅木构架使用的木材大都是五眼果树。这是当地最常见的树种，因为长得比别的树高，容易遭雷击，所以又被称作"雷打树"。为防潮，首层柱子的下端有石质柱础。构架中的梁根据位置的不同，高度从十几厘米至 30 厘米不等。全福庄哈尼族住宅的木构件会被重复利用，旧房拆掉的木料只要不坏，就不会丢弃。

因为墙体厚重的缘故，哈尼族民居的门、窗以及室内的龛的上方大多会有一根木过梁。门窗上方的过梁直接暴露在室外，且两端伸出较长，有的过梁长度接近 3 米。少数住宅的门窗上方不用木过梁，而是用土坯发拱券，以分散上方的墙体重量。

二层地板（即首层楼板）以中间一排柱为分界，前半部分及楼梯右侧（即靠近儿媳妇房）的地板由上至下，分别是木楼板（每片 20 ～ 25 厘米宽，厚约 5 厘米）、次梁（高约 10 厘米，间距 50 ～ 70 厘米）和主梁（高 15 ～ 20 厘米）。次梁有时用木材，有时则用竹子。后半部分楼梯左侧（即靠近灶台）的楼板，在主梁、次梁之上密排一层竹劈或细竹竿，上铺厚约 10 厘米的泥土。火塘的构造与这一部分楼板类似，只是支撑火塘的木梁向下延伸至楼板下，与楼板次梁连接。

三层地板（即二层楼板）与二层铺泥的地板部分相似，不同之处在于支撑三层地板的梁更高，楼板更厚，其主梁和次梁的高度分别达到 33 厘米和 16 厘米，楼板更是达到 15 厘米厚。三层在晒台部分的泥土层比较厚，同时沿屋檐上端加一圈薄石板，以防止雨水侵蚀土坯墙。

然后说建造过程。哈尼族住宅的建造过程并不算复杂，大部分工序可以由非专业的村民完成。建造过程中伴随着多种仪式和规则。从选址建房到搬迁，哈尼族人都有相应的文化仪式。

建房时首先讲究选址。在寨内协商好建房地点后，主人家请大巫师（摩匹）定个吉日，然后由家里的男性长者带九粒谷子、三颗海贝、一对鸡骨卦来到建房地点。整平地面后，将代表着人丁六畜五谷的三颗贝壳在地上横排成一行，九粒谷子排成三行三列，鸡骨卦埋于土中，然后用大碗将其全部盖住。接着进行祈祷。之后过七天或九天揭开碗来看，如果谷子已发芽、贝壳不倒、鸡骨卦不变黑，则说明选了块好地，可以建房了。[1]

房子的具体朝向也要请地师来选（大致朝向是向开阔处）。地师不一定非要由本村寨的人担任，但一般都是本民族的并且是主人家熟悉的人。哈尼族的住宅设计通常是由房主和木匠共同完成的。挖基础时，要请大摩匹或本寨其他懂行的人来选口子和时辰，并由小摩匹做祭祀。在选好的日子里一定要做的事情是立中柱，其他工序可视情暂缓。

中柱是整个屋子里最重要的构件。在全福庄大寨中，很多房子已经是新盖的砖房了，但在室内某个角落仍然立着一根代表中柱的木柱。即使结构功能已经不复存在，中柱的信仰意迣一直保留着。

按传统方式建房时，立中柱的做法是：将中柱倒着插入土中[2]，同时在柱底下埋银钱，等组装木构架时再将中柱正过来。做地基的时候，需要主人自己来祭祀。祭品包括一碗糯米饭、一碗生姜、一碗鸡蛋和一杯开水，同时要杀鸡、猪，分糯米给帮手、路过的人和小孩。糯米很黏，象征着团结一心。上梁时也要分糯米。房子盖好后，仍然由主人自己祭祀，同时邀请亲戚来吃饭。亲戚会带一袋米或一只鸡作为贺礼。搬家的时候也同样要分糯米给亲朋，同时要把神龛的蔑台从原先的家中移出，放入新家。之后由小摩匹做祭祀，才可以吃饭。

建房的程序比较简单。先要打好土坯砖。在天气好的一二月份，每天约 10 个人，

---

1. 王清华.梯田文化论—哈尼族生态农业.云南：云南出版集团公司，云南人民出版社，2010:92-93
2. 即逆着树的生长方向

需要一个月来完成一栋土坯房的土坯量。打土坯砖一般是找亲戚一起打。哈尼族人经常是一家盖房，全村帮忙，因此不是亲戚的人也会参加。主人家每天要负责工人两顿饭，不用给工钱。

开始建房时，要先砌好后墙，之后竖起整个木构架。制作木构架总共需要六七十个工时，由主人家找两到四个人帮忙，再请一位木匠指挥。20 世纪 90 年代，木匠的工钱是每天五六元，其他人则没有工钱。木构架完成后，再砌其他三面墙。之后是将二层屋顶的细竹枝等压进墙里并铺泥土（黏的黄土）或三合土。开始砌墙后，一般只需一个月就可以盖好一栋住宅。

最后说说草顶的构造。哈尼住宅的草顶为四坡顶，坡度在 45 度以上，正脊较短，高度在 3 米左右。草顶的屋架出檐较短，约 0.5 米。草顶在晒台的一侧有一个矩形缺口，方便人进出晒台。

全福庄保留草顶的传统住宅已经不多，即便保留着，也多破败不堪。首先，用稍粗的木材制成"人"字形框架。在此构架之上，用竹竿及木材铺橼子，再用竹片铺横向的挂瓦条，用竹绳子将其固定到下面的橼子上。之后，在上面铺约 30 厘米厚的茅草或稻草。稻草顶和茅草顶的使用期不一样：稻草受潮后更容易腐烂，因此茅草一般能用五年左右，稻草则两年就要更换。不管是茅草还是稻草，都要用竹蔑捆扎成束，再逐层覆盖。有的房子在草顶顶部会再横铺一层茅草束，用来固定顶部。

需要换草的时候，把坏了的草抽出，剩下的按顺序向下移动，然后再在上面铺新的草。上层的草最需要考虑防雨，所以要用新草。下层的草在防雨功能上可以弱一些，所以可以用旧的草。十几年前，草顶就因为防火的原因大部分被换成了石棉瓦顶，一些经济条件稍好的家庭还换成了瓦顶（图 6-09、图 6-10）。

小结

哈尼族住宅虽然形制简单，但其建筑用材却体现着朴素的生态观念。而住宅建造过程中丰富多样的祭祀仪式，也反映了哈尼族人特有的精神信仰。

图 6-09 蘑菇顶竹木构架

图 6-10 铺茅草

第七章
哈尼民居变奏曲

罗德胤 孙娜

　　在上一章，我们详细地介绍了蘑菇房这种典型的元阳哈尼族民居。读者或许会产生这样的印象：元阳的哈尼族民居似乎是千篇一律而缺少变化的。实际上，这也是很多初次到访元阳梯田的游客们会有的印象。这一章，我们就来讨论这个问题：元阳哈尼族的民居真的是千篇一律吗？

　　2010 年秋天，我们受云南省红河州梯田管理局的委托，承担了云南省元阳县新街镇全福庄村的保护规划任务。[1] 在全福庄做实地调研期间，我们对该村的部分哈尼族传统民居进行了建筑测绘。在这时，哈尼族民居给我们的感觉确实是比较单调的。2012 年 4 月至 7 月，我们再次受红河州梯田管理局委托，承担了红河哈尼梯田申遗环境整治的工作，其间又对另外两个哈尼族村寨的传统民居进行了调研与测绘。这两个村寨都在胜村乡，分别是上主鲁老寨和阿者科村。两次工作期间，我们一共测绘了 16 个建筑，其中 15 个是民居，1 个是水碾房。纵观这三个寨子的 15 处民居，我们发现元阳哈尼族的民居还是有相当多变化的，决不能以千篇一律来概括。

三村概况

　　第一个村子是全福庄中寨，因为前文已有描述，此处不再赘述（图 7-01）。

---

1. 该项目由北京清华同衡规划设计研究院历史文化名城研究中心与乡土建筑研究所合作完成。

图 7-01 全福庄中寨测绘建筑示意图

中寨西组团　　　寨神林

磨秋场　　　　中寨东组团

N

　　第二个村子是上主鲁老寨，位于新街镇东南部，距离新街镇约 5 公里（此为直线距离，走公路则为 20 公里左右，需绕行胜村乡），距离胜村乡约 2 公里，海拔约 1700 米。寨内现有人口 181 人，29 户，[1] 以李姓为主。上主鲁老寨的历史较久，据摩匹背诵的家谱，李姓人家在此居住已有 32 代。周围的一些寨子，如下主鲁大寨、上主鲁新寨、保山寨、倮铺大寨以及麻栗寨等，都是从这里迁出去的。村内保留至今的传统住宅有 17 栋。

　　2012 年 4 月初，从胜村经上主鲁老寨到麻栗寨的水泥路通车，解决了之前交通不便的问题。其实这条道路是早就存在的，只不过一直是土路，无法行车，只能徒步。在有公路之前（约 1960 年之前），上主鲁老寨的地理位置是不错的，距离老县城新街镇和胜村乡分别只有 5 公里和 2 公里。这或许是上主鲁老寨的历史悠久的原因之一。然而，为什么上主鲁老寨没能发展成一个大型聚落呢？我们猜测，这可能和上主鲁老寨周围的大型寨子比较多，"挤占"了较多的生产、生活资源有关——比如麻栗寨，是元阳县内最大的哈尼族寨子，人口有 819 户、4173 人；下主鲁大寨，是一个 228 户、

---

1. 根据云南数字乡村网站数据。

1151 人的大寨子；俸铺大寨，325 户，1536 人。[1]

上主鲁老寨还是个水源相对缺乏的寨子。从 2009 年开始，云南连续三年大旱，许多地方的农业严重减产。红河州的梯田因为森林涵养水源能力强，这几年的水稻依然保持了丰收。不过，在上主鲁老寨，村民们的生活还是受到了比较明显的影响。由于持续干旱导致灌溉缺水，上主鲁老寨的部分梯田在 2012 年春天没能插秧，只能改种玉米等旱地作物了。村民们的日常生活用水更是紧张。

在上主鲁老寨，我们未能问到哪片林子是寨神林，也未能了解到村民们在哪里过苦扎扎节。村民们对此类问题，似乎都怀有戒备之心（图 7-02）。

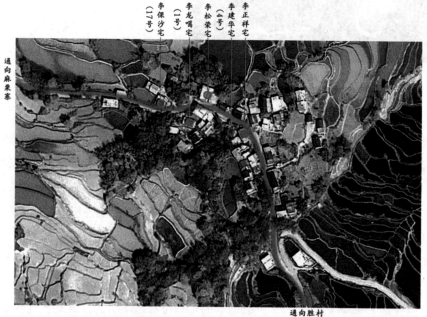

图 7-02 上主鲁老寨测绘建筑示意图

第三个村子是阿者科村，属于爱春村委会，距离新街镇 28 公里，距离胜村 8 公里。村子的海拔约 1880 米，人口 396 人，61 户[2]。村内保留至今的传统住宅有 44 栋。阿者科，

1. 数据取自云南数字乡村网。
2. 数据取自云南数字乡村网站。

在哈尼族语里是"滑竹"的意思。滑竹是一种小竹子，常见于云南的温暖山区。[1] 据云南师范大学角媛梅教授了解到的情况，阿者科村之所以用滑竹命名，是因为这里在有人住之前是一大片滑竹林。角教授还问到一位村民，他家里保存的一本老书上记下了他的一位"老祖"[2] 的出生年——1867 年；这家人之所以记下这一年，是因为他们作为第一家人，于这一年从大鱼塘村迁来阿者科。

阿者科村和其上方的牛倮普村关系密切。两寨距离较近，步行只需十分钟。牛倮普村大致以公路为界分为上寨和下寨（上寨有 3 户位于公路下方），其中下寨的村民大多是 20 世纪 80 年代以后从阿者科寨搬迁过去的。[3] 牛倮普村内有公路穿过，交通条件比较好，所以阿者科的不少人家是年轻一辈已经搬到牛倮普，而老一辈仍在阿者科居住。留在阿者科的村民经常自嘲："有本事的人都搬上去了！"

不过，这种现象应该是最近二三十年随着全国市场经济的发展，农村外出打工人口的增加才发生的。在 1980 年之前，农村的生活主要看农业，而阿者科是个农业条件不错的村寨。这里的人均梯田为 0.99 亩[4]，在新街镇内是比较高的。在 20 世纪 90 年代初政府推行"开发热区"的过程中，阿者科的居民积极响应，在低海拔的山区开了不少荒地。[5] 尽管这些地主要用来种玉米等旱地作物，但也在很大程度上提高了村民的口粮数量。与此同时，阿者科寨内的地形是比较缓的，适于建房。由于粮食生产和地形上的这些优势，阿者科形成了规模不小而且结构紧密的聚落。阿者科与牛倮普有一个很大的不同，那就是前者的房屋之间空隙很少，树木也难得一见，而后者家家有院落瓜棚，房前屋后有不少树木，甚至有玉米地。聚落的密集度，往往反映了一个村寨的发育程度。从这个角度来说，牛倮普可能还是一个处于形成过程中的聚落，而阿者科则属于一个发育完整的聚落。

阿者科的寨神林和磨秋场，也说明了其在聚落结构上的完整性。寨神林位于寨子的正上方，占地约有 1200 平方米。林内树木郁郁葱葱，不乏上百年的参天古木。磨秋

---

1. 除元阳外，还分布于昆明、保山、腾冲等地。
2. 当地人将曾祖父及更老的先辈统称为"老祖"。
3. 牛倮普上寨是从邻村大鱼塘寨搬迁过来的。
4. 根据元阳县阿者科工作组给政府的一份文件。
5. 元阳的地方"开发热区"，是以搬迁人口为前提的，这对原寨子有好处也有不利——在减轻人口压力的同时，也降低了人口数量。阿者科村民"开发热区"，只是在"热区"建田棚，往返耕种，这在提高粮食产量的同时，并未减少人口。

场位于寨子的正下方，占地达 250 平方米，并且地形相当平整。场内有磨秋杆和秋千架，并建有一座磨秋房。在磨秋场旁边，还有一座由 30 家人合建的水碾房（图 7-03）。[1]

图 7-03 阿者科村测绘建筑示意图

全福庄中寨的民居

在全福庄中寨的东、西两个组团内，各有一条东西向的道路，大多数住宅就分布在这两条道路的上、下两侧。道路上方的建筑，地基高出道路一二米。道路下方的建筑，地基比道路低约一米。道路两侧的两排住宅之间，高差达到两三米。这是全福庄中寨的住宅普遍采用正面开门的一个原因。

除了开门的位置外，全福庄中寨的传统民居在建筑朝向、建筑材料、外观造型和功能布局上也有着比较明显的统一性。它们都是坐南朝北的，都以木结构为承重体系，

1. 阿者科有两座水碾房，另一座位于寨子内下方位置，由 25 家人合建。

以土坯墙作围护体系，以茅草或稻草为屋顶材料的四坡顶建筑。[1] 这也是元阳县境内哈尼族民居典型的外观形象，俗称"蘑菇房"。

在功能布局上，全福庄中寨的传统民居都是"下畜上人"，即底层养牲口，二层住人。二层平面为四开间，当中两间是家庭公共的起居室，有火塘、老人床和粮仓。边上两间，一侧各有一个小卧室，分别是女长者和儿媳妇的房间。二层的上面还有一个阁楼层（可勉强算作三层），是用来堆放粮食和杂物的。阁楼的外面有一个晒台，用来晾晒稻谷。有意思的是，全福庄传统住宅的晒台大多数是位于西侧的，而且与二层的粮仓之间有一个洞口相连。晒台位于西侧，是为了更好地吸收阳光，以更快地晒干稻谷。晒台与粮仓之间的洞口，是为了收稻谷时方便（可直接将稻谷顺洞口倒入粮仓，省得搬运）。与此同时，通往晒台的门洞正好位于阁楼楼梯口上方，这正好可以为二层起居室增加采光（图 7-04）。

图 7-04 阁楼门洞右上角为二层增加采光

---

1. 在 1990 年代的"铲茅运动"（即去除茅草或稻草顶的运动）中，中寨的草顶均换成了石棉瓦顶。最近为配合红河哈尼梯田申请世界文化遗产，中寨的 17 栋传统住宅又换回了茅草顶。

图 7-05 全福庄中寨 1 号李惹牛宅外观

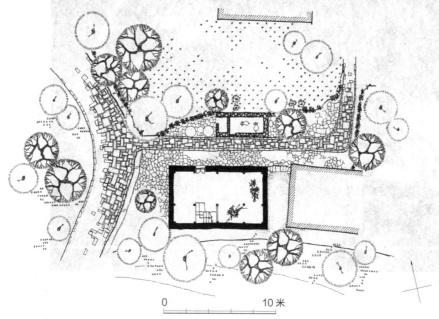

图 7-06 全福庄中寨 1 号首层平面图

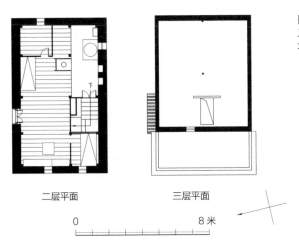

图 7-07 全福庄中寨 1 号二层、三层平面图（全福庄的建筑测绘均是在恢复草顶之前，下同）

二层平面　　　　　三层平面

0　　　　　　　8 米

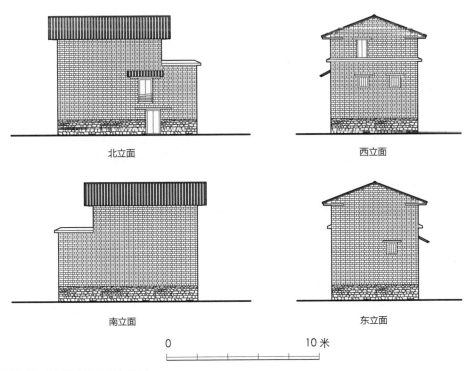

北立面　　　　　　　西立面

南立面　　　　　　　东立面

0　　　　　　　10 米

图 7-08 全福庄中寨 1 号立面图

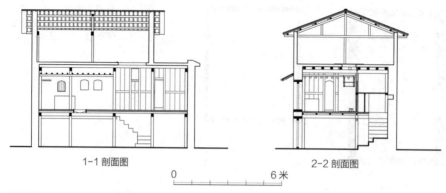

1-1 剖面图　　　　　　2-2 剖面图

0　　　　　　　　6 米

图 7-09　全福庄中寨 1 号剖面图

　　在我们所调查的住宅中，最能体现这种统一性的是中寨 1 号的李惹牛宅（图 7-05
～图 7-09，测绘人高翔）。李惹牛宅建于 1978 年，为 3 层独栋式建筑，平面为矩形，
坐南朝北，是一座木构架土坯墙的"蘑菇房"。面宽 9.16 米，进深 5.72 米，为四间
两架结构，占地面积约为 52.4 平方米（不含庭院）。各开间尺寸不一，在 1.8 ～ 2.46
米之间，中间两间的宽度略大于其他两间。进深方向的尺寸则差别较大，后部（南侧）
进深 1.71 米，前部（北侧）进深 3.01 米。前部进深较大，是起居功能的需要。后部
进深较小，是为了节省木料。

　　室内底层没有隔墙，用于圈养牲口、放农具杂物等。二层是人的主要生活空间。
二层的上面，约 3/4 的部分是茅草顶覆盖下的阁楼，可用于储存粮食和堆放杂物，其
余未被茅草覆盖之处则夯平成"晒台"，主要用于晾晒谷物。

　　建筑的一二层均在西次间上设门，但不完全正对。由于门前空间过窄，在留出道
路后便无法建阳台，所以在二层的大门开而不通，上用几根木条钉成栏杆，起安全防
护作用。二层大门内正对着谷仓。谷仓的底面比二层地板高约 1 米左右，其下方空间
设楼梯通向底层。为满足楼梯的净空要求，谷仓一侧做成斜面。谷仓前面的二层楼板
开孔，设爬梯上下阁楼。三层的晒台也在谷仓这一侧。

　　东次间的中部设有火塘。火塘不仅是取暖煮食的工具，也代表了哈尼族人对火的
原始崇拜。哈尼族人居住在哀牢山高海拔地区，终年云雾缭绕，冬季寒冷潮湿，火塘
的供暖和烘干作用都非常重要。哈尼族人的饮食起居和家庭议事，都是围绕火塘而展

开的。火塘里的火终年不熄，象征家族命脉绵延不绝。火塘上方用藤环链悬挂着"蔑筐"，上面可放腊肉、柴火等。火塘边的一棵柱子，哈尼族人称为"中柱"。中柱是哈尼族建房时第一棵竖起来的柱子，它实际上起到给住宅定位的作用。在生活中，中柱也是具有神圣意义的，除了平时不能被人随意触碰外，新米节时还要将刚成熟的稻谷割几穗下来，在祭祀祖先后绑在中柱上。火塘南面靠墙（前墙）摆一张床，是给男主人专用的。男主人睡在这里，距离火塘近，便于取暖。火塘与男主人床之间，有三块通长的木板，称为"三块板"。三块板也有神圣意义，女人不得跨越，而当作为一家之长的男长者去世时，需要将三块板撬起并翻面、重新钉好，意味着家主继替。

火塘往里，靠后墙是灶台。这个灶台平时是用来煮猪食的，只有在举办婚事、丧事等大型活动时才会用来煮饭。灶台上方的墙上开有一个小窗，用于排烟。蘑菇房的窗户通常很少也很小，在有的住宅里，这是除了门之外唯一的洞口。小窗旁边，从墙上挑出一个竹篾台。这是大神龛，是用来祭祀祖先的，神龛下方悬挂历次祭祀所杀的猪的下颌骨。楼梯旁边的墙上有另一个"小神龛"，据说是用来祭祀非正常死亡的祖先的（图 7-10～图 7-11）。[1]

图 7-10 大神龛

---

1. 另一个说法是用来祭祀家庭里女方的祖先的。

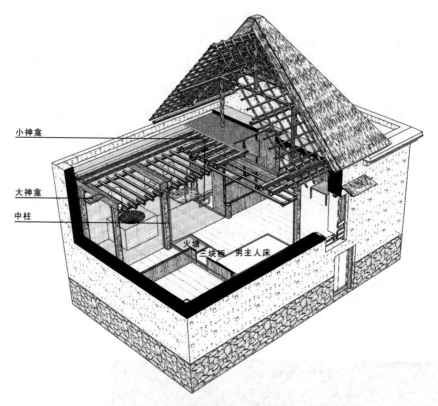

小神龛
大神龛
中柱
火塘 三块板 男主人床

图 7-11 全福庄中寨 1 号住宅中代表哈尼人信仰的元素（高翔绘图）

　　二层的两个对角处——即东北角和西南角——有两个木板围合的小房间。小房间的长度和宽度各不到 2 米，仅能放下一张床和一张小桌子。东北角的房间，即靠近男主人床的房间，是女长者的卧室。西南角的房间，即谷仓边的小房间，是儿子、儿媳妇的卧室。在大门内的西侧，也摆了一张床，是给小孩子或临时来访的亲属朋友住的。这座住宅的卧室布置，反映了哈尼族三代共居的复合家庭模式。

　　位于中寨 1 号东侧的中寨 2 号住宅（图 7-12 ~ 图 7-15，测绘人高翔），也建于 1978 年，其外形、结构尺寸、布局等与中寨 1 号相似。不同之处在于，中寨 2 号的西稍间被分隔成前后两间卧室，使得卧室的总数量增加到三个。卧室的增加，可能反映了家庭成员对私密性要求的提高。

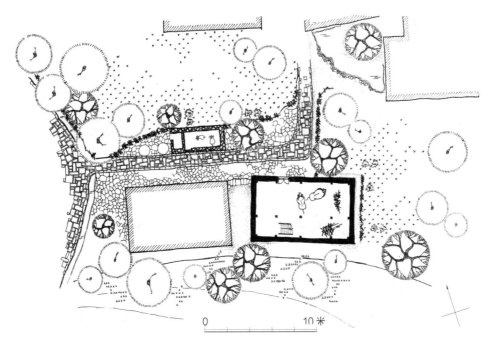

0   10 米

图 7-12 全福庄中寨 2 号首层平面图

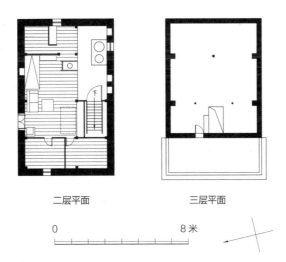

二层平面   三层平面

0   8 米

图 7-13 全福庄中寨 2 号二层、三层平面图

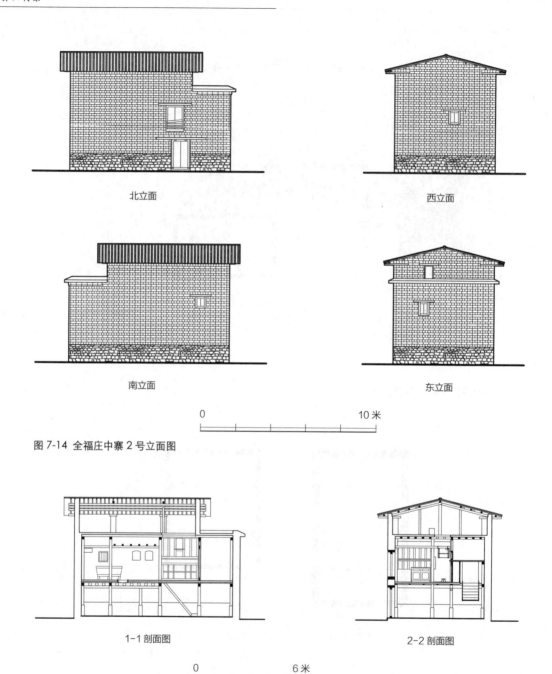

北立面

西立面

南立面

东立面

0　　　　　　　　　　　10 米

图 7-14 全福庄中寨 2 号立面图

1-1 剖面图

2-2 剖面图

0　　　　　　　　6 米

图 7-15 全福庄中寨 2 号剖面图

图 7-16 中寨 48 号卢有开宅外观

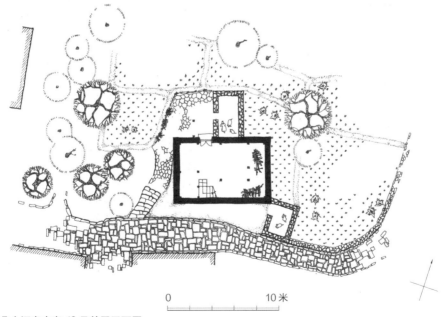

图 7-17 全福庄中寨 48 号首层平面图

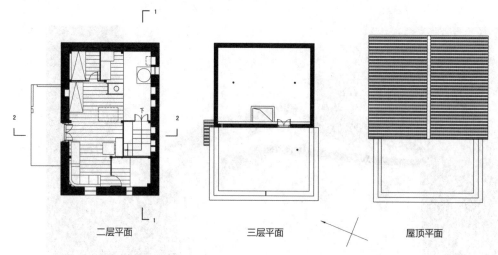

二层平面　　　　　　　三层平面　　　　　　　屋顶平面

图 7-18 全福庄中寨 48 号二层、三层平面图

北立面　　　　　　　　　　　西立面

南立面　　　　　　　　　　　东立面

0　　　　　　　　　　10 米

图 7-19 全福庄中寨 48 号立面图

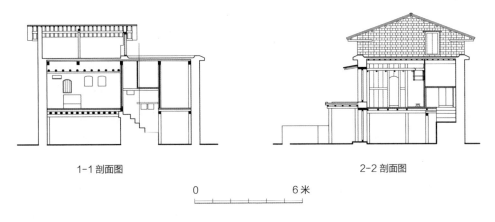

1-1 剖面图　　　　　　　　　　　2-2 剖面图

0　　　　　　　6 米

图 7-20 全福庄中寨 48 号剖面图

中寨第三个测绘的建筑是中寨 48 号（图 7-16 ～图 7-20，测绘人高翔），位于中寨的东侧，是中寨现任咪谷卢有开的住宅。此宅建于 1978 年前后，由主体和走檐组成，占地面积约 62.6 平方米（不含庭院或菜地）。主体部分和中寨 1 号是类似的，面宽四间，9 米；进深两架，6 米。其柱网略显不规则——区分进深前后架的柱子，不在一条线上，底层、二层与三层之间也不完全对位。这种柱网特点也见于元阳其他一些哈尼族民居。[1]它说明，元阳哈尼族民居的木构架是以榀架为单位来组织的，而且榀架内部的构件比较灵活，可以根据功能需要来调整梁柱位置。

主体的二层大门外是一个长 4.8 米，宽 1.8 米的阳台，称为"走檐"。走檐下方用两根木柱、两堵石墙（现在作为猪圈的墙）支撑，因此走檐也正好充当了一层大门的屋檐。相比于因门窗狭小而显得阴暗逼仄的室内，走檐视野开阔，采光良好，成为哈尼人喜爱的日常生活空间。我们经常能看见哈尼族男人在阳台上抽竹筒烟，或者妇女在走檐上切猪草。

住宅周围的土地，也是属于卢有开家的。包括卢有开自己的住宅和南面他长子的住宅，这片地约有 820 平方米。卢有开是最早定居在中寨的六户人家之一，这批人都分得了面积较大的一块宅基地。

中寨 48 号位于路南侧，面向开阔的梯田——这也是哈尼人决定住宅朝向的一般规律，即面向开阔地带。沿宅基地的北侧边缘，主人种植了一排金竹，限定了边界。

1. 上主鲁老寨的李正祥宅也是如此，见后文。中寨 44 号也有此现象，只是不如中寨 48 号的明显。

住宅旁边散种了一些五眼果树、水冬瓜、棕榈树、樱桃树、杉树等，还开出了几畦菜地。中寨建寨较晚，建筑密度还比较低，才能有这样惬意的田园风光。

第四个测绘建筑是中寨 44 号（图 7-21 及第六章图 6-01、6-05、6-06、6-07，测绘人高翔），位于 48 号的西侧，是中寨摩匹李落矮的住宅，占地面积约 72.9 平方米，建于 1966 年前后，是中寨最早的住宅之一。调查时李落矮的二儿子正在盖房子，他们一家人暂时也住在这里，因此这座房子里一共住了 9 口人，十分拥挤。和中寨 48 号一样，中寨 44 号也是由主体、走檐和猪圈组成的，而且主体内部的布局也基本一样。

不过，这两座住宅的差异之处也是显而易见的。首先，它们的入口位置不同：中寨 48 号的入口在西侧，而中寨 44 号的入口在东侧。这一点差异，又是导致其他不同的重要因素。比如，中寨 48 号只有一部室内楼梯，而中寨 44 号除了室内有一部楼梯外，在走檐东侧还有一段靠墙的室外楼梯，直通地面。中寨 48 号没有室外楼梯，是因为它的大门位于西次间，住宅前方没有留下足够的空间来建楼梯。比起要先进室内再上二层，走室外楼梯无疑是更为方便的。但这也在很大程度上降低了室内楼梯的使用频率，而室内楼梯用得少的后果之一，就是主人对底层卫生环境的不重视，打扫得没那么勤快了。

再如，中寨 48 号的走檐位于中间，而中寨 44 号的走檐位于偏西的位置上（其西侧边缘与住宅主体的西墙对齐）。这是因为中寨 44 号用东侧两间的位置来修建室外楼梯之后，走檐只能安排在西侧两间了。

中寨 48 号的走檐下面有一个矮墙围成的猪圈，而中寨 44 号的猪圈位于住宅主体前方几米远的地方。中寨 44 号的走檐下面，靠西侧有一个小耳房。哈尼族民俗里，这间小耳房常作为少女（或少年）的住房，以方便他们自由恋爱，所以也叫做"女儿房"。中寨 44 号的主体东侧，还有一间披屋，里面摆着一架织布机。哈尼族的传统服饰是用土布做的。由于工业化生产的布匹已经取代了大部分土布，所以现在还保留着织布机的人家已经不多了。

图 7-21 中寨 44 号李落矮宅外观

　　第五个测绘建筑是中寨 43 号（图 7-22 ～图 7-25，测绘人高翔），位于中寨 44 号的西侧，占地面积约为 85.7 平方米。和中寨 44 号一样，中寨 43 号也是由主体、走檐、耳房和猪圈[1]组成的。相比于中寨 44 号，中寨 43 号的变化表现在：第一，耳房变为两层，而且每一层的面积都比较大（约 11.7 平方米）；第二，主体部分的底层大门改到东稍间，二层大门改到东次间，谷仓和室内楼梯则移至东南角；第三，走檐平台是水泥的，面积扩大至 22.4 平方米（相当于中寨 44 号的走檐的 2 倍），而室外楼梯则改为顺着东山墙布置。

　　可以看出，中寨 43 号的主人在扩大私密空间上的愿望是相当强烈的。年轻一代所居住的耳房，远远大过主体内老人住的小卧室。光是从建筑平面，我们就能读出这样一个故事：结婚之后的儿子，并没有按照传统的习惯，和妻子一同住进住宅主体内的小卧室里，而是拆掉了小耳房，将其改建为一个两层的"大房"；这么做的目的，是为了实现他和妻子的"二人世界"。

---

1. 位于走檐之下略前方。

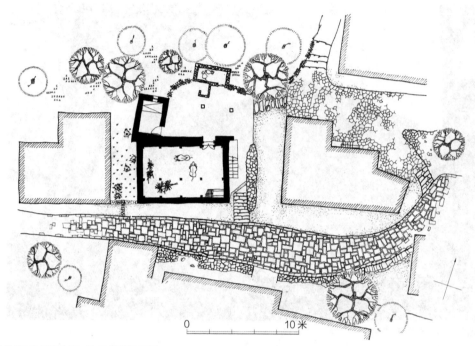

0　　　　　10米

图 7-22 全福庄中寨 43 号首层平面图

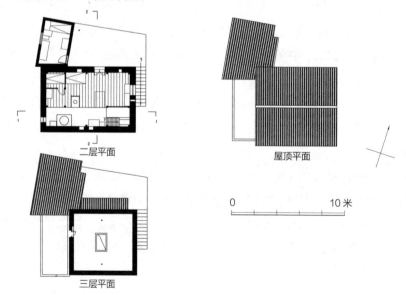

二层平面

屋顶平面

0　　　　　10米

三层平面

图 7-23 全福庄中寨 43 号二层、三层、屋顶平面图

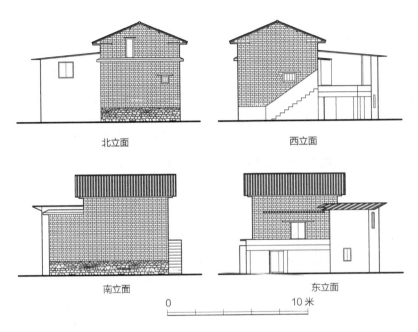

北立面　　　　　　　　　　西立面

南立面　　　　　　　　　　东立面

0　　　　　　　　10 米

图 7-24 全福庄中寨 43 号立面图

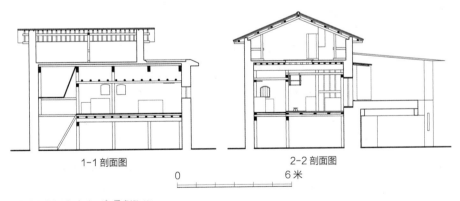

1-1 剖面图　　　　　　　2-2 剖面图

0　　　　　　　6 米

图 7-25 全福庄中寨 43 号剖面图

中寨第六个测绘建筑是中寨 38 号李文光宅（图 7-26 ～图 7-30，测绘人高翔），在全福庄的传统住宅里是比较特殊的一个实例。它坐南朝北，占地面积约 90 平方米，也是由主体、走檐和猪圈[1]组成的，走檐东侧有一部顺着前檐墙的室外楼梯。主体分成前后两部分：后部布局和中寨 1 号相似，进深 5.59 米，面宽 9.36 米；前部则是一个进深 2.91 米、面宽与后部相等的"门廊"。"门廊"为两层，四面围合，底层用于养牲口；二层的前墙开大门通往走檐，后墙开门通往后部，两侧面各开一个小窗。"门廊"以大门为界，东侧是一个卧室，西侧是放有一些现代化炊具的厨房。这座住宅里现在住着六口人，即李文光夫妇和他的父母及一对儿女。

可以看出，由于"门廊"的存在，无论是在占地面积上还是在建筑面积上，中寨 38 号明显高出全福庄中寨大部分的传统住宅。然而，这种面积上的优势并没有相应地转化到卧室数量上。中寨 38 号的卧室，只比中寨 1 号的多了一个，和中寨 2 号的一样多。那么，这个花了不少代价才修建起来的"门廊"，到底有什么意义呢？

笔者认为，就中寨 38 号而言，"门廊"的弹性功能为主人进入"现代化生活"提供了可能。"门廊"可以视为耳房的扩大。"门廊"二层里边，也确实有一个小卧室（其实"门廊"的一层也可以再设一个小卧室，如果真的需要）。"门廊"二层的西侧，原本可以是另一个卧室的，但现在是一个面积不小的厨房。我们注意到，这个厨房和住宅主体内的火塘、灶台是同时存在的。哈尼族传统的做饭方式，有火塘和灶台就足够了。"门廊"里的厨房，更像是"城里人"的做饭方式。在做饭的问题上，中寨 38 号是传统与现代并存的。

与此同时，由于"门廊"里的卧室解决了小孩的住宿问题，所以住宅主体后部进门西侧就可以解放出来，成为一个完整的起居空间。在这里，主人不但摆上了有 8 个座位的一组沙发，还在沙发边上放了一部电视，而且还扩大了侧墙上的窗户，以增加采光。在起居空间的问题上，中寨 38 号已经从东侧的火塘边转移到了西侧的沙发上。

中寨 38 号的厨房与沙发，使我们不得不将它们与户主的身份联系起来。李文光，作为全福庄中寨的村主任，和外面世界接触的机会无疑是比较多的，而外来客人进入他家的频率也是比较高的。家中待客的需要，恐怕是他对自家功能布局做出调整的原动力。

---

1. 位于走檐之下略前方。

图 7-26 全福庄中寨 38 号李文光宅外观

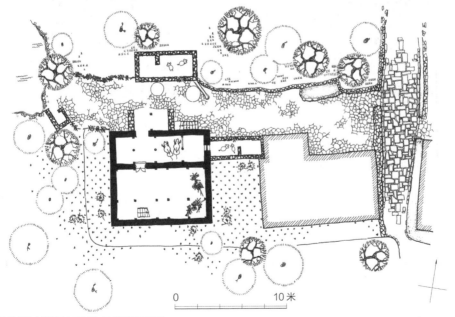

0   10 米

图 7-27 全福庄中寨 38 号首层平面图

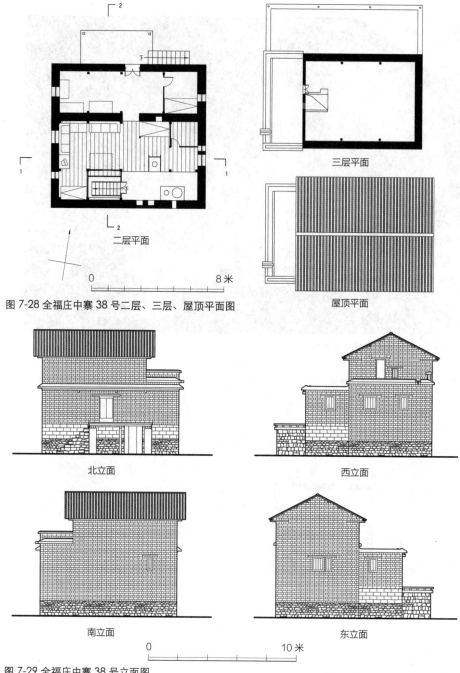

三层平面

二层平面

屋顶平面

0　　　　　　　　8 米

图 7-28 全福庄中寨 38 号二层、三层、屋顶平面图

北立面

西立面

南立面

东立面

0　　　　　　　　10 米

图 7-29 全福庄中寨 38 号立面图

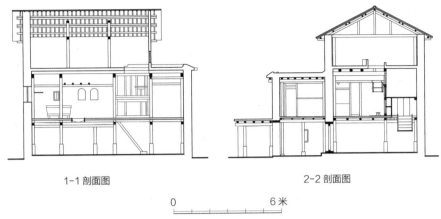

1-1 剖面图　　　　　　　　　　　　　　2-2 剖面图

0　　　　　　　　6 米

图 7-30 全福庄中寨 38 号剖面图

　　在全福庄中寨，我们一共测绘了 6 座传统住宅。这 6 座建筑是类似但又有所差别的。除了这 6 座住宅外，我们还考察了一些全福庄中寨的其他传统住宅（包括一座全福庄大寨的住宅）。如图 7-31 所示，我们对这些住宅外观变化作了简单的分析。在这张分析图里，我们将中寨 1 号视为"原型"，而其他住宅都是在它的基础上根据自身需要而发生的演变。

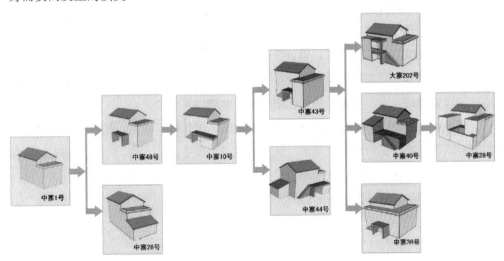

图 7-31 全福庄中寨传统住宅的外观演变轨迹

上主鲁老寨的民居

我们在前文已经交待过，上主鲁老寨是个规模较小且村民生活条件不算好的哈尼族寨子。不过，这里的建筑却是充满变化的，而且这些变化是在不丧失传统的前提下展开的。在全福庄中寨，我们看见的是形象相当统一的住宅。到了上主鲁老寨，建筑的样式仿佛一下子多了起来。这里的住宅有的朝东，有的朝北；有的正面开门，有的侧面开门；有的耳房巨大，有的耳房很小；有的带庭院，有的直接从道路进门；有的与邻居保持距离，有的紧靠邻居（其中两户是两兄弟建的，阁楼层共用一面山墙）。最为特殊的是，寨子里居然出现了一户用土坯砖建起的平顶3层楼。

为了便于了解上主鲁老寨的建筑变化轨迹，我们还是从一户与全福庄中寨1号比较接近的住宅——李正祥宅说起。

李正祥宅（图7-32～图7-38，测绘人叶亚乐），位于上主鲁老寨的中心位置，坐西朝东（偏北），靠近村内主路。建筑由主体、走檐、杂房和猪圈组成，占地面积85.4平方米。主体部分面宽四间，9.85米；进深5.4米，也是由前后两架组成。主体部分的功能布局和中寨48号十分相似，中间一排的柱子也有错位现象。

和全福庄中寨传统住宅的晒台多位于西侧不同，李正祥宅的晒台位于南侧。位置不同，目的却是一样的，都是为了更好地吸收阳光。不过，这么一来就导致李正祥宅的晒台和粮仓没有对位关系了，也就没法从屋顶上开洞直接往下倒谷子。而且，由于晒台位于南稍间，而阁楼楼梯口仍位于大门所在的北次间内，这导致通往晒台的门洞距离阁楼楼梯口较远，也就无法为二层的起居室增加采光。

李正祥宅的走檐东侧，还有一个比走檐稍低、形状很不规则、面积达20.8平方米的晒台。这个晒台是用水泥浇灌的。此处原先是个院子，房主将院子覆盖起来，旨在增加二层的户外活动空间。水泥晒台的外侧有楼梯通往村中主路。水泥晒台的下面是杂房。杂房的另一侧（即走檐的南侧）是猪圈。

图 7-32 李正祥宅外观

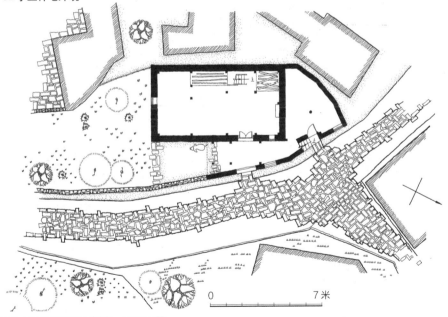

图 7-33 上主鲁老寨李正祥宅一层平面图

0   7米

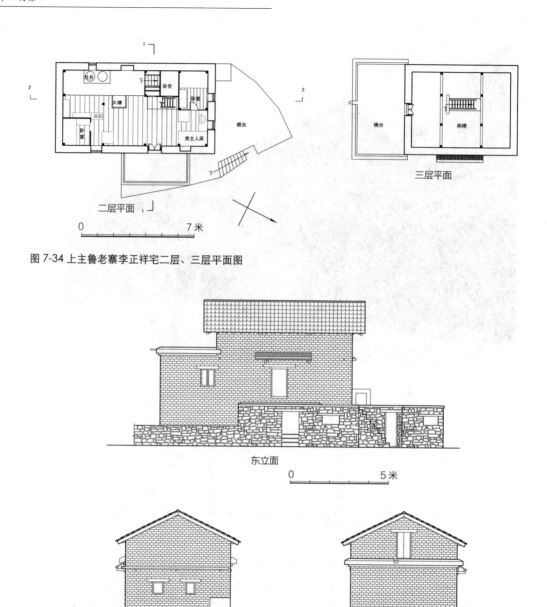

图 7-34 上主鲁老寨李正祥宅二层、三层平面图

图 7-35 上主鲁老寨李正祥宅立面图

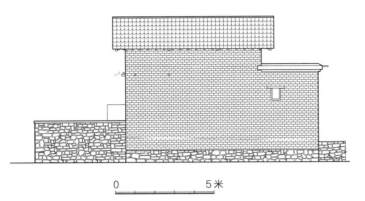

0   5米

图 7-36 上主鲁老寨李正祥宅西立面图

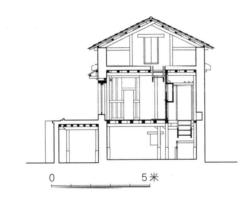

0   5米

图 7-37 上主鲁老寨李正祥宅 1-1 剖面图

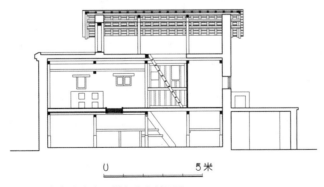

0   5米

图 7-38 上主鲁老寨李正祥宅 2-2 剖面图

　　上鲁老寨 17 号李俅沙宅（图 7-39 ～图 7-49，测绘人吉亚君），是一个将耳房变大的案例。此宅位于寨子的北侧，坐南朝北（偏东），占地面积约 67 平方米，其南侧与东侧为村中主路。户主是李俅沙，家有 6 口人。住宅由主体、耳房、走檐、前院和猪圈组成。入口位于住宅的东侧，入口与道路之间有矮墙围成的前院。

　　主体部分，面宽只三间，7.47 米；进深两架，5.4 米。主体的一层仍是养牲口，大门位于东次间前檐墙上。二层只有一个小卧室，位于西北角；粮仓和楼梯都位于东南角；火塘位于当心间内；灶台靠近西南角；大门位于中心间前檐墙上。三层的西侧一间是晒台，其余为阁楼。

　　主体的前面是耳房，面宽两间，5.3 米，进深 3.2 米，面积 17 平方米。西侧山墙与主体的山墙齐平；东侧留出的缺口，正好做住宅大门的"门斗"——在一层，从这里分别有门进入主体、耳房和猪圈。耳房两层，一层是个卧室；二层里侧也是个卧室，外侧则是个过厅——从这里，分别有门通往主体和走檐。走檐位于"门斗"和猪圈的上方，面积有 11.4 平方米。耳房的屋顶整个是晒台。

　　从外墙的建筑材料都是土坯来看，耳房与主体应该是同一时期建造的。而从功能布局来看，耳房与主体也配合得天衣无缝。比如说，耳房东侧留出的空间，正好做住宅的"门斗"，"门斗"四个方向分别通往主体、耳房、猪圈和庭院，使用效率相当高。又如，主体底层的大门不在中间，而是在东次间，这保证了耳房一层卧室的完整性。再如，由于耳房已经提供了两个卧室，所以主体内部取消了东南角的小卧室，改为粮仓和楼梯，从而保证了火塘周围起居空间的完整。再如，耳房也是平顶，大大增加晒台的面积，这对于种植梯田水稻的人家来说是极为实用的。再如，因为耳房扩大，走檐不得不从横向改为纵向，并面对入口方向，这实际上是调整并改善了住宅朝向和入口的关系。这些细节安排说明，主人在建造之初就已经对耳房及整个住宅有了成熟的设计，并对主体内部功能进行了调整。

　　从建筑美学的角度而言，李俅沙宅的"设计"可以说是比较成功的。从东侧道路看这座住宅，它显示出清晰而丰富的层次感：3 层的、茅草顶的主体下面，是两层的、平顶的耳房；耳房下面，是一层的走檐；走檐下面，是 1 米高的院墙。这座层次分明的建筑，再加上周围几棵树的衬托，好一幅农家田园风光！

图 7-39 李倮沙宅外观

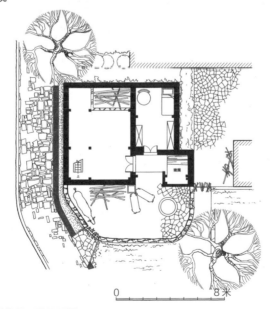

图 7-40 上主鲁老寨 17 号一层平面图

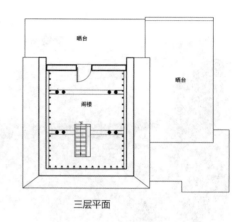

图 7-41 上主鲁老寨 17 号二层、三层平面图

东立面

南立面

西立面

图 7-42 上主鲁老寨 17 号立面图

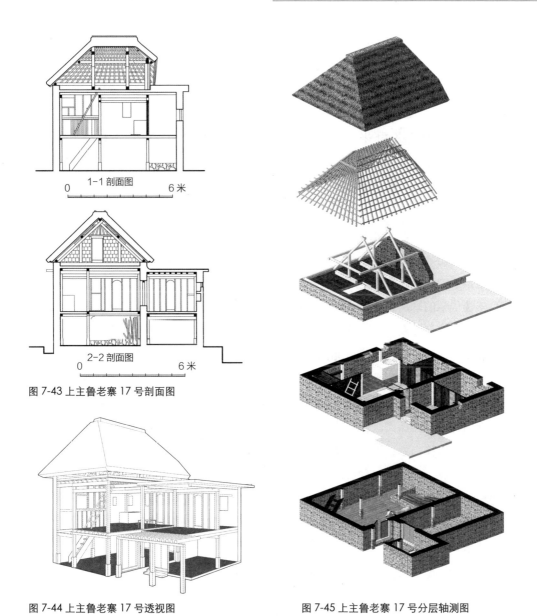

1-1 剖面图

0　　　　　　　6米

2-2 剖面图

0　　　　　　　6米

图 7-43 上主鲁老寨 17 号剖面图

图 7-44 上主鲁老寨 17 号透视图

图 7-45 上主鲁老寨 17 号分层轴测图

　　第三个测绘建筑是上主鲁老寨 4 号李建华宅（图 7-46 ～图 7-51，测绘人李晨星），也是一个耳房变大的实例。此宅位于寨子中心位置的主路南侧，坐南朝北，占地面积约 87 平方米。其西侧有小巷通往后面的住宅。隔着小巷的另一头，是村里的公共水井。

户主李建华，调查时为 61 岁，有三个儿子，均已成家。分家后，他和老伴跟老三一起居住。[1] 老三夫妇现育有一子一女。这栋住宅为三代六口人共同居住。

住宅由主体、耳房、走檐、前院和猪圈组成。主体面宽 7.59 米，底层为四开间；二层则分为三间，明间约 3 米，东次间 2.1 米，西次间 2.5 米；进深 4.7 米，分为前后两架，前面一架进深 3.1 米，后面一架进深 1.6 米。二层的大门位于前檐墙当心间内西侧。进门左手是男主人床，右手侧是一组沙发。男主人床的南侧是火塘。女长者的小卧室位于东北角，粮仓和楼梯位于西南角，灶台位于东南角。三层的东次间是晒台，其余为阁楼。

二层的大门外面是走檐，宽 5.2 米，深 2.25 米。走檐的西北角有楼梯通往地面。走檐的东侧是耳房，面宽 2 间 5.05 米，进深 4 米。耳房底层是碾房，二层是老三夫妇与两个孩子的卧室，三层是晒台（与主体的晒台相连）。

李建华宅的耳房设在主体前面的西侧，这是为了让出东侧的空间，以形成入口的前院。有前院（以及走檐）作为住宅入口的"灰空间"，无疑提高了住宅整体功能的合理性和舒适性。同时，这可能也是主体三层的晒台位于西侧的原因——如此一来，就可以让耳房屋顶的晒台和主体三层的晒台连在一起了，大大方便了晒稻谷。不过，这也是以减少起居空间的采光为代价的——通往主体三层晒台的门洞（位于南次间），由于远离阁楼的楼梯口（位于北次间），就基本上无法为二层的起居室提供采光。

阁楼的楼梯口处，用土砖砌了一个半圆形拱顶。蘑菇房的茅草顶最大的隐患是容易发生火灾。为了防止二层火塘、灶台的火星窜上屋顶，阁楼地板是用土砖铺砌在密布的滑竹杆上的。不过，二层通向阁楼的楼梯口却是个防火的短板。所以，洞口上方修个拱顶，将上升的烟气改为平流，烟里的火星也因这一转折而熄灭，减少了火灾的发生几率。

李倮沙宅和李建华宅的主体二层都是三开间。这与它们的耳房变大似乎是有着内在的关联。主体二层从四开间减为三开间，小卧室就相应减少了一个。这个小卧室之所以能减掉，是因为耳房扩大之后弥补了它的功能。类似的现象也见于中寨 43 号。

---

1. 老大、老二分开另过，常年在外打工，过节时回来住老大的房子，但是仍在一起吃饭。

图 7-46 李建华宅外观

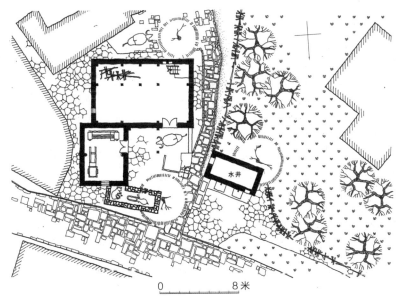

0   8米

图 7-47 上主鲁老寨 4 号一层平面图

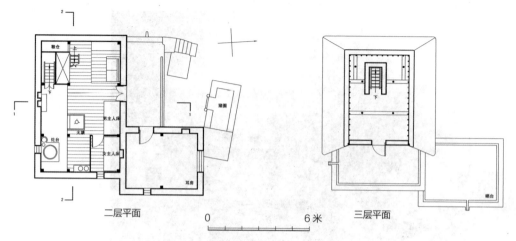

二层平面　　　　　　　　0　　　　　6米　　　　　三层平面

图 7-48 上主鲁老寨 4 号二、三层平面图

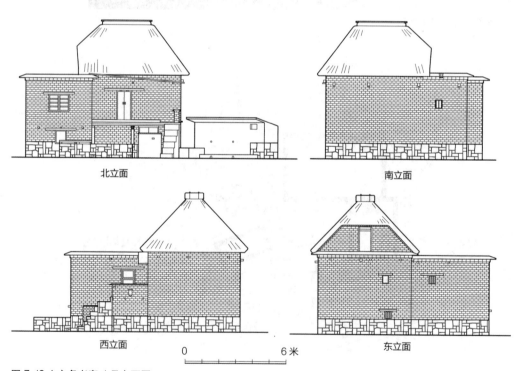

北立面　　　　　　　　　　　　　南立面

西立面　　　0　　　　　6米　　　　东立面

图 7-49 上主鲁老寨 4 号立面图

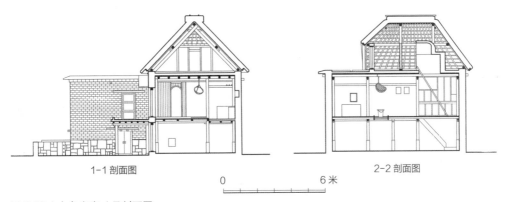

1-1 剖面图   2-2 剖面图

0   6 米

图 7-50 上主鲁老寨 4 号剖面图

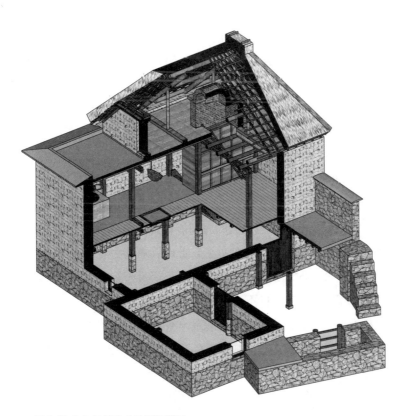

图 7-51 上主鲁老寨 4 号剖轴侧图

  第四个测绘建筑是上主鲁老寨 1 号李龙嘎宅（图 7-52 ～图 7-56，测绘人郑晓佳），是一个略带变革性的传统住宅——它把耳房和走檐从前面移到了西侧面。

  户主李龙嘎，生于 1940 年，是这里土生土长的老村民，一辈子没离开过上主鲁老寨。迄今为止，李龙嘎娶过 8 个妻子。[1] 头两个妻子，分别是在他 20 岁和 21 岁的时候，只在一起生活了三个月和六个月，"觉得不合适，就走了"。[2] 此后李龙嘎单身了 9 年，一直到 30 岁，他娶了第三个妻子。这个妻子在生病去世之前，和他一起生活了 10 年，生有四个孩子，两男两女。在后来 9 年的时间里，他先后又找过三个妻子，"都是有意地去找那些不会生孩子的，但都因为和我那四个孩子处不好，没多久就走了"。李龙嘎 49 岁那年，娶了第 7 个妻子。两人一起生活了 15 年，其间四个孩子陆续长大，女儿出嫁，儿子成家。李龙嘎 64 岁时，因为中风而半边身体瘫痪，"老婆害怕照顾我这个病人，就走了"。李龙嘎身体康复之后，又找了第 8 个妻子。这个老伴，在 2011 年得病过世了。李龙嘎的两个儿子在个旧打工，两个儿媳、三个孙子和两个孙女也都跟去了个旧。理论上说，李龙嘎全家有 10 口人，但平时只有他一个人住在这个房子里。

  李龙嘎宅坐南朝北（偏东），由主体、耳房、前院和后院组成，建筑占地面积约 66 平方米。主体面阔三间，7.22 米；进深两架，5.19 米，是我们所调查的 15 座民居里主体面积最小的一座；其功能布局和李保沙宅的主体类似。据李龙嘎说，主体部分建于他 22 岁那年，也就是第二个妻子离开后不久。李龙嘎的父母生有三个儿子，他是老大。按照哈尼族的规矩，父母跟小儿子住，其他儿子在成家后要单过。如果小儿子年龄还小，大儿子结婚后有一段过渡的时间能和父母一起住。一旦小儿子也到了可以结婚的年龄，大儿子一家就要另谋他处了。此时，有能力者可以修建新房，无能力者则搭个"篱笆房"做临时住处。今天的我们，已经难于知晓当时两个妻子的离开对李龙嘎的心理造成了多大影响，也不清楚他建房的动机是否与此有关。可以肯定的是，在二十出头就拥有属于自己的土坯房，应该是一件值得骄傲的事，也是他个人及家庭实力的体现。只可惜，这座住宅的建成并没能让他在短时间内找到新的妻子。

---

1. 据一同做调查的新街镇政府工作人员钱光荣说：哈尼族人在婚姻上是比较"自由"的，"男人如果想离婚，只需把一根未烧完的木柴递给妻子，什么话都不用说，妻子就明白了，当天就收拾好东西回娘家"；不过，这种情况多发生在第一个孩子出生之前，如果有了孩子，离婚就比较慎重了。
2. 李龙嘎没说是他让妻子走的，还是妻子主动离开他的。

这座住宅有一个特殊之处：大门不在前面，而是在西侧山墙上。李龙嘎说，之所以没在前面开门，是因为前面的场地比路面高出许多[1]，不便出入。这个解释听着是有道理的，然而我们仍然觉得不满足——上主鲁老寨里有不少人家，前面也是空间局促的，但只要从侧面过来，顺着前檐墙起一段楼梯，也就可以绕到前面开门了。为什么他没选择这么做呢？

李龙嘎对我们的问题似乎较为不以为然。也许在他看来，别人家有别人家的道理，他也有他的道理，没什么好比的，也没什么可深究的。因为语言障碍，我们没能做更为具体的了解。在上主鲁老寨，也的确还有人家是从侧面开门的，比如寨子东、西头的两家。但是，李龙嘎宅和这两家还是不一样：后者止步于侧面开门，而前者则有后续的发展。

李龙嘎42岁那年（也就是第三个妻子去世后不久），考虑到四个孩子渐渐长大，需要更多的卧室，他就在原房子的大门外——也就是西侧——加建了一排面宽2.8米、进深8.43米，局部两层的平顶耳房[2]。耳房的底层是入口、杂房（放柴火、养牲口等）和一个小卧室；二层分为前后两部分，后（南）部为卧室，前（北）部是个过厅。过厅与主体之间的墙体，已大部分去除，使得过厅与主体部分的起居空间连成一个整体。过厅的北面开门，通往室外的走檐。走檐的下面，即是耳房底层的一部分。值得注意的是，这个走檐的位置有些特殊，它不在住宅主体前墙外的中间，而是移到了西北角上。位于角部的走檐，视角是大大扩展了。走檐的东侧边缘还有一段高约1米的女儿墙，使人坐在走檐上休息时仿佛多了一层依靠（主体的前檐墙是第一层依靠）。耳房的屋顶用作晒台。紧贴着耳房的大门外面，李龙嘎还别出心裁地用土坯砌了个带披檐的门斗。

从村中主路上看李龙嘎宅的西侧面，建筑的雕塑感和层次感是相当丰富的，其美学效果甚至比李偰沙宅还高出一筹。3层高的主体、两层高的耳房和1层高的走檐及门斗逐级跌落，尺度随之层层降低。在体块组合上，向上隆起的主体屋顶、横向伸出的耳房、纵向伸出的走檐和再次横向伸出的门斗，形成了富有动感却又不失平衡的雕塑形体。住宅下方为了平整场地而修建的一段长长的石头挡墙，以及住宅北侧的两棵

1. 现在的高差约有1米。考虑到近年来路面铺水泥，抬高了几十厘米，估计原先的高差约1.5米。
2. 其实以体积大小而论，这已经不能算作耳房。此处为便于与已有的耳房做对应，仍称之为耳房。

梨树和大门外缠绕在花椒树上的丰收瓜，也都对住宅起到了很好的陪衬作用。我们不能忘记，这一切的视觉效果是源于李龙嘎当初可能很不经意的一个决定。

图 7-52 李龙嘎宅外观（角部走檐有最大的视角）

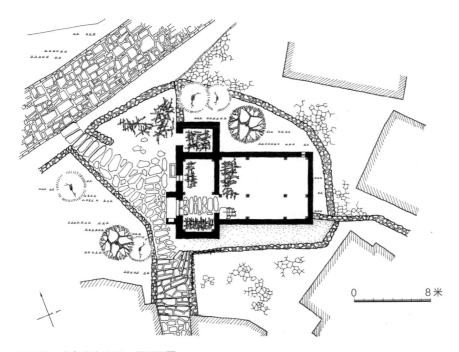

图 7-53 上主鲁老寨 1 号一层平面图

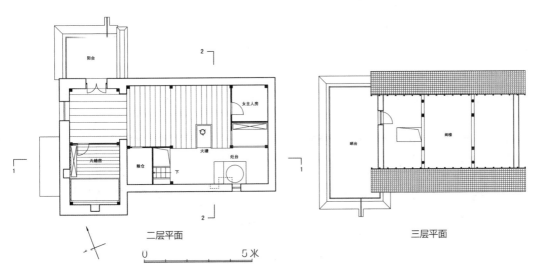

二层平面   三层平面

图 7-54 上主鲁老寨 1 号二、三层平面图

139

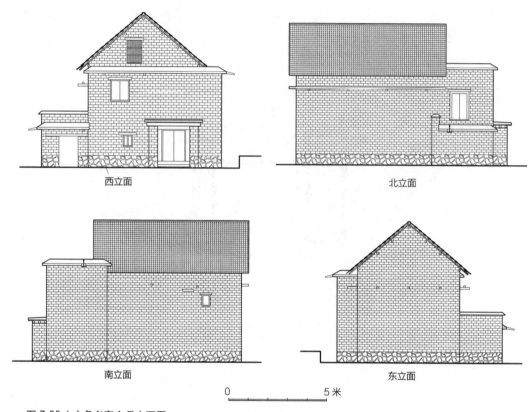

西立面   北立面

南立面   东立面

0   5米

图 7-55 上主鲁老寨 1 号立面图

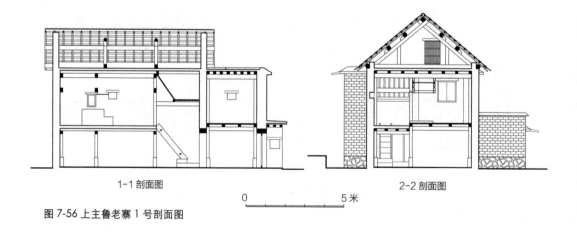

1-1 剖面图   2-2 剖面图

0   5米

图 7-56 上主鲁老寨 1 号剖面图

第五个测绘建筑是李松荣宅（图 7-57 ～图 7-64，测绘人任俊宇），是上主鲁老寨里最为特殊的一座传统住宅。它是 3 层的平顶建筑，也是用土坯建造的。如今的上主鲁老寨，水泥红砖的洋房已经占了近半壁江山，所以这座建筑并没有显得那么突兀。然而，如果是在 30 多年前，寨子里全是传统的蘑菇房的时候，这座建筑就称得上鹤立鸡群了。

为了更好地了解这座特殊的建筑，我们也有必要先了解一下屋主李松荣老人的生活史。

李松荣，1942 年出生，现年 70 岁，年轻时当过木匠，还当过 10 年的村会计和 6 年的村组长（于 2000 年 58 岁时退休），在上主鲁老寨算得上是颇有威望的人物。李松荣出身于贫苦人家，因为生活困难，他在十岁左右到麻栗寨给一个大户人家放牛。1952 年元阳解放后，他回到上主鲁老寨，开始上小学。读到四年级时（17 岁，1959 年），李松荣因父母去世而辍学。之后，他"上门"到胜村乡旁边的沙拉河村[1]。在沙拉河村，李松荣夫妇生有两个孩子，一男一女。1963 年，他带着家人回到上主鲁老寨，投奔大哥李高山。在大哥和亲戚们的帮助下，他先建了一处"篱笆房"做临时住处。[2] 不久，他的儿子病死了。后来，他的妻子又生了两个孩子（一男一女），之后也于 1974 年得病去世了。李松荣后来又结过两次婚，第二个妻子是上主鲁新寨的。第三个（即现在的妻子）是俁普小寨的，都没有生养。大哥李高山比李松荣大七岁（生于 1935 年），儿子早夭，妻子也离开了他。从 1973 年开始，李高山就和李松荣一家人一起生活了。

李松荣宅是他一家人和大哥于 1973 年建的。现在这里住着 8 口人：李高山老人、李松荣夫妇、儿子李海卜（生于 1969 年）夫妇、两个孙子和一个孙女。大孙子今年 24 岁，孙女尚未出嫁。

这座住宅由主体、耳房、走檐、猪圈和前院、后院组成，建筑占地面积约 106 平方米（不含庭院）。主体 3 层，坐北朝南（偏西），面阔四间，11.32 米；进深两架，5.62 米；大门位于底层前檐墙的东次间上。底层至 3 层的层高分别是 2.66 米、2.8 米和 2.56 米。每层平面都分为左、中、右三部分，左右两侧各是一个房间（可根据需要，分为前后两个小卧室），中间是一个面阔两间的大房间。现在一层的房间是这样分配的：西稍间分为前后两个小卧室，分别住大孙子和孙女；东稍间是厨房；中间是门厅，

---

1. 约 50 户的小村，距离胜村仅 300 米左右。李松荣的妻子生于 1943 年。
2. 李松荣自己的住宅，建于 1973 年，所以他家的"临时住房"其实住了有 10 年之久。

进门左手是楼梯，西次间靠近后墙的地上有一个火塘。二层：西稍间是李海卜夫妇住；东稍间是李松荣夫妇住；中间是起居室，西次间靠墙放着一张床，是留给上中学住校的小孙子放假回来住的。三层现在是粮仓和杂房，平时不住人，但是村里办婚丧嫁娶等活动时可供外村来的亲戚们居住。

耳房两层，位于主体东南侧，坐东朝西，面宽 3 米，进深 4.2 米。耳房底层用来关牛，二层则是李高山老人的住房。耳房的屋顶是晒台。走檐位于主体和耳房之间。猪圈位于耳房南侧。主体的南侧和耳房的西侧，是一个面积约 62 平方米的前院。前院以西是村中主路。主体和耳房的东侧，还有一个后院。李松荣一家在后院的周围种了不少树木和竹子。

李松荣老人说，他在沙拉河村住的那几年，观察过彝族人的住房，后来自己做木匠，又有了盖房子的经验；在建这座房子时，他就把彝族的住宅特点和自己的职业经历结合了起来，进行了"再创造"。

李松荣宅确实有明显的彝族印迹。比如，底层设厨房和住人。又如，平面是对称的，而且有模数化的倾向。再如，楼梯设于进门的左手边，而不是靠后墙；同时通往三层的楼梯也是固定的，而不是可移动的爬梯。不过，平面四开间和中间一个大起居室的设置，则仍是哈尼族的（彝族住宅一般是三开间，中间起居室较小）。平屋顶，就属于李松荣自己的"创造"了，因为哈尼族和彝族住宅都采用坡顶。李松荣一家为了盖这座房子，大约一共花了 300 元，其中最大项的开支是买石灰。因为当时水泥还没有普及，盖平顶要用到大量石灰，而石灰又是自己不能够生产的，不像其他建材（如土坯、木料、竹子、石头等）可以自己设法解决。在村子里出现钢混结构瓷砖贴面的大房子之前，李松荣的住宅是村子里最大、最漂亮的。

39 年前的上主鲁老寨，李松荣宅在村里的形象肯定是标新立异的。为此村里也有人批评李松荣，认为他的住房违反了哈尼族的传统。不过，李松荣对这些批评都不在意，他为自己建了"村里最大、最漂亮的房子"而深感自豪。

李松荣建这座住宅时，正值 31 岁的盛年。此前他一直过的都是苦日子，放牛、辍学、入赘，回到村里又住了 10 年最简陋的"篱笆房"。可以想象，这座住宅对他而言有多么重要。毫无疑问，这是他"打翻身仗"的体现。房子建成几年之后，他就成了村会计，后来又当上了村组长。李松荣说，在元阳农村当村干部是"很有面子"的，"有事别人都会来帮忙"。

图 7-57 李松荣宅外观

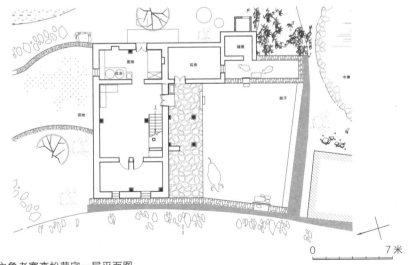

图 7-58 上主鲁老寨李松荣宅一层平面图

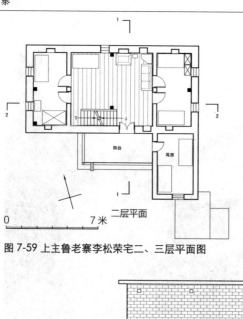

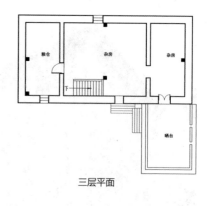

图 7-59 上主鲁老寨李松荣宅二、三层平面图

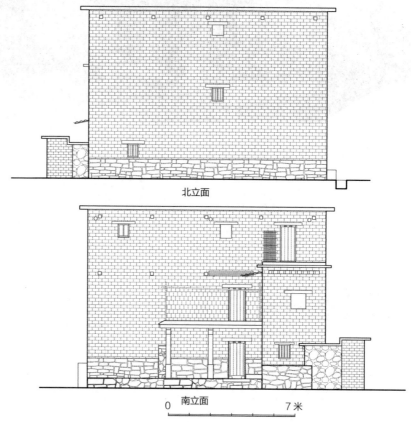

图 7-60 上主鲁老寨李松荣宅立面图 1

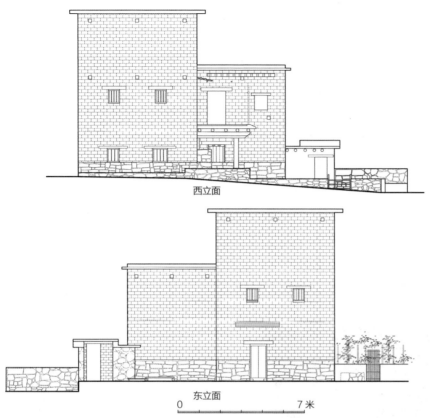

西立面

东立面

0　　　　　　　　7米

图 7-61 上土鲁老寨字松荣宅立面图 2

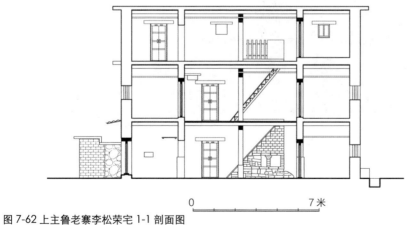

0　　　　　　　　7米

图 7-62 上主鲁老寨李松荣宅 1-1 剖面图

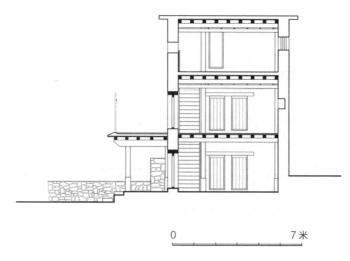

0   7 米

图 7-63 上主鲁老寨李松荣宅 2-2 剖面图

图 7-64 上主鲁老寨李松荣宅剖透视图

阿者科的民居

阿者科村（图 7-65）内有一条由上至下（从北向南）的主路，从村子中间穿过。另有几条东西向的小巷，与这条主路相连。一条主路和几条小巷，就这样串起了村内所有的住宅。阿者科的地势也是南高北低，而住宅都是顺应地形而建的，所以大多是坐南朝北。与此同时，由于阿者科村的结构紧密，多数住宅与其前方的住宅相靠近。于是，在全福庄中寨和上主鲁老寨常见的住宅正面开大门的现象，在阿者科村就比较少见了，因为这里的地势比较缓，如果正面开门，则视野将被前面的房子遮挡。阿者科村的住宅，多数是从侧面开门的。同样是侧面开门，上主鲁老寨的那几座住宅更多是出于户主自己的主观意愿，而阿者科的住宅则是为客观条件所迫。

阿者科人对于他们住宅的侧面，也很是看重。和全福庄、上主鲁老寨的住宅在入口前只有一个完全敞开的阳台（走檐）不同，阿者科村很多住宅的阳台完全可以称作门廊。这个门廊是半封闭的，有屋顶、大门，有的还安装了"美人靠"。

阿者科的住宅还有一点和全福庄中寨、上主鲁老寨不太一样，那就是建筑材料。全福庄中寨和上主鲁老寨的传统住宅，都是用夯土墙或土坯墙做围护结构的，只有在高约 1 米的墙基部分用了石材。而阿者科的传统住宅，则使用了大量石条。各家使用的石条的位置和数量虽然有所差异，但总的说来，主要是用在一层的墙上。据阿者科 32 号的房主马有昌（生于 1940 年）说，阿者科村的住宅普遍改用石条，大约是在 1970 年代后期，而他家是第一个这么做的。[1]

石条墙的承重能力比土坯或夯土的强。更重要的是石头不怕雨淋，而土墙被雨淋之后很容易崩塌。因为这一点，阿者科村的住宅不管是在平面上，还是高度上，尺度都比全福庄中寨、上主鲁老寨的还要再大一些。

阿者科的住宅有一点是比较特殊的：粮仓经常有两个，分为玉米仓和稻谷仓。之所以有这样的设置，是因为 1990 年代初政府号召村民们"开发热区"，阿者科有不少人到中低山区开荒，搭田棚，种粮食。那里的气候干热，不能种水稻，只能种以玉米为主的旱地作物（还包括花生、木薯、甘蔗等），所以每年秋天阿者科人都能收获大量玉米。为了存放这些玉米，很多人就在家里单独设了一个玉米仓。

---

1. 有几家人都声称自己家是第一个大面积使用石材的。马有昌是石匠，他的说法或许比较可靠。

图 7-65 阿者科村

　　阿者科村的第一个测绘建筑是阿者科 6 号普永贵宅（图 7-66 ～图 7-69，测绘人李晨星），位于村子的南头，坐南朝北（偏西），占地面积约 81 平方米。住宅南、西两侧都紧挨着邻居，北侧与邻居隔一小巷，东侧有一小片空地。入口位于东南角，大门外有一段楼梯通往南侧小巷。据户主普永贵（生于 1956 年）说，此宅建于他出生之前，但究竟是哪年他也不知道了。整个阿者科现存的建筑，可能就属它年代最早。现住普永贵夫妇、儿子、儿媳和孙子、孙女 6 口人。普永贵还有两个女儿，都已出嫁。

　　住宅由主体、门廊及耳房组成。从建筑材料上看，这三个部分是同时建成的。主体平面略近方形，面阔四间，7.54 米；进深三架，7.13 米。进深三架的住宅，在其他寨子里是不多见的，在阿者科也较多见于石墙承重的传统住宅。这座蘑菇房说明，阿者科村里的大进深住宅是早就存在了的，并非石头房出现之后才有的。

主体的底层有猪圈和肥塘[1]。二层大门位于东山墙中间；进门左手的角部是楼梯（分设通向底层和三层阁楼的楼梯；往底层的楼梯宽度有 1.5 米，走上去很舒适，这是为了喂养牲口方便；往阁楼的楼梯是固定的，但宽度只有 0.5 米，也比较陡），右手边是女长者房（现住普永贵的妻子），往里是围绕火塘和起居空间（即主体当中两间的前 2/3）；为了增加起居空间的有效使用面积，这里减掉了两根柱子；起居空间的南侧有灶台，北侧放男主人床（现住普永贵本人）；在起居空间的西侧（即主体的西稍间），原先可能是一间卧室，现在堆放了一些杂物。三层是阁楼，中间是一块约 10 平方米的仅铺薄薄一层泥土的篾制楼板，可使二层火塘的烟气透过，烘干阁楼里的粮食和茅草顶，其余部分的楼板是土坯砖制的。

主体二层的外面（东侧）是半封闭的门廊。门廊坐西向东，面阔两间 6.06 米，进深一间 2.53 米。门廊的东南角开门，也是住宅的入口。门廊北侧是耳房，坐北向南，面阔两间 4.98 米，进深一间 2.28 米。门廊的下面和耳房的底层，是连成一体的 L 形牲口房。L 形牲口房的西侧有大门通往主体底层，东侧则开了一个 2 米宽的门洞，门洞外面是用矮石墙围着的小院。石矮墙没有门洞，所以进出住宅只能由二层的门廊下楼梯进一层。牲口房目前只养了猪。普永贵家以前养过一头牛，两个女儿出嫁后，没人放牛，就不养了。如果还养牛的话，矮石墙应该是留有门洞的。

耳房两间，外间是个过厅，里间是个卧室。现在这里住着普永贵的儿子、儿媳以及两个年幼的孙子、孙女。耳房和门廊的屋顶是平的，用作晒台。这座住宅没有专门的粮仓，三层的阁楼可当粮仓用。

从平面布局上看，普永贵宅和上主鲁老寨的李龙嘎宅是相似的，都是耳房、走檐（门廊）与入口位于主体的一侧。不同之处在于，由于普永贵宅的走檐已经"进化"成了两层的门廊，其舒适性提高，但层层降低的近人尺度感和体块组合的雕塑感却被削弱了。从建筑美学的角度而言，这是个遗憾。

---

1. 其他哈尼族寨子（包括全福庄中寨和上主鲁老寨），肥塘一般是设在住宅旁边的，多是山墙根或后墙根。普永贵宅的肥塘设在屋里，说明这里的用地确实紧张，屋外找不到合适的地点。

图 7-66 普永贵宅外观

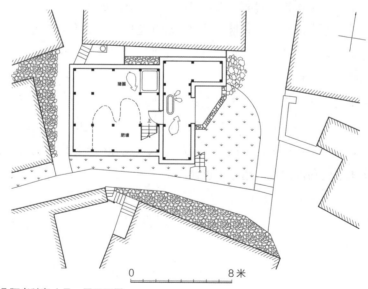

0   8米

图 7-67 阿者科寨 6 号一层平面图

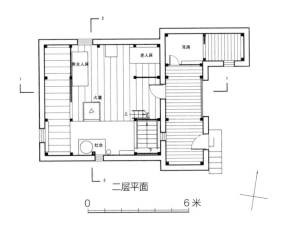

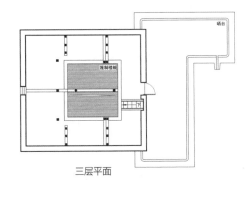

图 7-68 阿者科寨 6 号二、三层平面图

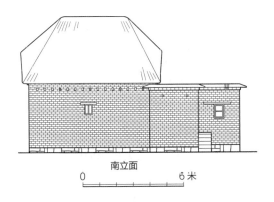

图 7-69 阿者科寨 6 号立面与剖面图

第二个测绘建筑是阿者科 19 号马金亮宅（图 7-70 ～图 7-77，测绘人任俊宇），是一座侧面开门的 4 层建筑，位于村子的中心位置，主路东侧，坐南朝北（偏东），由主体、耳房和门廊组成，占地面积约 83 平方米。户主马金亮，出生于 1942 年，现年 70 岁。他有三个儿子，老大和老二分别生于 1967 年和 1969 年，都已经结婚，而且搬到牛倮普村去了。现在家里有 6 口人：马金亮夫妇、小儿子夫妇和 7 岁的孙子、13 岁的孙女。

该住宅历经两次重建。最初的房子是马金亮的父母建的，时间应该是在马金亮出生之前。当时是 3 层的土坯房，位置和大小与现在的主体部分接近。入口已经设在西侧，因为前（北）面距离邻居家太近，不够地方设走檐（或门廊）。面阔四开间，进深可能是三架。马金亮还是孩子的时候，住在三层的阁楼上。马金亮 18 岁那年（1960 年），房子已经破旧，他父母将其拆了重建。重建之后的住宅也是土坯房，可能和原来的没有太大的差别。马金亮于 24 岁（1966 年）结婚，他父母便在住宅的西侧加建了耳房，供他和妻子居住。

我们现在看到的马金亮宅，是他和儿子们于 1988 年重建的。主体部分是一座 4 层的、半石墙半土坯墙的茅草顶建筑（后来改成了石棉瓦顶，最近为配合"申遗"又改回茅草顶）。这座建筑严格说来只有 3 层半，因为其三楼净高只有 1 米多，四层阁楼也没有女儿墙，屋顶是直接从地板与墙面交接处起坡的。不过，就算是三层半，在元阳哈尼族的传统住宅里也是很少见的。它反映了户主在不丢失传统的前提下对自家住宅进行的调整，以其符合新时代生活的需要。

耳房和门廊是两层的平顶建筑。底层均为牲口房。二层主体部分，面阔四间，8.09 米，进深三架，6.58 米；大门位于西山墙中间，进门右手边是楼梯间（即主体西稍间后部）；东南角是灶台，东北角是女长者房，女长者房之外是男主人床；火塘位于东次间的中间靠后位置，其周围是起居空间（为扩大有效使用面积，减掉了两根柱子）。

主体二层的大门外是门廊。门廊面阔两间 6.58 米，进深一架 1.95 米（中间宽度）。门廊西侧有一段楼梯，通往村中主路。门廊两侧各有一间耳房。北侧的耳房略小，现在是 13 岁的大孙女住。南侧的耳房略大，是小儿子和儿媳住。

主体部分的三层，是粮仓和杂房。杂房面积不小，粮仓还分玉米仓和稻谷仓。三层的天花板净高只有 1.75 米（梁底净高仅 1.35 米），显而易见是不住人的，主要用途是仓储。主体的四层是阁楼，村里有人办婚丧嫁娶等活动时，也可以当临时宿舍。

图 7-70 马金亮宅外观

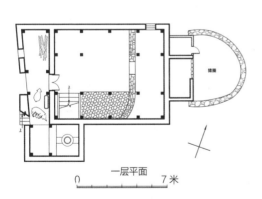

图 7-71 阿者科 19 号一、二层平面图

三层平面

四层平面

0　　　　　　　7 米

图 7-72 阿者科 19 号三、四层平面图

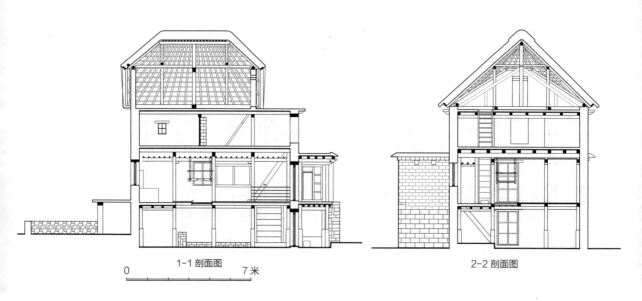

1-1 剖面图

0　　　　　　　7 米

2-2 剖面图

图 7-74 阿者科 19 号剖面图

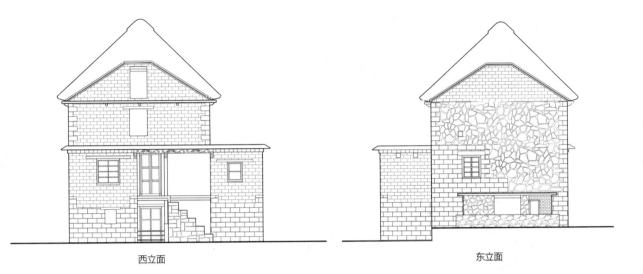

西立面　　　　　　　　　　　　　　东立面

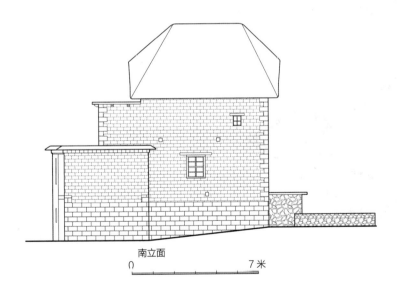

南立面

0　　　　　　　　7 米

图 7-73 阿者科 19 号立面图

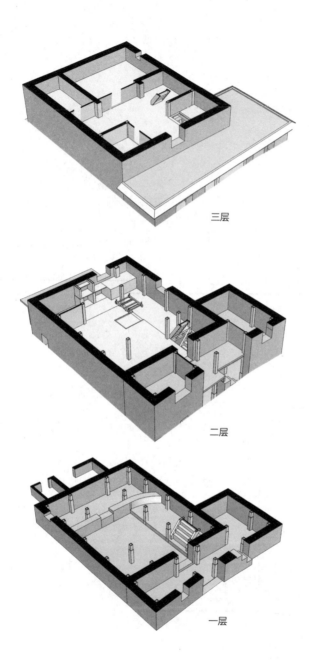

三层

二层

一层

图 7-75 阿者科 19 号分层轴测图

图 7-76 阿者科 19 号剖轴侧图

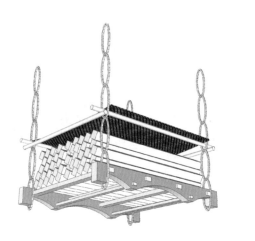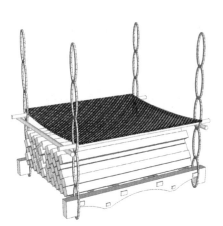

图 7-77 阿者科 19 号火塘上方架子轴测图

　　第三个测绘建筑是阿者科 16 号普计华宅（图 7-78 ～图 7-83，测绘人吉亚君），位于村中主路一个转弯处的东南角。主人凭此地利，开了一间小店，卖些日用品和零食。户主普计华，生于 1976 年，有两个儿子和一个女儿。儿子分别是 4 岁和 8 个月大。女儿 18 岁，刚出嫁，户口还没转出去，娘家里也还给她留着住房。其他家庭成员包括：81 岁的老父亲，哥嫂过世后留下的一对儿女（侄儿 7 岁，侄女 14 岁）。全家 8 口人，普计华的家庭负担是比较重的。

　　建筑坐南朝北（偏西），由主体、门廊、耳房和小卖部组成，占地约 113 平方米。主体部分，面阔四开间 9.5 米，进深三架 5.92 米。底层是牲口房。二层，大门位于东次间；东南角和东北角各有一个粮仓；东南角粮仓的西侧是楼梯间（对着大门）；灶台位于西南角；西北角是一个小卧室，现住普计华的老父亲；小卧室东侧靠墙放一组沙发；火塘位于西次间内；西次间是起居空间，面宽比其他各开间都大，达到 4 米左右，同时减掉了一根柱子。三层是阁楼（西侧三间）和晒台（东侧一间）。

　　主体前面是两层耳房和门廊，两层，平顶（做晒台）。底层分为东西两部分，东侧两间是猪圈，西侧两间是普计华女儿的卧室。二层，当中两间是门廊；门廊两侧分别是一个卧室，东边卧室现在住着普计华的侄女，西边卧室住普计华夫妇和两个年幼的儿子。普计华 7 岁的侄子，一半时间住在大鱼塘村的舅舅家。如果侄子回来，就和普计华的妻子住，普计华自己则要移位至住宅主体内的沙发。

　　耳房和门廊的前面是小卖部，1 层。面宽两间 5.69 米，进深一架 2.76 米。小卖部与普计华女儿的住房有门相通。其屋顶则是门廊之外的走檐（兼晒台）。走檐西南角有一段楼梯，顺着耳房山墙去到地面。小卖部东侧有一个矮石墙围成的院子。小卖部门前（北面）搭了个平顶的棚子。

　　此宅的主体、耳房和门廊是普计华的父亲建的。原先只是 1 层的土坯房，在普计华 12 岁的时候（1988 年），父亲又将其改成了部分石墙的 3 层楼。2002 年，普计华在耳房前面加建了小卖部。

图 7-78 普计华宅外观

0　　　　　　　8米

图 7-79 阿者科 16 号一层平面图

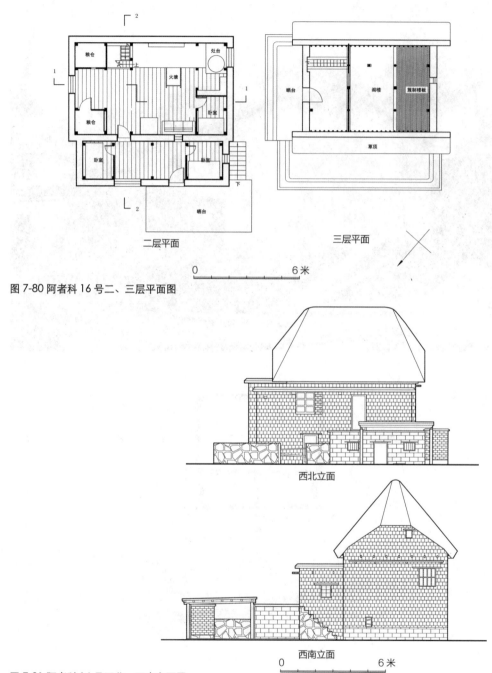

图 7-80 阿者科 16 号二、三层平面图

图 7-81 阿者科 16 号西北、西南立面图

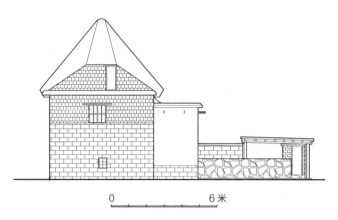

0   6米

图 7-82 阿者科 16 号东北立面图

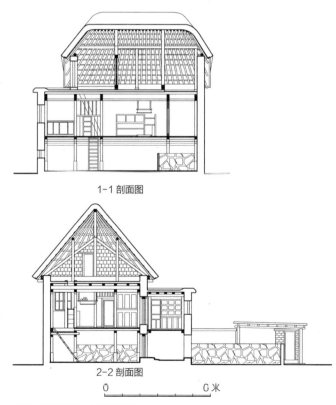

1-1 剖面图

2-2 剖面图

0   6米

图 7-83 阿者科 16 号剖面图

　　第四个测绘建筑是阿者科 32 号马有昌宅（图 7-84～图 7-90），位于村子的南头，坐南朝北，占地约 87 平方米。户主马有昌，生于 1940 年，现年 72 岁。他有三个儿子，分别出生于 1967 年、1975 年和 1977 年。老大已经成家，并搬到牛倮普村。老二也已经结婚，并在老宅的西边隔壁建了新房。老二夫妇有四个孩子，全家常住个旧，只在过节或办丧事时回来。马有昌夫妇现在和老三一起住。虽然老二的房子是单独的，但是他家回来时仍和老三家一起吃饭。按当地人的说法，这就不算分家。

　　老三还没有儿子，老大的长子就过继给了他。这个长孙出生于 1987 年，只比老三小 10 岁，可是要管老三叫"爸爸"。更有趣的是，老三和长孙都是前几年结的婚，妻子是同龄人，都出生于 1990 年。长孙已经生了一子一女，老三的妻子也于去年生了一个女儿。长孙现在于蒙自打工，所以现在家里常住 8 口人：马有昌夫妇、老三夫妇、长孙的妻子、一个孙子和两个孙女。

　　马有昌年轻时做过木工、石工。阿者科 32 号，就是在他手上盖起来的。马有昌的父亲（约出生于 1900 年）不是本村人，而是大鱼塘村入赘到阿者科的，起初住在岳父家。因为妻子在婚后十几年都没有生育，马有昌的父亲在 35 岁时找了第二个妻子（出生于 1914 年），是主鲁大寨人。第二个妻子来了不久，就生下一个女儿，后来又生下马有昌。马有昌 8 个月大时，父亲去世。几年之后，马有昌的大妈（即马有昌父亲的原配）也去世了。

　　马有昌小的时候是住在篱笆房里的，地点就在他现在的住宅处。因为方言问题，我们没搞清楚他父亲或母亲是从什么时候开始住到篱笆房里的。也许，早在他父亲娶第二个妻子时，就已经从村子中心的岳父家搬了出来。用我们今天的眼光看，这种情况下如果还住在原配的娘家，恐怕是不合适的。

　　马有昌还说，他小时候村子里有不少篱笆房。这种房子现在已经几近绝迹，但当年是相当普遍的。它们多是给刚分家，暂时还没能力盖土坯房的年轻夫妇用于过渡时期居住的临时房。这个过渡时期，可能是一两年，也可能是十几年。正因为过渡期比较长，才使得篱笆房的存在成为村子里的一种常态。红河州梯田管理局的张洪康副局长（生于 1962 年）说，他在二十年前还见过一些这样的篱笆房。村民们也管它叫"叉叉房"，因为它的四个角部是用带分叉的树枝当柱子的（柱间编篱笆，再抹上泥巴和牛粪）。

马有昌 18 岁（1958 年）开始当建筑学徒。他记性好，遇到问题又爱琢磨，所以进步很快。20 岁时，他在当地已经小有名气，常被人请去当建房的大师傅，"一天工钱一块二到一块三，另外还管饭"。这样十几年下来，马有昌慢慢有了积蓄，他准备盖自己的房子了。

马有昌现在住的房子，整个一层的墙体都是用整齐的石条砌的。石材加工和运输都不容易，所以传统的哈尼族（以及其他民族的）民居只在墙基部分用石材，其余部分都为土坯或夯土。马有昌很自豪地说，他是阿者科村里头一个能将石墙垒到这么高的人。从 1975 年开始，他在妻子和妻舅的帮助下，用了一年多的时间，从距离村子一公里外的小河里取石头，加工好之后背回来。石料备好，又用了一年的时间在田里打土坯砖。临建房前，他去山上的国有林里砍了做梁柱的黄心树[1]、做屋顶骨架的大滑竹，在寨脚的私有林里砍了做楼板的杉木。1977 年 1 月，材料都准备齐全，房子动工。盖房子的地点，在当时属于村子的外围，是一块有点坡度的菜地。基地平整后，他和多依树村的姐夫一起砌墙。[2] 完工这天，全村人一起来帮忙，"割滑竹的割滑竹[3]，铺茅草的铺茅草"。这天晚饭，照例要做豆腐请大家吃一顿。

1978 年，马有昌又在宅子前面加建了耳房和门廊。马有昌的母亲于同年去世。

住宅现状由主体、耳房和门廊组成。主体底层是牲口房，面阔五间 9 米，进深三架 6.4 米，大门位于东次间前檐墙上。二层明间东侧的一排柱子减掉，变成四开间；大门位于明间前檐墙上，进门左手是一组沙发（马有昌晚上睡这里，以前是老人床，给马有昌的母亲住的）；东北角是稻谷仓，西南是玉米仓（楼梯间位于其东侧），东南角是灶台；西北角原先是女长者卧室，现在改为杂物间，女主人（即马有昌妻子）移至其南侧的床上睡觉。火塘位于东次间内，周围是起居空间（减掉一排柱子，即为提高其使用效率）。三层是阁楼，只在东北角留出一个小晒台。

主体前面是耳房和门廊，两层，平顶。屋顶做晒台，与主体的小晒台相连。门廊位于二层主体的大门外，面阔两间 4.5 米，进深一架 2.1 米。门廊东北角开门，门外有一段楼梯通往地面；西北部开一间宽的洞口，沿外墙边安装了美人靠。门廊两侧各

---

1. 黄心树里头是黄的，有药味，是建房子的上好木材。取树的地方时在距离村寨一个半小时的原始森林里，一天只能扛一棵树回来。
2. 马只有一个姐姐，嫁到多依树。姐夫回来帮忙建房，砌墙只有亲戚帮忙。
3. 把小滑竹砍削整齐，做楼板用。

图 7-84 马有昌宅外观

有一个卧室。东侧卧室住着长孙的妻子（以及她的两个孩子），西侧的卧室住着老三夫妇。

门廊的美人靠、梁头和封檐板均有精美的雕饰。这在元阳哈尼族的传统民居里是很少见的。马有昌在这里充分显示了他木工活的水平。

图 7-85 门廊的美人靠、梁头和封檐板均有精美的雕饰

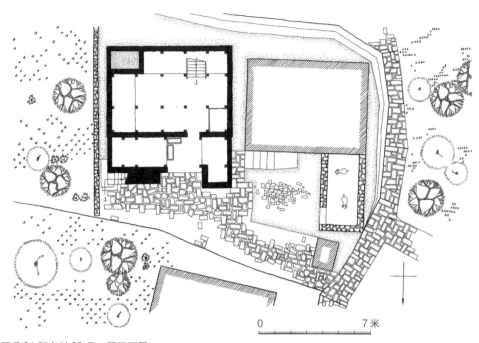

0   7 米

图 7-86 阿者科 32 号一层平面图

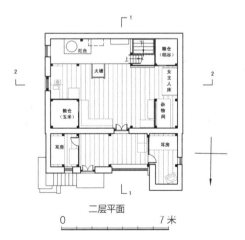

二层平面

0   7 米

图 7-87 阿者科 32 号二、三层平面图

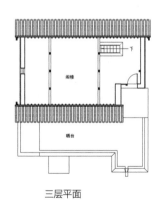

三层平面

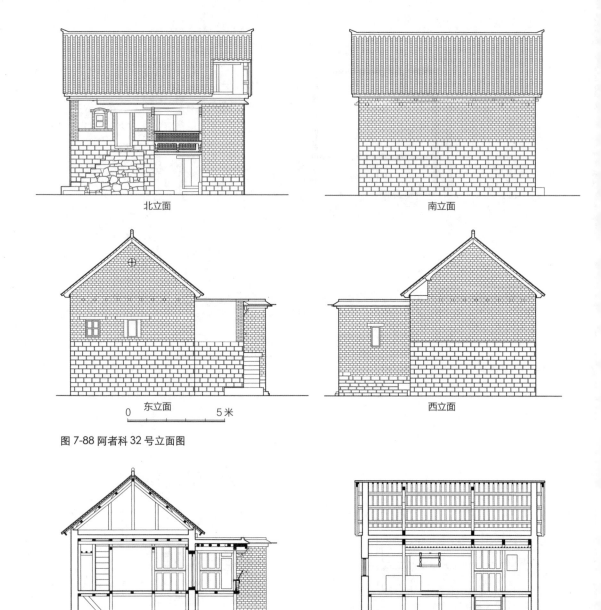

北立面

南立面

东立面   0   5米

西立面

图 7-88 阿者科 32 号立面图

1-1 剖面图   0   5米

2-2 剖面图

图 7-89 阿者科 32 号剖面图

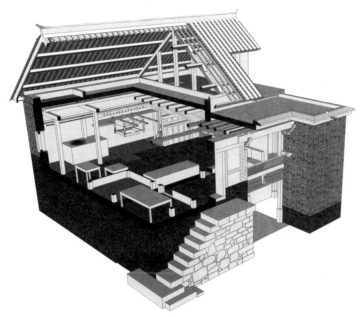

图 7-90 阿者科 32 号剖轴测图

小结

从上述三个寨子的哈尼族传统民居看，它们是有固定模式的，同时又是各自有变化的。固定模式体现在：

（1）下畜上人。这种功能安排，与梯田的农业生产以及当地的潮湿气候是相适应的。哈尼梯田离不开耕牛，所以住宅里要为耕牛提供"住房"。而元阳中高山区的气候潮湿，底层居住不利于人的健康，正好让出来给牛住，人则住在二楼。

（2）木构土墙。哈尼族传统住宅的梁、柱、楼板、楼梯和隔墙等，都是用木材制做的。木材取自山林。作为围护体系的墙，则主要是生土材料，夯土或土坯垒砌。土取自梯田。土墙最怕雨淋或渗水，所以墙基常用石头砌筑。石头通常取自村寨附近的小溪中。

（3）四坡草顶。元阳中高山区的雨水是比较多的，午降雨量超过 1000 毫米。平顶不利于排放雨水，所以要用四坡顶（两坡顶也能排雨，但其侧面仍是薄弱环节）。

采用坡顶后，阁楼空间自然形成，正好可以用来堆放粮食或杂物。至于屋顶的材料，则是就地取材，或者是梯田里的稻秆，或者是山上的茅草。1990年代政府推行"铲茅工程"后，大部分草顶都改成了石棉瓦顶。因为石棉瓦不便于建成四坡形式，所以都改为双坡顶。本文涉及的三个村寨的传统民居，由于梯田申遗的目的，同时也是文化遗产保护的需要，大部分已经恢复为茅草顶。

（4）火塘中心。火塘的实际作用有三个。一是驱寒。尽管位于低纬度地区，元阳的中高山区在冬季时的气温仍是比较低的，人们需要用火塘生火以取暖。二是烘干。生活在潮湿气候里的人容易患风湿病。但是在哈尼族的蘑菇房里，火塘出来的热气和烟气却保证了住宅室内小气候的干燥，大大减少了患风湿病的几率。三是当炊具。哈尼族的日常饮食是比较简单的，火塘基本上能够满足做饭煮菜的要求。火塘的这几项功能，对人们的生活而言是基本且重要的，所以哈尼族人除了睡觉和晒太阳之外，在家的时间大部分是在火塘边度过的（老人睡觉也在火塘边）。火塘周围也成为哈尼族住宅里的起居室。不算耳房，这个起居室的面积通常要占住宅二层的一半甚至更多。哈尼族人的家居生活，可以说是以火塘为中心的。

（5）三代之家。传统的哈尼族家庭，多半是由三代人组成的复合家庭。兄弟长大要分家，父母一般和小儿子住。小儿子结婚并生小孩之后，家庭总人口可能达到5～7人。也就是说，通常情况下哈尼族住宅里应该为两对夫妻和若干小孩提供住房。这是哈尼住宅的主体内有两个小卧室的原因。小孩年幼时，和长辈同住；长大但没结婚时，要有单独的住房。这是哈尼族住宅在主体之外要搭建耳房的原因。

与哈尼族住宅的固定模式相比，我们更为关心这三个寨子里传统住宅所发生的变化。这些变化体现在：

（1）走檐。大多数哈尼族住宅都有走檐，它既是入口的标志，也是起居功能的延伸。只要条件允许，主人一般会选择在住宅的前面开门、搭走檐和建耳房。这是因为，相比于在侧墙上开门，正面开门的采光效率更高，室内交通路线也更短，也可以更好地保护主体内两个小卧室的私密性。在条件不具备时，哈尼族人也会选择在侧墙开门、搭走檐和建耳房。入口位置的变化，提高了哈尼族民居体形和外观上的丰富性。阿者科科村将走檐改造为门廊的做法，则进一步强化了入口"灰空间"的舒适性。

（2）耳房。我们这两次测绘的 15 座哈尼族住宅中，大部分在主体内的变化都是不大的——火塘位于中间，四角分别是小卧室、楼梯和灶台。这大概是因为当地的哈尼族人尤其是老年人的基本生活方式仍以农耕为主，住宅的各项主要功能不必作出改变。而年轻人住的耳房，相当一部分就不再满足于仅能容一张床的小房间了，变成了 8 平方米左右的房间。8 平方米的卧室，比城里人的大多数卧室还是小一些的，但也足以在一张床之外再放下很多其他东西了。耳房变大，使得哈尼族住宅的休形组合更加多样化。伴随着耳房变大的，还有年轻人眼界的开拓和思想的解放。

（3）石墙。正常情况下，石材只用在哈尼族民居的墙基上，起到防渗水、保护土墙的作用。但是在阿者科村（以及牛倮普村），传统民居的墙体上则大量使用了石材。这并没有对哈尼族聚落的传统形象造成破坏，反而进一步丰富了哈尼族民居的多样性。

（4）特例。在这里不得不再次提到上主鲁老寨的李松荣宅。李松荣不愧是一个勇敢的哈尼族工匠，他大胆地把彝族传统、哈尼族传统以及现代元素融合到自家住房里，创造出一个全新的，又不失传统的建筑。

在今天的元阳，我们仍能不时听见类似这样的话：哈尼族的蘑菇房是不适应现代生活的，是肯定要被时代抛弃的，所以保护它们是没有意义的。我们认为，本文涉及的十几座哈尼族传统民居所体现出来的种种变化，既表现了哈尼族人在传统时代应对不同居住环境所作出的调整，也反映了他们在现代化初期由于生活观念改变所作出的调试。我们很珍视这些源自村民自我调整和调试的行为，因为它们是在不丧失传统的前提下进行的，至少在一段时间内是成功的试验。只要我们坚持这种正确的变化方向，就可以在保护文化遗产与进入现代社会之间找到平衡。我们相信，在保护文化遗产的前提下实现现代化，是一种更高阶段的现代化。

第八章
四个民族的住宅

孙娜 罗德胤 霍晓卫

前文我们探讨过元阳梯田的几个民族在聚落上的立体差异现象，也详细介绍了作为主流民族的哈尼族的蘑菇房。在这一章，我们要探讨几个民族有关住宅建筑上的立体差异现象。

各民族住宅简介

（1）哈尼族传统住宅。哈尼族传统住宅以四坡顶的土坯房最为常见，也有少数用夯土墙（图 8-01）。土坯或夯土墙是围护结构，承重结构采用木梁柱。坡顶是用厚厚的茅草或稻草扎成的，远看似蘑菇，因此哈尼人的住宅也被形象地称为"蘑菇房"[1]。住宅占地不大，平面为矩形，进深约 6 米，面宽约 9 米。室内分为 3 层，其中底层高度低于 2 米，是牛圈和储藏室（存放杂物和农具），前墙靠近中间的位置设大门，大门外常建有一个小耳房[2]，屋内靠后墙设楼梯通往二层。二层是主要的生活空间，层高在 2.4 米左右，面宽四间：当中两间是起居空间，有火塘和楼梯；两侧有卧室（两个小房间）和灶台。三层为阁楼，可以存放粮食或杂物。有的住宅在阁楼外有屋顶平台，可用于晾晒粮食（具体平面布置见第七章的测绘图）。

---

1. 草顶容易着火，为了防火，有的人在屋顶上涂上厚泥，以防止火苗往下窜——据马翀炜主编之《云海梯田里的寨子——云南省元阳县箐口村调查》，民族出版社，2009 年，第 248 页。
2. 耳房还可用作碓房，或也可用于待客；在屋顶没有晒台的住宅里，其屋顶可作晒台。

图 8-01 哈尼族典型住宅外观

  （2）彝族传统住宅。彝族住宅俗称"两片瓦"，即有双坡茅（稻）草顶的、以土坯或夯土墙为围护结构的住房，承重结构也采用木梁杜。"两片瓦"的屋顶，结构上比哈尼族的四坡顶简单，同时因为侧面漏风的缘故，保暖性也稍差。室内多为两层，每层三间。面宽约9米，进深约6米。底层中间为客厅，对外开大门，大门正对着神案；左次间前半部是卧室，后半部是厨房；右次间前半部是楼梯，后半部是卧室。二层中间也是客厅，前檐墙上也开了一个大门，通往阳台（当地人称之为"走檐"）；左次间前半部亦为卧室，后半部是谷仓和通往屋顶的小楼梯；右次间布局与底层相同。彝族人在室外另建牛棚、猪圈和柴房（图 8-02、图 8-03）。

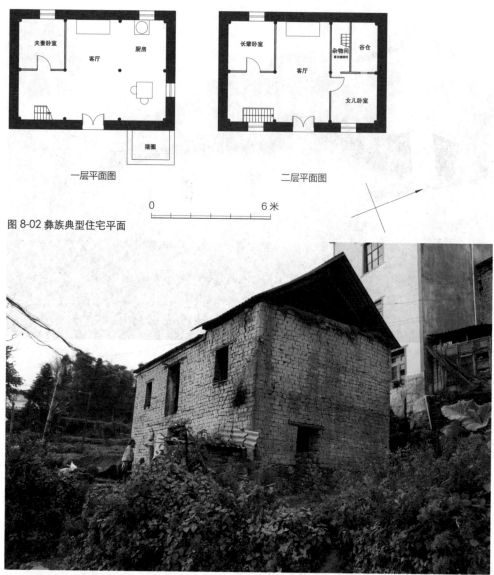

夫妻卧室　客厅　厨房

猪圈

一层平面图

长辈卧室　客厅　杂物间　谷仓　女儿卧室

二层平面图

0　　　　　　　6米

图 8-02 彝族典型住宅平面

图 8-03 彝族典型住宅外观

　　（3）壮族传统住宅。壮族住宅也用土坯或夯土做墙体材料，承重结构亦为木梁柱，但屋顶为平顶。其面宽与进深各约9米。一般为两层，每层三间。一层又分前后两部分：前面是门厅（中间）和厨房（两侧）；后面是起居室（两间）、卧室（一间）

和楼梯（与卧室相邻）。二层与一层相对应，也分前后两部分：前面是阳台（靠边常建一小房间）；后面是客厅（中间）和卧室（两次间）。屋外另建牛棚与猪圈（图8-04、图8-05）。

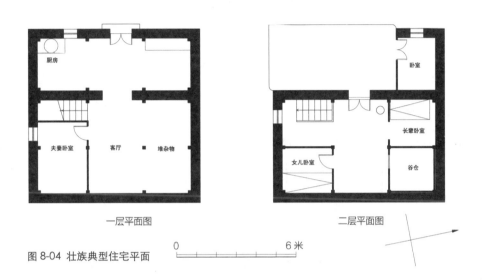

一层平面图　　　　　　　　　　　　　　二层平面图

图 8-04 壮族典型住宅平面

图 8-05 壮族典型住宅外观

（4）傣族传统住宅。傣族传统住宅多用夯土墙做围护结构（也有少数用土坯墙），承重结构仍为木梁柱，屋顶为平顶。面宽四间约8米，进深约12.6米。傣族住宅可以说是沿进深方向发展的——由前至后，分为三部分。前部进深约4.5米，有两层：底层用于关养牲畜；二层是客厅（面宽两间）和两个卧室（面宽各一间）。中部进深约4.8米，只有一层，是餐厅和厨房，其地面比前部之二层楼面高出几十厘米。后部进深约3.3米，也有两层：底层为杂房，其地面比中部之地面又高出几十厘米；二层是卧室和谷仓（图8-06）。

一层平面图　　　　二层平面图　　　　三层平面图

0　　　　　　　10米

图 8-06 傣族典型住宅平面

从上述四个民族传统住宅的简介中可以看出，它们在建筑材料和卧室数量上都是接近的。在卧室数量上，它们都以2～3个卧室为常见，这表明四个民族的家庭都是以两到三代、五六口人为主的。建筑材料上，它们均用土坯或夯土墙做围护结构，承重结构都用木梁柱。

此外，由于四个民族都以农业生产为经济基础，所以住宅里都少不了储存和晾晒粮食的设施。储存粮食靠粮仓，晾晒粮食靠屋顶的晒台。哈尼族的晒台还特意留了一个洞，与下面的粮仓相通，晒干的粮食可以直接"灌"入粮仓内。

建筑外形的比较

哈尼族、彝族、壮族和傣族的传统住宅，粗看上去区别并不大。它们都是2层或以2层为主，墙面又大多裸露着黄土。不过，只要仔细观察，就能发现它们的差别体现在多个方面。

首先是屋顶。傣族和壮族住宅的屋顶均为土质平屋顶。哈尼族和彝族的住宅均采用茅草或稻草的坡顶，其中哈尼族的坡顶是憨态可掬、状如蘑菇头的四坡顶，而彝族屋顶则是两侧漏空的双坡顶。之所以坡顶和平顶会产生差别，与各民族居住的海拔分布有密切关系。壮族和傣族的村寨位于海拔较低之处，气候较干燥，降雨较少而蒸发量较大，对屋顶排雨功能的要求相应较弱。而彝族和哈尼族的村寨海拔较高，气候湿润而蒸发量较小，所以需要用坡顶这种利于排雨的建筑形式。

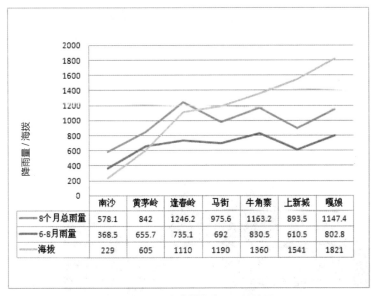

图 8-07 2011 年 12 月至 2012 年 8 月元阳县各乡镇的降雨量统计图

如图 8-07 所示，为 2011 年 12 月至 2012 年 8 月元阳县各乡镇的降雨量统计图。图中显示：①大致而言，随着海拔升高，降雨量也相应增大；②在海拔 1100 米以上，降雨量趋于平稳，大致在 1000 ～ 1200 毫米之间。同时，随着海拔高度降低，温度的升高导致蒸发量的明显增加。壮族和傣族住宅之所以能够采用平屋顶，和元阳县的气候特点是分不开的。

住宅外形的第二个差异体现在占地面积上。哈尼族、彝族、壮族和傣族住宅的占地面积各约 55 平方米、55 平方米、80 平方米和 100 平方米。[1] 从中可以发现，它们和四个民族居住的海拔高度基本上成反比例关系：海拔越高，住宅的占地面积就越小。这一现象，应该和气候有直接关系。随着海拔升高，气温逐渐降低，人们就更需要考虑保暖的问题。在形状和高度相差不大的前提下，占地面积就成为左右体型大小的关键因素。而体型越小的建筑，则越有利于保温。

　　住宅外形的第三个差异体现在群体组合方式上。哈尼族、彝族和壮族均为一户一宅，每宅周边都留有空地。空地用于种菜、植树，或修筑道路。从远处看这些房子，建筑与树木是相互遮蔽的，景观效果很好（但近年来房屋越建越多，越来越密，树木少了，原来的美景现在已经不容易见到了）。而傣族住宅则间距很小，甚至紧贴邻居而建，形成长长短短的"联排住宅"。在坡地上建房，需要对原始地形进行改造。哈尼族、彝族和壮族的住宅，其底层的室内地坪是平整的，没有高差。而傣族住宅的底层室内地坪，则经常分成落差明显的前后三个层面。这说明，傣族住宅对原始地形的改造程度是比较小的。与三级地面相应，傣族住宅的屋顶常由高度不同的前后三片组成。从远处看傣族村寨，只见一片片大小不等、密密麻麻的平屋顶顺山势层层跌落，宛如一个壮观的立体棋盘（图 8-08）。

图 8-08 牛角寨乡的大顺傣族寨

1. 如果考虑到彝族和壮族都把牛棚和猪圈放到户外，我们可以把这一组数字修正为 55 平方米、60 平方米、85 平方米和 100 平方米。这并不影响它们和海拔之间的关系。

图8-09 大顺寨民居的室内。
因为窗子太小，家庭主妇只
好借大门采光

傣族住宅的屋顶有多种用途。除晾晒粮食和衣物外，人们还在屋顶上架起短梯子以互相联系，这让屋顶具备交通功能。实际上，傣族村寨内部的交通系统分为上下两层。下层交通即地面的巷路。因为房屋挨得很近，所以大部分巷路很窄。上层交通即屋顶，开阔自由，极为方便。在炎热的夏季，人们选择在地面的巷路里穿行。而在其他时间，人们都愿意在屋顶上行走。

傣族住宅之所以形成不同于其他三个民族的群体组合方式，是为了适应低海拔地带的炎热气候。高密度的建筑容易相互遮挡，从而在整体上减少太阳辐射，同时也为巷路提供了阴影。因为同样的原因，傣族住宅的开窗也是又少又小，一般只在相邻两层屋顶之间的墙上留一条高窗。这种窗户的采光效果极差，所以傣族妇女们在屋里纺线织布时，只能坐在靠近大门的地方，借门洞采光（图 8-09）。

功能布局的比较

和外观形式相比，几个民族的传统住宅在功能布局上的差异更为明显。

首先是牲畜圈养的方式，这是最容易被观察到的一项功能安排。元阳农村普遍养殖牛、猪、鸡、鸭等畜禽。白天这些畜禽可以放到户外，入夜则赶回家里。在元阳，牲畜圈养有两种方式。一种是在住宅底层设牛圈和猪圈，这为哈尼族和傣族所常用。

另一种是在住房外另建牛棚和猪圈，为彝族和壮族所常用。

底层圈养牲畜和户外圈养牲畜，应该说是各有好处的。前者有利于节地和看管，但不利于卫生。后者有利于卫生，但占地较多，并且也并不利于看管。巧合的是，彝族和壮族是这四个民族里接受汉文化程度相对较高的民族。我们或许可以做这样的解释：生活在元阳山区（尤其是气候湿润多雨的中山区和中高山区）的"原住民"，出于避开地面潮气和便于看管牲口等方面的考虑，最初均选择底层养牲口、二层住人、三层放粮食的居住模式；后来随着汉文化的影响和渗透，其中有的民族（即彝族和壮族）就接受了将牲口移出户外的观念。

其次是火塘的差异，这一点也很明显。四个民族中，只有哈尼族的住宅是有固定火塘的。火塘是哈尼族住宅必不可少的组成部分，在实际生活和精神信仰中均扮演着重要的角色。哈尼族人需要火塘，一是为了御寒——元阳中高山区的冬天，气温是相当低的，哈尼族谚语说"不到火塘边不知温暖，不到河潭边不知凉快"[1]；二是为了防潮——多雨多雾的潮湿天气，使哈尼族人需要使用火塘烘干粮食、柴禾和茅（稻）草屋顶。因为火塘重要，哈尼族人也形成了一些关于它的禁忌。比如，火塘是不可以让人跨过的，而且必须长燃不息（象征家族的生生不息）。火塘上方设篾筐、木架，以悬挂谷物和肉类。悬挂篾筐的藤编吊环，在哈尼族语里称为"火当火究"。按哈尼族人的说法，当家中男主人逝世时，其灵魂会沿着"火当火究"爬上屋顶并升上天堂。紧挨着火塘，有一棵名为"中柱"的柱子，是整个屋子里最神圣的构件。起房时，要先把中柱倒着[2]插入土中，等组装木梁柱时再将它正过来；同时要在中柱下放置钱币，起到辟邪之功。

在彝族、傣族和壮族的住宅里，都没有固定的火塘。他们利用可移动的火盆进行取暖，而且只在需要的时候生火。因为没有固定的火塘，也就没有了相应的仪式和禁忌。

再次是祭祀空间的差异。四个民族都在住宅内祭祀祖先，但在位置上却大为不同。哈尼族祖先的祭台是位于住宅后墙上的两个扁长形的小龛，以及龛前竹篾编的小台子。一处祭台在灶台侧上方，是供奉正常死亡的祖先的，叫"大神龛"。另一处在楼梯附近，是供奉非正常死亡的祖先的，叫"小神龛"。神龛很不起眼，也没有任何文字的

---

1. 张红榛编撰.哈尼族祖先迁徙史.云南出版集团有限责任公司、云南美术出版社有限责任公司，2010年：95
2. 即树梢一侧朝下。

说明（因为哈尼族在历史上没有形成文字）。

傣族祖先的祭祀台设于厨房内。有的用神案，更多的是在灶台的烟囱上挖出一个神龛。彝族住宅在正房当心间沿后墙设有神案。神案上供奉有祖先牌位，神案前还放有一张神桌。壮族的祖先祭祀设于二层的当心间，沿后墙有神案，其上贴"天地国亲师"，其下贴"福德王神位"[1]。可以看出，彝族和壮族住宅在祖先祭祀的布置上与汉族住宅是很相似的。这种方式和哈尼族、傣族在灶台附近设祭祀空间相比，更为严肃，也更有仪式感。

最后看平面格局上的差异。就"规矩性"而言，傣族、哈尼族、壮族和彝族的住宅是依次递增的。傣族住宅的平面布局显得最无章法，或者说，它最不被意识形态所左右，完全根据实际生活的需要而摆布。

哈尼族住宅平面布局紧凑，而且长辈卧室、小辈卧室、厨房、火塘和起居空间的位置均有成规。在哈尼族住宅内部，已经出现明显的等级秩序。男性家长住在进门左手边、顺前檐墙放置的一张床上，女性家长则住在前檐墙角的一个小房间内，与男主人床相邻。从男主人床往里是以火塘为中心的起居空间，火塘再往里是灶台。进门的右手边也放有一张床，是为临时居住的客人准备的。女主人房的斜对角处也有一个小房间，是给结了婚的儿子和儿媳妇住的。在这间房和灶台之间有谷仓和通往底层的楼梯。未婚子女，年幼时与父母同住，等长至十来岁时通常会被安排到底层大门外侧、另行搭建的小耳房内——此时如果儿子和女儿的年龄相近，则女儿住在外面的小耳房，儿子住在门内右手边的床。门外的小房间被称为"女儿房"，据说是因为它便于长大的孩子交友恋爱的缘故。

在冬季寒冷的元阳中高山区，住宅内靠近火塘的位置也是最舒适的。火塘旁边的床和房间供长辈使用，反映了住宅中的尊卑观念。其中大门旁边的床只能供男主人躺卧，又说明了哈尼族的父系社会制度。在火塘和男主人的床之间，有长约1.8米的三块木板。这三块木板是不能让女人从上面跨过去的。男主人去世时，要将尸体停放在这三块板上，直至出殡。丧礼结束后，要将三块板翘起，并翻过来重新钉好，象征着新的男主人开始掌家。[2]

---

1. 相当于土地神。
2. 每次有男主人去世，都将三块板翻过来钉好，不用换新的。只有当这三块板有损坏时，才会换新的木板。

　　傣族和哈尼族的住宅平面都是不对称的。而壮族住宅的平面，尤其是二层平面，已表现出较为明显的对称性。不过，其底层平面的后部只有一间是卧室，另外两间是用于堆放柴禾、农具的杂房。这一点又和哈尼族的住宅比较相似。

　　彝族住宅的平面具有很强的对称性和模数化。面宽三间，每间等宽。其中底层与二层的中间都是起居空间。次间每层两个，两层共四个。每个次间都被划分成前后相等的两部分。在这里，我们看到了许多汉族地区常见的建筑平面布置方式。

小结

　　通过以上比较和分析我们可以看出，哈尼族、彝族、壮族和傣族的传统住宅在屋顶形式、占地面积、群体组合、平面格局、牲畜圈养、火塘设置、祭祀空间和平面格局等方面都是存在差异的。这些差异反映了四个民族在建筑文化上的差异，也可能和他们与汉族的接触程度不同具有关联性。我们不能简单的以"汉化"解释所有民族建筑的现象，但是分项而细化的比较是必不可少的，也许暂时得不出最终的结论，但这有利于我们深化研究并推进思考。

第九章
哈尼民居改造记

孙娜 罗德胤

在过去十几年的时间里，由于外出打工和新农村建设等原因，元阳县的哈尼族传统民居已经大量消失。一个相当普遍的观点认为，用土坯和茅草、楂草建造的蘑菇房代表着贫穷与落后，只有砖混结构的新房子才是"现代化"的象征。

事情真的是这样吗？作为从事文化遗产研究的工作人员，我们当然不愿意承认这一点。于是，2010 年 9 月红河州哈尼梯田管理局委托我们对云南省元阳县全福庄村进行保护规划[1]，我们工作内容的重点之一就是选择适当的技术手段，让传统的哈尼族民居适应现代生活，树立并推广传统民居的保护观念。

我们在全福庄中寨挑选出几户民居，在征求户主同意的前提下进行改造设计。这几户民居包括中寨 38 号村会计李文光宅、中寨 42 号村支书卢世雄宅[2]、中寨 44 号摩匹李落矮宅和中寨 48 号咪谷卢有开宅。

2012 年 4 月开始实施申遗相关工程时，全福庄中寨的传统民居又比两年前减少了将近一半（包括 38 号、44 号在内的四五户正在拆旧房、建新房），只剩下 17 间土坯房和 1 间石头房。尽管剩下的传统民居已经不多，但专家们仍然认为，全福庄中寨作为一个处于现代化进程之中的哈尼族传统村寨，在反映新旧观念冲突的问题上是有代表性的。如果能在村寨中对哈尼传统民居的室内进行工程改造，将会有突出的示范意义。

---

1. 该项目由北京清华同衡规划设计研究院名城保护研究所与乡土建筑研究所合作完成。
2. 卢世雄家是四栋住宅围合中间院落的形式。仅西南角的建筑为土坯房，其余三栋均为砖混建筑。他家有六兄弟，现住在中寨的是老三（即卢世雄）、老四和老六（和父亲一起住）。土坯房原为老大的住房，老大过继给大寨的伯父后房子一直闲置，为村寨流转房，村民建房时可以此暂时居住。

县政府将参与申遗工作的人员分到 17 个工作组。包括全福庄中寨在内的五个重点村寨，各由一个工作组负责，并指派一名副处级干部担任组长。全福庄中寨的工作组组长是李世华副县长，他的家乡即全福庄小寨，他本人在全福庄村也一直有着很高的威望。

我们和工作组对村寨现场进行再次勘察之后，挑选了 3 户人家作为改造示范户。它们分别是中寨 42 号村支书卢世雄宅、中寨 46 号卢海师宅和中寨 48 号卢有开宅。工程预算的花费是每户 8 万元左右。这三户居民对改造项目的反应都很积极。4 月中旬工程开始前，我们又再次咨询了户主对改造方案的意见，并据此制定了准备实施的方案——卢有开宅按照 2010 年的规划改造方案实施；卢世雄宅和卢海师宅参照卢有开宅方案，并根据其家庭人口作局部调整。

蘑菇房的问题

蘑菇房是元阳哈尼族文化最鲜明的外部表征之一。它是上千年来哈尼人应对当地气候和资源的最优选择，在景观上也已经和梯田环境形成了牢不可破的和谐关系。相比之下，水泥红砖房不仅丧失了地域特征，而且由于当地经济条件尚不宽裕，很多红砖房都没有做外装修，裸露的红砖面与梯田和山林环境格格不入。我们希望寻求一种折衷的方案，在保留传统民居外观和主要文化要素的前提下，对内部空间进行调整，以改善其居住的性能。

从表面上看，传统的哈尼族蘑菇房确实存在着诸多问题，比如空间狭小、光线昏暗、容易着火、卫生条件欠佳等。然而，对这些问题我们不能一概地归咎于蘑菇房本身，而应做理性的分析，这样才有利于寻求真正解决问题的方案。比如，关于卫生的问题，其根源在于哈尼族传统的人畜混居式的生活方式，和建筑材料其实并无关系。我们在哈尼族村寨里见过一些贴满了白瓷砖的小洋楼，两三头水牛在楼下悠然地吃草，地面上到处是牛粪，进门都要很小心才能不踩到"地雷"。又如空间狭小的问题，其实蘑菇房的建筑面积并不小，3 层都算上的话使用面积可以达到 100 多平方米。之所以人们觉得它小，是因为底层用来养牛，第三层用来贮藏，只有第二层是用来住人的。再如光线的问题，主要是因为蘑菇房的窗子很小（窗子小的原因，一方面是因为以前的人们不需要在屋里阅读和看电视，另一方面是小窗子利于防风保暖，并且也利于结构稳定性）。解决采光的问题，可以适度把窗子的面积扩大，而不必把整个蘑菇房拆掉重建。

我们认为，通过适当的技术手段是可以解决蘑菇房的一系列缺点的。

消防设计

消防隐患是蘑菇房必须解决的第一个问题。蘑菇房的木架草顶容易着火，多被人们诟病。哈尼村寨的住宅密集，一家着火常常波及邻家数户，更加凸显了问题的严重性。20 世纪 80 年代，政府开展了"铲茅工程"，将农村里大多数的茅草顶更换为不易燃的石棉瓦顶。没有了茅草顶的蘑菇房，就像美人秃了头，景观上而言真是大煞风景，"蘑菇房"的称号也已名不符实。要完整表现哈尼民居的特色，在一些重点村寨恢复茅草顶是必要的。而恢复茅草顶，就必须解决防火隐患的问题。

我们通过采访发现，蘑菇房发生火灾有两种情况，一是从内部引燃，二是从外部引燃。多数火灾都是先从住宅内部产生的，但是我们并没有在住宅内部引入专业的消防设施，只是在屋顶上安装了喷淋系统，并在室外根据房屋总数配备一定数量的消火栓。喷淋系统没有安装在室内，是基于两个考虑。一是屋内经常有人，一旦发生小型火情，叮直接扑灭——这也是城市住宅普遍不安装消防设施的共性原因。二是如果在室内安装了喷淋系统，若启动时将导致屋内墙面被淋湿，严重的会危及土坯墙体——土坯墙淋湿后极易崩塌，这是建筑常识。

基于上述两个考虑，我们将哈尼村寨的消防设计定位于防止蔓延式火灾，即小型火情由屋主自行解决，当火灾严重到要超出个体建筑时，则启动该栋房屋及附近几栋房屋的屋顶喷淋系统，同时打开室外消防栓，以便将火灾范围控制到最小。

当然，再好的消防设施也不是万能的。为了充分发挥我们设计的消防设施，除了培训村民们正确使用消防工具外，还要普及消防常识，让人们注意日常防火，并使用正确的手法及时扑灭小型火情（图 9-01、9-02）。

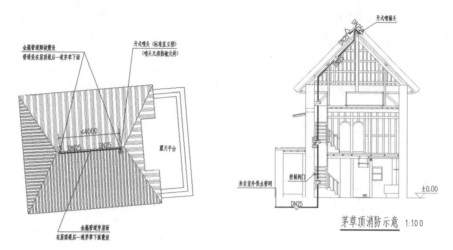

茅草顶消防示意 1:10 0

说明:
1、本图为典型四披屋顶的喷淋布置图。 2、引入室内管道采用金属管材，配套阀门为金属阀门。3、喷头采用开式喷头。
4、消防管道根据现场情况从室内合适位 置出屋面。5、着火时，人工打开首层控制阀门，喷 淋头喷水灭火。

图 9-01 哈尼民居的消防设计图 （由何伟嘉先生提供）

图 9-02 蘑菇房屋顶的消防喷头

功能调整

接下来我们对蘑菇房的功能布局进行了调整。传统的哈尼族民居虽然有 3 层，但除二层及耳房外，其他空间都不能用于居住，所以显得空间狭小。比如咪谷卢有开家有 6 口人，实际居住面积仅 40 平方米。二层的空间，除了两个 3～4 平方米的小卧室和不到 5 平方米的楼梯间兼谷仓[1]外，是围绕火塘为中心的混合功能空间；包括起居、厨房、进餐、祭祀、仓储[2]等多项功能，都在这个空间内进行。传统的哈尼族生活方式更为注重家庭集体生活，对个体生活的私密性考虑得较少。在现代生活观念的冲击下，传统的布局方式已经让人们尤其是年轻人感到不适。因此，势必需要增加使用面积，并对房间的功能进行分化。

首先要人畜分离，将家禽、家畜转移到主体之外，建立独立的圈舍。这样，就可以将之前用于圈养牲畜的底层也利用起来，大大增加居住面积，同时一并解决了人畜混居带来的卫生问题[3]。底层的舒适度不及二层，所以主要安排厨房、卫生间及储物室。二层仍为起居和卧室。哈尼族一般是三代共居，所以在这一层一般要安排三到四间卧室。三层的阁楼，原来是比较低矮的，多用于储物，使用频率不高，采用爬梯上下。茅草顶的坡度比石棉瓦顶陡得多，只要加高女儿墙，则大部分空间的高度是能够满足日常活动的要求的，爬梯也可以改为固定的楼梯。经过上述调整之后，使用面积能增加至 100 平方米以上，人均使用面积则能够达到 15 平方米以上。虽然仍不算宽裕，但已经达到小康的标准[4]。

底层的火塘和灶台，位于原来二层位置的正下方。我们希望通过这种方式尽可能保留哈尼族的传统文化要素。另外，传统建筑内的隔墙是用木板拼接而成的，不利于隔声，我们在改造方案里采用了砖墙和轻钢龙骨双层石膏板墙（内夹石棉隔声棉），隔声性能得到了大大的改善。

其次是调整层高。传统哈尼族民居的底层用于圈养牲畜和存放杂物，层高很矮。

---

1. 谷仓位于一层上二层的楼梯上方。
2. 二层顶部有半米左右的空间可以搭木架，用来挂玉米、搁木柴等。火塘上方的蔑架也可以放谷物等。
3. 改造过程中还提出以村蘑为单位建立屋中圈养牛、猪的圈棚的设想，此次未能实施，故不讨论。
4. 1991 年中国国家统计局等 12 部委提出的由 16 项指标组成的中国小康指标体系中规定，农村钢混结构住宅人均使用面积 15 平方米。

比如卢有开家住宅的一层层高为 2 米, 刨除楼板、横梁, 净高仅有 1.54 米。为满足人日常活动的基本要求, 我们将一层层高提升至净高 2.0 ~ 2.2 米[1]。同样, 三层阁楼的空间也需要适当提高。我们的做法是将三层墙体净高提升至 1 米左右——茅草顶的坡度约为 50%(即高度是进深的一半), 进深约 6 米, 故这种做法的阁楼内部高度约为 1 ~ 4 米, 大部分空间是可以使用的 (图 9-03 ~ 图 9-07)。

再次是改善采光的问题。传统哈尼族住宅开窗又小又少[2], 而且室内长期烟熏火燎, 四壁黝黑, 主要依靠大门、阁楼洞口采光。要改善采光条件, 一是增加窗户的数量, 并加大窗户的尺寸, 二是室内采用浅色墙面。此外, 还可以适当考虑增加顶部采光。

就采光而言, 当然是窗户越大越好。问题是, 土坯墙能开多大尺寸的窗, 才不会对外观造成较大影响, 同时又不损害其结构的稳定性呢? 此外, 土坯墙厚达四五十厘米, 保温性能是很好的, 开窗面积过大也会影响其保温效果。因为没有时间做实验, 我们只能根据村民自行改造的案例做方案。经过一段时间的讨论, 最终的设计是在底层设两个 60 厘米宽、80 厘米高的窗户, 二层每个房间 (包括客厅) 设一个 80 厘米宽、100 厘米高的窗户。

元阳中高山区的冬季阴冷潮湿, 原是依靠火塘产生的热量进行烘干谷物、驱散室内湿气。将火塘移至底层后, 二层的起居空间就没有了取暖设施。解决这个问题的办法, 是从附近的彝族民居借鉴而来的——彝族民居普遍没有固定的火塘, 他们是用可供移动的火盆进行取暖的。

---

1. 建筑规范室内净高规定为 2.2 米, 考虑到哈尼族平均身高比北方汉族略矮, 且梁底距密檩层尚有 15 厘米左右的高差, 将净高标准调整到此高度。
2. 一般一层无窗, 二层有两个小窗, 宽约 0.5 米, 高 0.7 ~ 0.9 米。

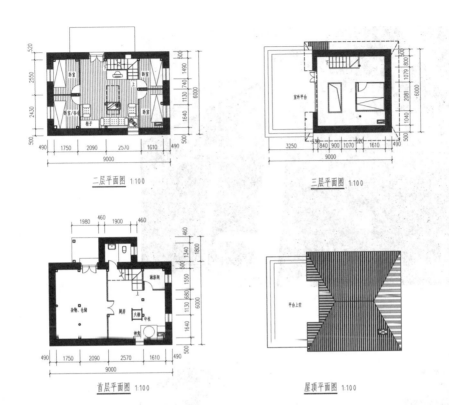

二层平面图 1:100

三层平面图 1:100

首层平面图 1:100

屋顶平面图 1:100

图 9-03 卢有开家的平面功能设计图（实际施工中楼梯位置有调整）

图 9-04 卢有开家改造后的底层

图 9-05 卢有开家改造后的二层

图 9-06 卢有开家改造后的三层

图 9-07 卢有开家改造后的外观

墙体加高

改造工程中一个比较大的施工难点是如何提高一层层高。这三栋民居，最早的 46 号卢海师宅建于 1964 年，42 号老宅建于 1973 年，最晚的 48 号建于 1978 年，它们都有三四十年的历史了，其土坯墙和木结构都有不同程度的损坏。这些饱经风霜的老房子，还能经得住伤筋动骨的折腾么？对于这个问题，我们这些外来的"专家"远不及当地工匠有经验。根据李副县长和几位木匠的观察，这几户民居除了室内部分木构件变得腐朽需要更换外，总体的建筑质量还是不错的，可以对住宅内部进行我们计划中的改造工程。

蘑菇房在建造时，土坯墙和木构架是交替施工的。部分横梁的后端直接搭在后部的土坯墙上，梁头伸入墙中，梁架和墙体形成相互支撑的结构体系。木构架是用榫卯结构连结成的一个整体，可以采用杠杆法进行整体抬高。[1] 施工队员首先用木板四面支护住外墙，再抽掉梁头处上方约 0.6 米高的土坯砖，然后用杠杆法，每次将一根柱子抬高一匹砖的高度（抬高之后便在木柱与柱础之间垫　块砖；等所有柱子都抬高一匹砖之后，再抬第二遍）逐渐将木构架抬至指定高度，最后用 60 厘米高的短木柱替换木柱和柱础之间的砖块，并将其加固[2]。木构架的抬升最后得以顺利完成（图 9-08）。

加高土坯墙看似容易，实施起来却相当复杂。土坯砖是当地人用来取代夯土墙的一种施工技术。建造夯土墙的住宅，光是夯筑墙体就需要二三十天的时间。其间如果下雨，只能中断工程，等待天晴。建土坯房的话，农民可以利用零碎的时间制作并晾干土坯，等土坯都准备好后，集中工作两三天，就能把墙体砌好。我们遇到的问题是，每栋改造的住宅需要近两千块土坯来加高墙体[3]。土坯晾干，在天气晴朗的时候大概需要 15 天，而我们的工程只有五月和六月这两个月的时间进行实施，正值当地雨季，就算打了土坯也无法晾干。

---

1. 增加一层层高也曾考虑过能否采取下挖方式。由于哈尼族民居地基打得不是很深，根据经验，最多只能下挖 0.2 米，这样对一层层高的改善并不大，还可能会对结构造成威胁，所以没采用下挖的方案。
2. 最初要求采用榫卯结构固定新柱和老柱，但在现场施工中很难实施，故改为后期用钢板加固。实际实施时，工人用夹板固定其两侧。
3. 以 48 号卢有开宅为例，建筑面宽 9 米，进深 6 米，墙厚 0.3 米（墙体下部 0.5 米厚，上部 0.3 米厚，统一按照 0.3 米厚计算），增加 1.2 米高的土坯墙，土坯砖尺寸按照 0.3×0.15×0.12（长×宽×高，单位为米）计算，共需要土坯砖 1920 块。

那么，土坯砖从何而来呢？——寨中那四五户正在进行翻修的人家，现在反倒成了我们的救星。哈尼族人现在盖的红砖房，地盘比原土坯房要大一圈，所以他们的做法是老房子先不拆，建一溜砖墙把老房子围在中间，待建筑结构完工以后再把老房子拆掉。了解到这一情况，我们赶紧请工作组的同志请这几家人在拆土坯墙时要小心谨慎，千万别把土坯墙体摔坏了。

从拆除屋顶和楼板，到铺茅草顶为止的这段时间，木构架和土坯墙体是暴露在外的。其间不时地下雨，就算后来在顶部盖了防雨布做临时遮挡，墙体仍然局部性地受潮酥化了。尤其是最早开工的中寨42号老宅，中间因为材料供应不上而停工半个多月，墙体严重受损，后墙外倾，转角处出现了1米多长的大裂缝。为了保证墙体的安全，施工队不得不将部分墙体重砌。好在另外两栋住宅的墙体并没有出现影响结构稳定性的变形（图9-09）。

图 9-08 用杠杆法抬高的木架

图 9-09 加高后的墙体

内墙面处理

传统哈尼族住宅内部多是裸露的土坯墙面,有的家庭为了防潮会刷一层石灰浆。由于长期的烟熏火燎,内墙面上积存了大量烟灰、油脂,形成了一层黝黑的硬壳,这使得原本采光就不好的室内更加昏暗。为了改善室内采光,同时也为了提高卫生水平,我们将内墙面改为白色。一层厨房和卫生间的墙面,满贴白釉瓷砖。二层则刷白色墙漆。土坯墙面不够平整,且附着力不够,无论是刷大白浆还是贴白瓷砖,都需要先做基层处理的找平,让墙面材料能"贴"在土墙上。可行的方案有以下几种:①做龙骨,钉石膏板;②刷水泥砂浆;③先挂钢丝网(用 10 厘米以上的长铁钉固定钢丝网),再刷水泥砂浆。以上三种做法,第一种效果最好,但会牺牲本就不大的内部使用空间;第二种造价最低,但只能用于直接刷墙漆的做法,若水泥砂浆层太厚后期会有剥落的可能性。第三种可用于贴挂瓷砖。最终决定,在不同部位视情况采用第二种或第三种内墙处理方式。从施工现场的效果看,还是比较令人满意的(图 9-10)。

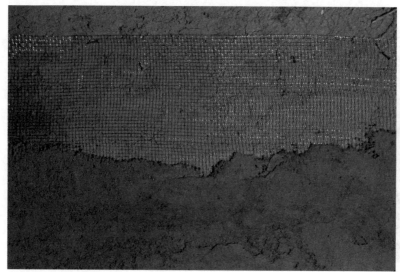

图 9-10 内墙面处理

户主的作用

由于要兼顾五个村寨及景区沿线的改造，我们没有办法对施工的改造状况进行全程跟踪。其实就算进行了全程跟踪，我们对施工的干预也应降至最低限度。这样做的目的是让户主和当地工匠能够发挥出他们的作用。哈尼族梯田申遗整治的专家组在改造工程开始之前，就提出了这样的希望：在传统民居的改造中，居民的积极参与能够帮助设计师更好地结合当地实际情况，避免出现外来设计理念的生硬移植，也能让这些改造工程更好地发挥示范作用。

户主在改造中也的确起了相当重要的作用。例如初版设计中，为了提高空间利用的效率，计划将楼梯和卫生间设置在进门的左手边。但是，村民认为那里是男主人睡觉的位置，象征着家庭权威，这样重要的位置怎么能放楼梯呢？他们坚持将楼梯设置在原来靠后墙的位置。在最后实际的改造中，我们按照村民的意见调整了方案。

户主的从众思想也是比较普遍的。如果是当地没有出现过的新样式，一般很难被当地群众接受。比如，为了改善室内采光，我们的方案里有二层的天窗和三层 2.4 米宽大落地窗，最终只有中寨 46 号实现了三层的落地窗，其他均未能得到实现。

户主对外观和结构安全性考虑得比较少。比如中寨46号，由主体和西侧后加建的一间卧房组成；户主觉得卧室的面宽太窄，要把隔墙打掉以扩大使用空间。而这里的"隔墙"，实际上是建筑主体的承重墙，去除之后将严重影响整个建筑墙体结构的安全性。另外，中寨46号大门前的走檐带有顶棚，建筑外观层次分明，是寨子里较有特色的一户。户主一是认为走檐下面的层高太低，进门需要弯腰，不舒服，二是觉得走檐地板已经开始漏雨，坚持要翻修走檐。蘑菇房的平台均是用石灰泥浆在石板上夯筑而成的，周边高起约10厘米，造型质朴大方。若要重做走檐，只能用水泥现浇一块平板。虽然只是建筑的附属部分，但它对建筑外观以及村落景观的影响都很大。这两处，我们都坚持没有按照户主的意愿进行改造。

代表家庭和设计师、施工队打交道的是各户的壮年男人。42号是村主任卢世雄，46号是户主的女婿，48号是老咪谷的儿子。他们的年纪都在四十岁上下，属于乡村里的中坚力量。从他们的身上可以看出，村民更为看重的是对实际功能的考虑，至于传统文化和精神上的追求，基本上是放在一边的——一个明显的现象是，对于火塘、中柱、神龛等传统文化要素是否需要保留，他们都表现得无所谓。

小结

到2012年7月，全福庄中寨的三户民居改造都已基本完成。总结这次改造工程，我们认为就其技术层面而言，以下三个方面是比较成功的：

（1）采光。窗子扩大和内墙面刷白之后，室内采光水平不仅较之原先有了较大的改善，而且其水平和现代的红砖水泥房相比也毫不逊色。

（2）功能。把底层也利用上之后，住宅的实际使用面积明显增加，人均面积达到或超过国家规定的农村小康水平。

（3）外观。尽管高度有所增加，但是由于占地面积没改变，建筑材料也基本保持了原先的土坯墙体，所以建筑外观与原先基本是一样的，传统民居的真实性得到了较大程度的保证。

（4）消防。消防的问题并没有得到完美的解决，但是比起原先纯粹依靠人力挑水灭火的方式，无疑有了较大的进步。在设备和水源都正常的前提下，本次设计并实施的消防设施可以有效防止大规模火灾出现。

以上四个技术层面的成功，足以反驳本文开头提到的那个被普遍接受的观点，落后还是先进与建筑材料并无绝对的关系。通过适当的技术手段，哈尼族蘑菇房是能够满足人们对现代化的追求的。用土坯和茅草、稻草建造的蘑菇房，非但不代表贫穷与落后，还是未来建筑追求节能与生态的榜样。

由于时间较紧和经验不足，本次工程也存在着诸多缺陷，比如：

（1）结构稳定性。为了提高建筑底层的层高，将木构架整体抬高了0.6米。对建筑体而言，这算是一次较大的手术。我们原本设想要用"L"型钢板加固连接部位，后来实际中仅用木板做了临时加固。

（2）材料。改造所用的木料，大部分是未经干燥防潮防虫处理过的木材，且施工时段正值当地的雨季，施工完成时木材仍是潮湿的，无法进行刷漆等防潮的操作步骤。如果没有进一步的措施，一段时间之后木材可能会变形或虫蛀。

（3）文化元素。火塘、神龛、中柱等均为哈尼族民居中的鲜明文化符号，在原设计中对其进行了保留，并将之平移至一层。但是户主在现阶段对这些元素的保留并没有兴趣。

第十章
哈尼族的妇女

孙娜 罗德胤

　　前几章我们主要讨论了元阳梯田里的聚落和建筑，现在我们要将目光转向梯田里的人。在这一章中，我们要说一说哈尼族的妇女。之所以要说妇女，并不是因为男人不重要，而是因为哈尼族社会在传统上就是男权社会，在这样的社会里妇女更应该被我们所关注。

　　在元阳县全福庄调研的过程中，我们经常在田间地头见到忙碌的女人们。她们或耕作，或背柴草，似乎一刻也不停歇。我们在村支书家吃的午饭，女主人忙前忙后，为我们准备饭菜，吃饭时仍然不见她坐到桌边，而是远远地端着碗站着吃。哈尼族的谚语说："哈尼农活像千层肚一样多，做完了一层又出来一层。"这些农活，大部分是由妇女们承担的。然而，承担了大量劳动的哈尼族妇女，却没有获得相应的地位。她们被禁止进入神圣的寨神林，在家里也有诸多针对她们的禁忌。而哈尼族的男人们，却时常在妇女们忙碌的身影下悠闲地抽着水烟袋。头人、祭司这些地位较高的社会角色，也要求非男人不能担当。哈尼族社会男女地位之悬殊，即使是外人也是一看便知的（图 10-01 ～图 10-06）。

图 10-01 背石头的妇女

图 10-04 在水井边洗菜的妇女

图 10-02 洗衣服的妇女，经常要带着小孩来洗衣服

图 10-05 哈尼族的女孩，从两岁多就开始自己洗衣服了

图 10-03 摘丕菜的妇女

图 10-06 抽水烟筒是男人的权利

女性在聚落和家庭中的地位

哈尼族是父系社会，女性的社会地位比较低。按照年龄阶段，又可以将哈尼族女性分为三个阶段：出嫁前的姑娘、出嫁到子女成家的青壮年妇女和子女成年后的老年妇女。哈尼族姑娘虽然也要参加生产劳动和家务劳动，但是生活比较自在；随着辈分和社会经验的增加，老年妇女的社会地位也相应提高；而青壮年妇女承担了家庭中绝大部分的家务劳动，也承担了大量的生产劳动，负担最重，但她的社会地位和家庭地位却是最低的。哈尼族丈夫常称呼妻子为"刻玛"，直译过来的意思是"老母狗"，哈尼族妇女的地位由此可见一斑。

哈尼族妇女的地位低下表现为以下几点：一是妇女在公共仪式上受到多重限制；二是妇女在家庭生活中的种种禁忌；三是仪式活动对妇女保护的缺位；四是妇女无法参加对村寨的管理。随着哈尼族社会的逐渐开放和男女平等观念的渗入，这些方面有的在逐渐改善，有的则仍然没有得到改变。

哈尼族社会的三大节日——二月节（昂玛突）、六月节（苦扎扎）和十月节，都举行全寨性的公共祭祀活动，以祈保佑全寨人的健康兴旺、家畜的安全和作物的丰收。二月节和六月节分别持续三至五天，最后一天每家派代表参加全寨性的祭祀活动，六月节时还有转磨秋和荡秋千等活动。按照哈尼族的传统习俗，这些活动均不允许妇女参加。妇女为公共祭祀准备家庭祭品，并在祭祀仪式结束后，在路边给参加祭祀的男性"叫魂"。在公共祭祀中，男性和女性的作用是截然分开的，男性显然是公共祭祀的主导角色和前台，而妇女则是辅助角色和后台。

在家庭生活中，哈尼族妇女也面临着种种禁忌和限制。哈尼族的住宅布局是哈尼族的社会等级秩序的体现。火塘和中柱是哈尼住宅中最神圣的组成部分，代表着家庭与祖先灵魂的联系和家族运势的兴衰。因此，二层大门一侧靠近火塘的床铺属于家庭中地位最高的男主人，火塘与床铺之间铺"三块板"，这三块木板严禁妇女跨越，只能绕道而行。哈尼族人围坐在火塘边的桌子上吃饭，其坐次等级分明。在家中招待客人时，男主人坐在他的床的位置，客人面向大门的方向，其他人坐在男主人的左右两侧。这时妇女不能上桌，她们只能蹲坐在炉灶边吃饭，还要时时注意桌上饭菜，随时添加饭菜。

叫魂是哈尼族社会中常进行的针对个人健康的仪式，当哈尼族人认为自身受到鬼气冲撞时，例如出远门之前，要请摩匹为自己举行"叫魂"仪式。通过献祭牺牲，摩匹念咒，守护哈尼族灵魂的完整。但是，叫魂的对象不包括妇女。究其原因，可能是"因为历史上妇女除了走亲戚或归宁父母之类的事，不存在其他的出外情况，不会走出特定的生活圈，故而不需要、也没有对于她们的保佑出门仪式。"[1] 即使现在每年有大量哈尼族妇女外出打工，也并没有为她们举行"叫魂"仪式。

传统哈尼族社会中地位最高的三类人，咪谷、摩匹和匠人：咪谷是哈尼族社会道德规范的楷模，同时也是公共祭祀活动的主持者；摩匹负责沟通灵魂和现世世界，类似于巫师的角色；匠人包括铁匠，银匠等，掌握着特殊的生产技能，同样受人崇敬。这三类人都是由男性担任。对于村寨内事务的决定，妇女没有参与的机会。

而哈尼族社会中作恶的类似巫婆的角色——丫莫，则以女性居多，尤其是一些长得漂亮的妇女。丫莫可以通过诅咒，给别人带来厄运或让人生病。全福庄大寨的摩匹李雄辉曾向我们讲过几个关于丫莫的故事：

其一，"摩匹骑丫莫"。讲的是坝达村有一个摩匹，去麻栗寨做祭祀。吃完晚饭回家时，因为喝了酒，他已有醉意。他出门发现门外拴着一匹马，想都没想就骑上往回走。从麻栗寨回坝达需要爬山，半路上这匹马突然开口说话了："你骑着我走这么久，我都累了"。原来这匹马是丫莫变的。摩匹此时也酒醒了，他意识到，坝达村一带的山区是不养马的，如果不是喝了酒，他应该在出门时就想到这匹马是丫莫变的。

其二，"丫莫变猪"。某一天，有个年轻人发现一只猪在自家墙角里呆着，半天也没有动静。年轻人拿手碰了猪一下，手就开始流血了。年轻人又去柴堆里拿了一根粗木柴，抽了那头猪一下，猪就逃跑了。年轻人一直跑到一家人的门口，那只猪突然回过头来跟他说："我都已经到家了，你还追？"原来，猪是这家人的丫莫变的。猪在年轻人家的墙角里呆着不动，是因为丫莫正在念咒。

其三，"丫莫变猫"。某人晚上回家，发现一栋屋子的墙角上扒着一只猫，一动也不动（也是丫莫在念咒，处于出神的状态）。这人扔了块石头砸那只猫，猫就从墙上掉下来，瞬间消失不见了。第二天，从这屋子里传出消息，家里有人脑袋受了伤。

---

1. 马翀炜，潘春梅. 仪式嬗变与妇女角色. 民族研究, 2007（5）：45

李雄辉还向我们进一步描述他所知道的丫莫：

"丫莫一般晚上12点以后才念咒，念咒时会化身为动物，如牛、马、猪、猫、狗等。厉害的丫莫能变成猫、狗等体型小灵活的动物，变成猪的丫莫是比较笨的。丫莫的咒语会让人生病，但不会死人。通常三年之后咒语才会灵验，所以被咒到的人家有三年的时间来解咒。

"被丫莫施了咒的人家，会有些迹象，比如会在半夜里看见行为奇怪的动物之类的。发现这样的迹象时，可以请'思娘姆'来看是不是真有丫莫在作怪。如果思娘姆确定是，就要另请摩匹来做祭祀仪式。这个仪式叫'背玛文'，祭品需要一只鸡、一只鸭子。如果是为整个家庭做的仪式，还要一头猪。

"每个寨子都有一两个丫莫的。至于谁是丫莫，大家心知肚明，但是谁也不会去说破。谁要是说了，丫莫就会去害他。"

丫莫不只存在于哈尼族村寨中。在彝族寨子里，村民称之为"拿魂魔"。傣族寨子里也有类似的角色。李雄辉说，这些年可能是因为有高压线和手机，辐射多了，所以丫莫也少了；另外一个原因是，年轻人十五六岁就出去打工，村里的年轻姑娘少了。

郑宇认为，丫莫本质上是一种"美女禁忌"，这种禁忌的存在是为了减少集体成员之间的争斗，从而维护其内部的团结性。[1]这一分析是有道理的，同时笔者也认为，将妇女妖魔化的风俗，也旨在降低妇女的身份。

妇女的劳动负担

元阳哈尼族人在哀牢山腹地开辟梯田，以梯田稻作农业为主要生产方式。哈尼族村寨的海拔集中分布在1200～1800米之间，以栽种单季稻为主，辅以种植玉米、芋头等旱地作物。哈尼族人还习惯在梯田里养殖鲤鱼、鲫鱼等。哈尼族的家庭养殖业一般会饲养一头水牛，几头猪，以及一群鸡、鸭、鹅等，几乎全部放养。

一个家庭就是一个生产单位。凡能参加劳动的家庭成员，从十几岁的少年到六十岁以下的老人，都必须参加生产劳动。六十岁以上的老人基本退出农业生产劳动，主

---

1. 郑宇.箐口村哈尼族社会生活中的仪式与交换.云南人民出版社，2009：98

要精力转向养育后代、辅助料理家务等方面。

以海拔约 1800 米的全福庄中寨为例，种植水稻的主要工序和时间（均为农历）大致如下：

一月底撒秧；二月份第二次犁田和第一次耙土；三月底插秧，插秧前十天左右第三次犁田，并再一次耙土；四月份插秧并开始田间管理；八月下旬开始收割稻谷；十月份稻谷收割完毕，修整梯田打田埂，并犁第一遍田并放田水。其中，插秧、收割这两个工序需要在短时间内完成，需要邻里、亲戚帮工才能按时完成。[1]

哈尼族人的农业劳动中，有着明确的男、女分工。比如哈尼农谚说："男人不栽秧，女人不犁田。"前一句说的是：插秧时，男人负责从秧田里拔秧苗，女人则负责在稻田里插秧。后一句说的是：犁田时牛在前面拉犁，男人在后面扶犁（女人不参加这项劳动）。

据全福庄副村主任李文光说，他家在拔秧时需要六七个男劳力，插秧则需要大约 20 个女劳力，另外还需要一两个人将秧苗背到梯田边（一般由妇女完成）。在配合得力的情况下，一家的插秧工作一天就可以完成。在此过程中，女劳力几乎是全时工作的，中间只有很少量的时间用于休息，而男劳力则有大段时间休息。收割时，女人负责割稻穗；男人负责在谷船中摔打稻穗，脱粒，再将稻谷装袋背回家。

插秧和收割是两个需要男女配合的工序，除此之外，属于男人的劳动还有挖田、犁田、耙田、修田埂以及放水、管理水渠等，属于女人的劳动则有育秧、薅秧、铲田埂等。可以看出，哈尼族男、女劳力的分工是基本符合"男人干重体力活，女人干轻体力活"的原则的。不过，从实际的劳动量来比较，妇女的劳动量比男人大。王清华先生对此有大致的统计："在每亩梯田大田劳作中，男子为 12.5 个工，妇女为 14 个工。"[2]。而且，在男人干活的时候，妇女还要为男人准备工具、饭菜，并随时完成田间地头的琐细农活。把这些劳动加上之后，我们可以说妇女在农业劳动中承担的比例是明显高于男人的（图 10-07、图 10-08）。

---

1. 现在因为出外打工的人多了，很多家庭开始雇工才能完成劳动。

2. 王清华. 哈尼族梯田农耕社会中的妇女角色. 哈尼族文化论丛（第四辑）. 云南民族出版社，2010（10）：116

图 10-07 收割的时候，男人打谷，女人割稻

图 10-08 背茅草的妇女

　　在家庭劳动中，妇女承担的比重更大，因为她们几乎包揽了背柴、挑水、做饭、洗衣等所有的家务劳动。家庭养殖业中，一般牛是由男子放牧喂养的，其他均由妇女负责。哈尼族村寨少平地，一些农业劳动（如晒谷）不能在田间完成，而必须转移到家庭中进行。晒谷和入仓，也由妇女来完成。

图 10-09 纺线的妇女

图 10-10 织土布的妇女

　　哈尼族人的传统服饰是用自制土布缝制的（图 10-09、图 10-10）。从种棉、纺线[1]、织布、靛染到缝纫，全由妇女包办。这些工作也是相当耗时费力的。我们可以参考 1959 年在金平县马鹿塘调查的情况：一个妇女用木织机一天能织 24 尺布匹，一套男衣需布匹 42 尺以上，一件妇女的衣服需要布匹 39 至 45 尺，一般约需两天。[2]整个过程"用六斤棉花的纱可以织一件小衫，技术好的只需六个整天，技术差的需十几日"。[3]

　　由以上分析可以看到，哈尼族妇女在农业生产和家庭生活中承担了大部分的劳动。男人完成活计后即可以休息，女人的劳动则是一项接一项，中间少有喘息的机会。这也是我们在当地常见到在田间抽水烟袋小憩的男人，却很少见到女人坐下休息的原因。[4]

　　近年来，由于大量青壮年外出打工，而打工者中又以男人为多，所以农业生产和家庭劳动的重担更多地压在了妇女身上。以梯田养鱼为例，不仅要放水、养鱼苗、移鱼苗入大田，还要付出大量的精力进行管理，随时注意田水溢出或者防止鱼被偷盗，劳动量并不小。以前养鱼由全家共同管理，现在全部都交由妇女进行负责。

---

1. 20 世纪初西方棉纱大量输入中国，在很大程度上取代了妇女种植棉花纺线。
2. 《民族问题五种丛书》云南省编辑委员会 . 哈尼族社会历史调查 [M] 北京：民族出版社，2009：50
3. 《民族问题五种丛书》云南省编辑委员会 . 哈尼族社会历史调查 [M] 北京：民族出版社，2008：67
4. 张洪康副局长还跟我们说过哈尼族男人和汉族男人的比较：哈尼族男人在闲暇时，常抽烟喝酒；汉族男人会尽量把闲暇时间都用在农活上，也更会注意积攒钱财，等攒够钱时就买田，积少成多，甚至有多余的田租给哈尼族耕种。

事情的另一面

在哈尼族的古诗和神话传说中，妇女拥有尊贵的地位。所有哈尼族人的家谱中，第一位祖先是一位叫"俄玛"[1]的女性。哈尼族村寨的保护神叫"昂玛"，相传是一位以智慧战胜魔鬼的女祖先[2]。每当哈尼族到了生死存亡的关键时刻，就会有男、女英雄人物挺身而出，扭转了哈尼族的命运。如《哈尼祖先过江来》中说道，"二十四代塔婆出世了，在她的头发里，生出住在白云山顶的人；在她的鼻根上，生出在高山上骑马的人；在她白生生的牙巴骨上，生出的人住在山崖边；塔婆生出的孩子里，她最心疼的是哈尼"；又说"遮努姑娘……定下了年月属相，有了属相按时栽种。遮努种出吃不尽的米粮，她又用五谷酿出美酒"。[3]

哈尼族传统的家庭分工，"男主外，女主内"。由于妇女大量参与农业劳动，在家庭事务上，妇女有较多的发言权。妇女掌管着家中的钱财，哈尼族人把这称之为"萨师阿玛"，意为"女人手掌留福气"。[4]再以梯田养鱼为例，妇女可以决定所养鱼的品种，鱼的用途和养鱼收入的使用等。[5]虽然哈尼家庭在社会上的代表是男主人，但是妇女的意见也影响了他的决定。现在，由于男人大量出门打工，劳动责任更多落在妇女身上，所以妇女的权利比以往有了一定程度的提升，妇女也开始逐渐从幕后走到前台。

妇女的装扮是哈尼族家庭财富的象征。和很多少数民族一样，哈尼族妇女的服饰分外华丽，包头巾和衣服前襟缀满了银泡、银铃和古钱币。哈尼人有一点积蓄就换成银子或银币，钉在女人的华服上。可以说，哈尼族的财富都穿在女人身上。[6]银饰可以由老母亲传给女儿或者儿媳，是家庭财富的延续。

与公共祭祀相比，妇女在家庭祭祀中的角色较为重要。比如，在新米节时，媳妇要在天亮前到自家的祖田割九穗稻谷，拿回家祭祀祖先。建造住宅中，房顶的第一把草必须由她来割；栽秧时老年妇女拔第一捆秧——这叫"母亲秧"，并拿着这

---

1. 或称"奥玛"、"凹玛"。
2. 史军超.哈尼族文化大观 [M].昆明：云南民族出版社，1999：16
3. 张红榛.哈尼族祖先迁徙史 [M].昆明：云南美术出版社，2010：19。《哈尼族祖先迁徙史》又译《哈尼祖先过江来》。
4. 王清华.哈尼族梯田农耕社会中的妇女角色 [C].哈尼族文化论丛·第四辑，2010（10）：122
5. 王清华.哀牢山哈尼族妇女梯田养鱼调查 [J].民族研究，2005（4）：42
6. 谢伟等编著.家园耕梦——哀牢腹地哈尼人 [M].昆明：云南美术出版社，2006：102

捆秧苗绕田一周，然后其他妇女才能开始栽秧。[1]

妇女在家庭中的地位还与娘家的地位相关。在哈尼族社会，由父、母两系亲属组成完整的血缘家庭体系。父系的代表是姑母，母系的代表为舅舅。哈尼族社会的舅权是相当强大的。哈尼谚语说："舅舅似大树，外甥似小草。"又说："天上日月大，地上舅舅大。"[2] 在举办葬礼时，亡者妻子的兄弟（亡者子女称之为舅舅）是家属第一个要郑重报丧的人。舅舅会在接到讯息后向死者家属提出一些看似苛刻的要求，目的是让家属们把葬礼办得隆重。葬礼的过程中，舅舅要坐在最尊贵的位置，并且要在葬礼开始时踢倒火塘中的铁三角，象征着家庭主人的交替。姑母的地位，则体现在"叫魂"的仪式上："叫魂"结束后的家宴上，一定要请当事人的姑母出席，并赠予一定的礼物。[3]

小结

传统的农业社会普遍存在对妇女的歧视，元阳的哈尼族社会也不例外。可能是由于以下两个原因。

首先，父系社会中，家族的传承以男子一方为依据，女性不能入家谱（苦扎扎的祭祀活动中，明显带有男性生殖崇拜的意味）；女性没有继承权，不能参与遗产分配。女性从娘家只能得到少许象征意义的陪嫁。女性出嫁以后，就属于另一家、另一村寨的人了，过二月节、六月节和十月节时均不能回娘家。

其次，出于实际的考虑，拥有更强体力的男性在农业社会的地位较高。男性所从事的高强度体力劳动很难由妇女完成；相反的，女性的劳动在理论上可以由男性完成。因此，虽然妇女也付出了大量的体力劳动，但是在农业劳动上仍然处于从属地位。

上面两条是哈尼族与其他农业社会的共同之处。对哈尼族而言，女人之所以地位较低，还有其特殊原因。

（1）根据哈尼史诗《哈尼祖先过江来》，哈尼族在定居红河以南的哀牢山脉之前，

---

1. 王清华.哈尼族梯田农耕社会中的妇女角色 [C].哈尼族文化论丛·第四辑，2010（10）：121

2. 张红榛编撰.哈尼族古谚语.云南出版集团有限责任公司、云南美术出版社有限责任公司，2010（10）：41～45

3. 郑宇.箐口村哈尼族社会生活中的仪式与交换 [M].云南人民出版社，2009：98～105

经历了漫长的迁移历史。这段历史，也是哈尼先民不断被其他民族压迫、侵略的历史。在保护家园、抵抗侵略的战争中，男人责无旁贷地成为战士。为了照顾好时常要打仗的男人，女人就承担起了更多的劳动。

（2）哈尼人定居哀牢山之后，开始了漫长的开辟梯田过程。相比于一般的农业劳动，开辟梯田更是一项高强度的劳动，它是女人无法胜任的，只有男人才能成为开辟梯田的主力。在此过程中，男人进一步巩固了他们的社会地位。

（3）哈尼女性的地位，或许也和她们对家庭的责任感要强于男人有关。哈尼谚语说，"女人嫁到哪里，哪里就安居"[1]，"女人受穷守着家"[2]。女人比男人更重视家庭，对家庭有着更强的责任心，这使得她们甘愿承担更多的责任和劳动。例如，背米去街镇上卖并购买食盐等生活物资这样的"外活"，多半是由哈尼族妇女来完成，而不是男人。这与我们头脑中"男主外，女主内"的习惯印象不符。据熟悉哈尼族民俗的红河洲梯田管理局张洪康副局长说，之所以出现这种现象，原因是哈尼族男人嗜酒嗜烟，如果由男人去卖米换盐，他拿到钱之后的第一件事可能是上饭馆大吃大喝一顿（遇到朋友，还会邀其共享）；这会花光卖米的钱，甚至还会向饭馆老板借钱，以便买盐回家。两相比较，妇女们宁可让男人在家休息而自己辛苦。

1. 张红榛编撰. 哈尼族古谚语 [M]. 昆明：云南美术出版社，2010：15
2. 张红榛编撰. 哈尼族古谚语 [M]. 昆明：云南美术出版社，2010：175

第十一章
牛角寨乡的民族同化与民族通婚

罗德胤 孙娜

上一章我们讨论了元阳哈尼族的妇女。在这一章，我们要讨论另一个关于人的话题——民族同化与民族通婚。

如前所述，元阳县各民族在空间上是有划分的。瑶族和苗族人对狩猎依赖较重，他们生活在海拔 2000 米左右的高山区，其他民族则分布于海拔 200 ～ 1800 米的农耕区。在农耕区内，由于立体气候的原因，导致不同高程的温度和湿度有明显的差别，从而使得傣族、壮族、彝族和哈尼族也呈现出由低向高的立体分布趋势。其中彝族和哈尼族的人口较多，生活环境较为接近，部分村寨有互相交错的现象。汉族人则分为两类：一类是经商者，主要聚居在各集镇区；另一类是农耕者，数量不多，但分布广泛，"下吃摆夷，上吃窝尼"（摆夷即傣族，窝尼即哈尼族），表现出对不同生活环境均有着较强的适应能力。

农耕社会需要定居。定居，在很大程度上保证了各民族文化的独立性，使其不被其他民族所同化。不过迁徙的现象也是存在的。迁徙的原因可能是村寨的人口发展到超出本村寨梯田的承受能力，也可能是为了逃难。不管是出于哪种原因，都使得一些村民不得不离开本村，另谋出路。迁徙的目的地，有两种可能，一是投靠另一个寨子，二是在开荒另建新村。

如果是投靠另一个寨子，以投靠本民族为常见。但也有投靠其他民族的情况，此时处于弱势的投靠者就容易被处于强势的接收者所影响。比如水卜龙寨的汉族人，据红河州梯田管理局张洪康副局长的调查，他们是在嘉庆二十二年（1817）高罗衣起义时，从南边逃到水卜龙这个彝族寨子的（当时高罗衣提出了"吃鸡不吃皮，杀汉不杀彝"的口号）。他们初时住在寨子的东北侧，自成一个小组团。后来这些汉族人逐步接受了彝族的影响，过彝族节日，讲彝族话，与彝族家庭通婚，住宅也慢慢散布于寨内。2005 年政府让村民重新认定民族，水卜龙的汉族人都填写成了彝族。

如果是开荒另建新村，也有两种情况。一是这里一直只有一个民族居住，这会形成另一个单纯的民族寨子。二是有其他民族的人"闻风而动"，趁这里还没形成单一民族的大寨子之前，就迁来同住。所谓"同住"，其实在开始阶段也是相互之间保持距离的，但后来随着人口的发展，建筑的增加，就逐渐连在了一起。后一种情况里，民族同化的现象也会发生，因为人口较多的民族会成为该区域的强势民族，促使其他民族向其靠拢和学习。在这方面，明显的例子是牛角寨乡的几个寨子。

牛角寨乡简史

牛角寨乡所在地的海拔约 1490 米，乡域内的村寨分布于海拔 800 - 2000 米的范围内。每年三四月是这里的旱季，六至八月是雨季，年降雨约为 1550 毫米。

据老家是牛角寨乡良心寨的元阳县人大常委会李跃福副主任说，牛角寨乡所在地以前是无人居住的，附近村寨有的农民因为梯田较远，中途在此拴牛，之后有人在此建房定居，渐成衾落。最早来的人可能是哈尼族，后来彝族、壮族、傣族、汉族也逐渐迁来，形成多民族聚居地（图 11-01）。

图 11-01 牛角寨乡示意图（摆依寨即今一村，傣族；俚俚寨即今二村，彝族；窝尼寨即今三村，哈尼族）

在 1950 年代之前，牛角寨乡四个民族的寨子是相互独立的。集市上有一条"汉人街"，因为在这里做生意的人以汉族为主。集市南边往上，从西到东依次是摆依寨（傣族）[1]、倮倮寨（彝族）和窝尼寨（哈尼族）。这三个寨子现在分别是牛角寨村的一村、二村和三村。从地图上看，它们已经几乎连成一片了。在窝尼寨的东边不远处，有一个名为新寨的寨子。新寨人口以彝族为主，也有少数哈尼族。

据张洪康副局长说，在 1950 年代牛角寨乡政府成立之前，这里的人口以彝族为最多，"过节搞活动最隆重"，于是其他民族的人便有彝族化的趋势。乡政府成立后，新来的工作人员以外面调来的、年轻的单身男性为多，彝族、哈尼族、傣族和汉族的都有。这些人谈恋爱、结婚，对象多是牛角寨各村的姑娘。结婚之后，他们要建新房。这些新房多位于娘家寨子的边缘地带，而且以靠近乡政府的位置为佳。这使得几个寨子在不断扩大的同时，出现了集中化的倾向（图 11-02、11-03）。

图 11-02 牛角寨乡的集市　　　图 11-03 牛角寨乡赶集日的牛市，卖家正在向买主展示黄牛的品质

在这一阶段，通婚还是以本民族内为主的。到 1980 年代之后，族外通婚就变得比较普遍了。这与改革开放以后人们的思想更为解放有关，也和整个大环境下汉族文化成为主流有关。"尤其是乡政府里的男青年，找对象就选寨子里条件好的姑娘，根本不管是哪个民族的"（张洪康语）。此时，因为代表现代化社会进程的汉族文化成为主流，其他民族便逐渐开始汉化。

---

1. 摆依即摆夷。

最近这些年，牛角寨乡又出现了哈尼化的倾向。其原因，一方面是国家对少数民族有优惠政策，这使得大家在填报民族成份时尽量选择少数民族（前些年流行起来的族外通婚，造就了不少父母是不同民族的后代；根据政策，这些人在选择民族成分时可自由选择母亲方或父亲方）。另一方面，哈尼族作为红河州主流民族的影响力，也随着交通与通讯条件的改善在不断增加，这使得大家在填报民族成份时倾向于选择强势民族。

亚家简史

元阳县梯田管理局的工作人员亚鹂斌（生于 1969 年）的家族史，也特别能说明牛角寨乡的民族通婚和民族同化现象。亚鹂斌是傣族人，据他本人说，亚家的祖先于清代中期时从建水迁至元阳，住在新街镇南边的中聪村。他的曾祖父是替土司收租的"招把"[1]，家里出多，经济条件好。1940 年代，因为中聪村附近常闹土匪，曾祖父便举家迁至牛角寨乡（今乡所在地）。当时的牛角寨乡已经有彝族、哈尼族、汉族和壮族人居住，其中彝族人较多，哈尼族和汉族较少，壮族只有几户。曾祖父这一批傣族人来了之后，在彝族寨子的西边形成了摆依寨。他们在这里盖的房屋，已经不是平顶的了，而是彝族传统的"两片瓦"。

中聪村的海拔是 980 米，[2]已经比元江岸边高出不少，气候也和多数傣族人居住的河谷地区不一样。牛角寨乡的海拔约 1490 米，比中聪又高出 500 米，气候更是迥异于河谷。不过，也许是因为有中聪村做过渡，与亚家一同迁来牛角寨的这批傣族人也还算能够适应牛角寨的气候。亚鹂斌说，牛角寨乡的摆依寨应该是元阳境内海拔最高的傣族寨子了。

还在中聪村的时候，亚鹂斌的爷爷就看上了新街镇陈安村一个彝族寨子里的姑娘，也就是后来亚鹂斌的奶奶。曾祖父曾反对娶外族儿媳妇，但是最终没拧过爷爷，还是同意了这门婚事。奶奶家的田少，经济条件差，所以对这门亲事也不反对。"彩礼是两扎银元，嫁妆有两个椿木打的箱子。不过婚礼没大办，只请了七八家亲戚的代表来

---

1. 即土司派到村里的管理人员。
2. 据云南"数字乡村"网站：http://ynszxc.gov.cn/szxc/villagePage/vIndex.aspx?departmentid=198550

吃饭。"奶奶嫁到亚家后，改穿傣族服装。但在爷爷于 1951 年去世后，她又改回彝族服装。奶奶于 2005 年去世，终年 88 岁。

亚鹏斌的妈妈也是彝族，就是邻村倮倮寨的。亚鹏斌的父母是在 1960 年代结的婚。亚鹏斌的父亲，因为从小与彝族、汉族孩子一起上学和玩耍，在家里又和亚鹏斌的奶奶说彝族话，所以自己也被彝化和汉化了。他说普通话和彝族话很流利，傣族话仅能粗通（因为父亲说傣族话）。到亚鹏斌本人，同样也是从小和彝族、汉族孩子玩，在家里也是和妈妈讲彝语，但是因为他父亲的傣语不流利，所以他的傣语水平比父亲又要低上许多。亚鹏斌经常自嘲地说，"我是一个会讲一点傣族话的彝族人"。

亚鹏斌的妻子是瑶族人。他岳父是在黄草岭教书的老师，妻子从小不在瑶族寨子里生活。这是亚鹏斌能娶她的重要原因。在元阳，瑶族寨子对族外通婚的态度是最保守的。如果妻子是从小在瑶族寨子里长大的，亚鹏斌就不大可能娶她了。亚鹏斌的父亲开始时也不同意他娶个瑶族媳妇，因为这等于一家里有了三个民族，生活习惯上恐怕会比较麻烦。亚鹏斌开玩笑似地跟我们说："我告诉爸爸，按政府规定，和瑶族人结婚可以生三个孩子，他就答应了。"

姆基寨的案例

牛角寨乡的姆基寨，距离牛角寨村委会约 0.5 公里，分为大寨、中寨、新寨三个寨子。根据政府网站上的统计信息，大寨人口 64 户，315 人，绝大多数是哈尼族；中寨人口 24 户，112 人，均为哈尼族；新寨人口 26 户，115 人，多数是哈尼族。[1] 实际调研中发现，这里有的人其实只是"户口本上的哈尼族"。他们本来是彝族，在上报政府材料时却填写成了哈尼族。牛角寨乡所在地及其附近，是哈尼族、彝族和傣族混居之处，出现了不少民族同化的现象，这也给他们的民族认定带来了困难。哈尼族是元阳县的主流民族，所以有的彝族人就申报成为哈尼族（图 11-04）。

---

1. 云南数字乡村网：http://ynszxc.gov.cn/szxc/provincepage/default.aspx

图 11-04 姆基寨航拍示意图

　　调研当天是牛角寨乡集日，在姆基中寨没找到了解历史的老人，只看了孔春侯家的土坯房。按孔春侯自己的说法，他属于彝族，尽管语言和着装都已经哈尼族化了，但是住宅内的布局还保持着彝族的传统。寨子里以杨姓人最多，姓孔的只有 3 家，另外姓李的有 2 家，姓马的 1 家，姓石的 1 家。神树林在公路上方，也是寨子西北面的上方。这个寨子是过苦扎扎节的，地点是在寨脚。

　　孔春侯的住宅是三间一厢带院子的，正房和厢房均为两层。大门位于左手边，正对着厨房灶台。正房三间，当心间通高，靠后墙设神案。右手边是卧室，左手边放杂物。厢房现在底层为餐厅，原来是养牛的，厢房二层现在是卧室。屋顶原先是茅草顶，十几年前改为石棉瓦顶。从这座住宅的正房看，彝族的特点还是很清楚的（图 11-05 ～图 11-07）。

图 11-05 姆基中寨局部

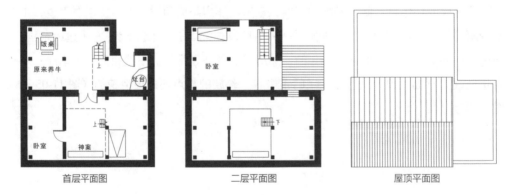

首层平面图　　　　　　　　　二层平面图　　　　　　　　　屋顶平面图

图 11-06 孔春侯住宅平面图

图 11-07 孔春侯住宅外观

姆基新寨，据一位马姓村民说，有车姓 10 户，马姓 3 户，杨姓 1 户，罗姓 1 户。马姓是彝族，30 多年前从大寨搬下来的。其他均为哈尼族。

我们在姆基新寨采访到一位名叫车克然的老人。车克然，哈尼族，现年 72 岁，其家庭成员还有妻子吴岩更（70 岁）、二儿子车勇和孙女。大儿子车模龙已经去世。据车老人说，车家人是最早一批到新寨定居的，迁来之前他们先后在牛角寨乡欧乐村的骂哈寨和姆基中寨住过。

车克然老人的爷爷是民国时期的人，原住骂哈寨，经济条件不错，但是上交给土司的粮食也比较多。为了少交粮食，爷爷搬家到了姆基中寨（当时有亲戚住在姆基寨）。爷爷有两个儿子。父亲车居山，是大儿子，"不干活，爱抽鸦片"，不过人缘挺好的。爷爷去世后，父亲和叔叔才分的家。

在车居山的提议下，中寨车姓一共七家人，将现在姆基新寨的地皮买下，并搬迁过来。当时这里的土地是属于骂哈寨的，"原本说好是各家凑钱，但其他几家穷，父亲就都给垫上了，最后全由我家出的钱。"七家人还约定，如果哪家将来要搬走，也不能将地皮卖给外人。

车居山生了三男两女，车克然是小儿子，是在搬来的五六年后出生的。以此推算，车家搬迁至姆基新寨大概是在 1935 年。七家人搬来之后的十几年内，又陆续迁来了吴、马、杨、罗姓人。他们大部分也是来自骂哈寨，有一家则是从脚弄村委会的堕尼寨迁来的。

新寨现在的咪谷是车嘎普。贝玛（即摩匹）有几位，其中法力较好的两位是车嘎普（兼任）和罗高然。给车家背家谱、住持葬礼的贝玛是欧乐村的王罗哲。

车克然曾经做过村小组长，也曾经做过两三年的咪谷。这个寨子对成为咪谷的条件是成了家就行，不限姓氏，不限年限。上任咪谷卸任后，几个合适的候选人每人要拿一对公鸡的上臂骨，往四个孔里插竹签，然后请由贝玛看，好的当选。

寨神林位于寨子的上方，是七家人刚搬来的时候就选定的。昂玛突节选正月属牛的日子。祭寨神树时，各家凑钱买鸡、鸭、猪，每家出一个代表，下午杀猪后在山上煮，现场把不好分的猪头、内脏（不包括猪肝）、尾巴等吃掉，其他的"神肉"每家分一点。"神肉"拿回家煮熟后，用碗装好，连其他饭、菜、酒等祭品，放在托盘上，先献给祖先（即主人卧室里用两块突出墙面的砖块托着的竹编，其下方还垂着吃新米饭时摘的稻谷穗），再献灶堂，然后献门（指二层的大门）。"献饭"时小孩子要磕头（大人不磕），"神肉"一定要让小孩子吃掉。

新米节，要吃新米饭，是在稻谷差不多成熟的时候。按理应该是农历七月的属龙日，但也不一定在这一天。有的人家在过苦扎扎节时就去田里献过饭，到这天就不献了。早上太阳出来之前，女主人要到田里去割 3 或 9 根稻穗，放在背笼里。背笼是圆口的，上大下小，高约 1 米，有两根背带。背回家之后，稻穗挂到篾制祭台下。下午吃晚饭前，杀一只鸡和一只鸭，由家里的一个男人（不一定是男主人）到自家最高的一块田的水口处去献饭。献饭时，要在田间支起方形篾桌，将鸡鸭的内脏、头、脚和酒、水、饭等放在桌上，祈求好收成。

苦扎扎节是农历的六月二十四日，时间和彝族的火把节一样。欧乐村那里的苦扎扎节，一般比新寨这里早十一二天。第一批村民搬到新寨的头些年，苦扎扎节是和中寨一起过的，现在是在寨脚的村口处。苦扎扎节一共过四天。第一天是杀鸡、鸭，仪式类似于新米节。第二天杀牛祭祀。第三天，别寨的人来串寨子，一起吃饭、喝酒。第四天打秋千、磨秋，傍晚时贝玛要砍掉秋千绳，再将其烧掉。

欧乐村的苦扎扎节期间，村民还在自家房内（多在一层）用板栗枝为小孩子搭起秋千。最后一天，当大秋千绳烧掉后，各家也将自家的秋千解下，先在家内各处敲打

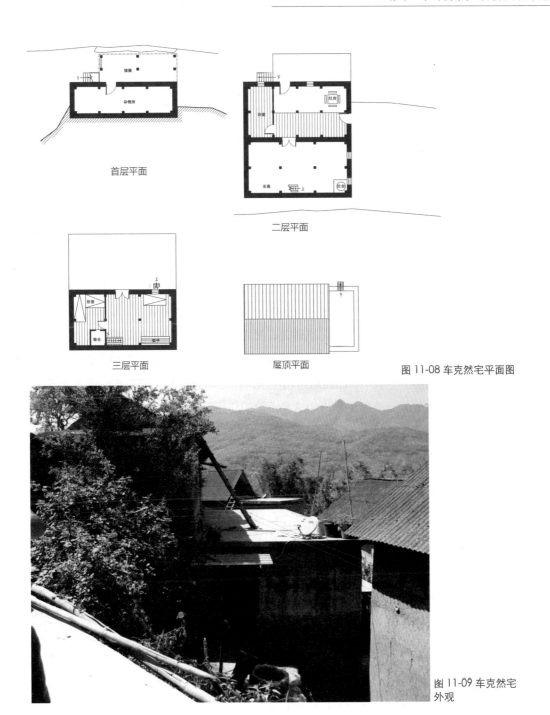

首层平面

二层平面

三层平面

屋顶平面

图 11-08 车克然宅平面图

图 11-09 车克然宅
外观

后，也将其烧掉。

车克然的房子，原先也是双坡的茅草顶。现在的建筑是 3 层加阁楼，空间较大，布局有点类似大顺寨的傣族民居（图 11-08、图 11-09）。

小结

在元阳县各民族呈立体分布的总体格局下，牛角寨乡无疑是一个相当特殊的案例。它就像一个熔炉，"搅乱"了原先的秩序。但是，与如今的"民族大融合"经常导致民族特点几近消失不同，牛角寨乡这个熔炉并没有让民族文化大面积消失。在牛角寨，各民族之间互相学习，互相"拿来"，还在此基础上做一些再创造，从而形成纷繁复杂的，同时也是妙趣横生的民族交流现象。面对这些复杂而有趣的问题，本篇小文只能说是为分析它们开了个头。更多、更深入的田野工作，还等待着我们去做。

牛角寨乡的例子也说明，民族通婚和民族同化之间有着密切的关系。通常情况下，通婚可以为同化架起一座桥梁。因为这种桥梁的作用，元阳县的少数民族在传统上大都不鼓励甚至严禁与族外通婚。

第十二章
梯田里的耕牛

罗德胤 孙娜

前面两章我们讨论了元阳梯田里的人，现在我们要说一说梯田里的动物。梯田（包括梯田中的村寨）里有很多动物，比如牛、猪、狗、鸭、鸡、鹅、鱼、泥鳅、青蛙、田螺等。它们之中，最重要的莫过于耕牛。耕牛在梯田中随处可见，也许是因为它们太普遍了，所以反而容易被研究者们忽视。我们第一次注意到它存在的特殊性，是在一次葬礼上。

引子：一次葬礼

2012 年 6 月 9 日，云南省元阳县上主鲁老寨的村支书家杀了六头水牛。杀牛，是因为要办葬礼。支书的母亲是在一个星期前去世的。上主鲁老寨是个哈尼族的寨子，按当地的民族风俗，老人去世后要通知村里村外的亲戚，等亲戚们来吊唁之后才能下葬；亲戚们来吊唁，并不是单枪匹马地来，而是以村为单位"成建制"地来；当然来的时候不是空手，要带上祭品。在各种祭品中，水牛是最重要的一项。元阳哈尼族人认为，人死之后到了另外一个世界，还是要耕地的，所以要带上水牛。

这次葬礼所杀的六头水牛中，一头是村支书家自己养的，五头是有姻亲关系的亲戚家送来的——具体说来，一头来自支书母亲的娘家，支书两个姐姐的婆家"凑份子"送来了一头；支书母亲有三个儿子，三个儿媳妇的娘家各送来一头。这些牛杀了之后，都被葬礼的参加者分享。

葬礼上杀水牛的现象，在元阳的哈尼族寨子里是相当普遍的。根据不同村寨的多位村民的反映，元阳哈尼族人平均每次葬礼上杀掉的水牛是四到五头。这个数量相当可观。元阳的哈尼族人口有十几万，加上受其影响也有此风俗的傣族人和部分彝族人，每年因葬礼而杀掉的牛估计不下一千头。这么一种"成规模宰杀耕牛"的现象，引起了我们的好奇。

水牛在农业社会是重要的生产工具。根据我们之前的认识，耕牛作为农业社会重要的生产工具，长期以来是受保护的。历史上多个朝代的政府曾颁布保护或禁杀耕牛的政策。比如汉朝规定，只有年老体衰的牛才可以被杀掉。唐朝的法律也规定，只有自然死亡之牛才许吃肉。宋人洪迈在《夷坚志》中有"食牛梦戒"一篇，说泰州一人因酷嗜牛肉而梦到被官府抓走，从此戒食。民国时期的 1930 年，经于右任提议，由内政与农矿两部会商后制定了五项关于耕牛的措施，包括禁止宰运耕牛、积极提倡养牛、厘定保护耕牛规则、奖励牛种和禁止贩运耕牛出口。[1]

那么，为什么元阳的哈尼族会盛行在葬礼上杀牛呢？为了回答这个问题，我们还要从元阳的梯田环境说起。

梯田环境与牛的种类及分布

元阳县位于云南省南部，哀牢山南段的红河南岸。境内山高谷深，沟壑纵横，最低海拔为 144 米，最高海拔为 2939.6 米。受山地季风影响，元阳有着典型的立体气候，"一山分四季，隔里不同天"。元阳县内从低海拔到高海拔可分为七种气候类型[2]，元阳县内的哈尼族、彝族、傣族、壮族、苗族、瑶族等民族，也随海拔呈现立体分布。人口最多的哈尼族和彝族，分布在中高山区，从事一年一熟的梯田稻作农业。人口较少的傣族，多住在海拔较低的河谷地带，水稻一年两熟。人口更少的壮族，居住在中低山区，水稻多一年两熟；苗、瑶族分布在高山地带，多从事刀耕火种的原始农业或以采集、狩猎为生。

在元阳的牛主要有水牛和黄牛两种。水牛是元阳县内最常见到的大牲口，是耕田

---

1. 王加华 . 环境、农事与耕牛 [J]. 中国农史，2008（1）：32 ~ 40
2. 云南省元阳县志编纂委员会编纂 . 元阳县志 [M]. 贵阳：贵州民族出版社，1990：116

的主要生产工具，广泛分布于县内海拔 2000 米以下的区域。这里的水牛属于沼泽地型的水牛，外形粗壮，体重可达 1 吨，颈细腰平，胸宽腹圆；蹄大坚硬，耐浸泡，膝关节和球节运动灵活，能在泥浆中行走自如，所以比较适于梯田耕作。[1]

图 12-01 水牛

黄牛虽然在全县各地都有分布，但主要集中在马街乡、南沙镇、上新城乡和小新街乡这几个海拔较低的地方。[2] 哈尼族的寨子大多在中高山区，黄牛是比较少见的。这里的黄牛属亚热带山地黄牛，被毛多呈红棕色，体型较北方及平原品种为小，体质结实，耐热耐旱，善于爬山及野外采食。除少数体强力壮的参加劳役外，均为闲养，专供食用。

水牛的汗腺不发达，排汗能力远不仅黄牛。因为热调节机能较差，夏季时水牛常在池塘中浸泡、打滚，借以散热（这可能是它被称为"水牛"的原因）。水牛的肉质较粗，作为肉食其口感不如黄牛好。不过，水牛的役力比黄牛强很多，所以元阳农村的耕牛绝大多数是水牛。

水牛和黄牛的不同特点，决定了它们不同的分布范围、用途和饲养方式。生活在 2000 米以上的苗族和瑶族，其生产方式决定了他们不需要耕牛。分布生活在中高山区

---

1. 由于元阳县志中对牛品种无介绍，水牛、黄牛品种参照临近的红河县，详见：云南省红河县志编纂委员会编纂.红河县志 [M].昆明：云南人民出版社，1991：163
2. 云南省元阳县志编纂委员会编纂.元阳县志 [M].贵阳：贵州民族出版社，1990：128。小新街乡最高海拔 2781 米，最低海拔 170 米，相对高差达 2611 米。

图 12-02 土锅寨是个彝族寨子，这里的村民也养黄牛

的哈尼族，主要饲养水牛，基本不饲养黄牛。平均海拔稍低的彝族，也主要饲养水牛，但同时也饲养少量黄牛。在河谷地区的傣族村寨，水牛依然是重要的生产工具，但黄牛养殖的数量要多于水牛。傣族人养殖黄牛，主要不是用于耕作，而是为了肉食。因为肉源供应比较充足，元阳的县城南沙镇[1] 上出现了不少专门做黄牛肉的餐馆。"南沙黄牛肉"，是远近闻名的一种食品（图 12-02 ～图 12-05）。

图 12-03 南沙的牛肉干巴。宰杀后的黄牛，肉切成条，用盐巴、辣椒和香料淹制，可保存相当长的时间。烹制方法：切片后入低温油锅软炸，是一道口感酥软的下酒菜；也可入高温油锅，则成为一种耐嚼的零食

1. 位于元江南岸，海拔 200 米左右。

图 12-04 牛角寨乡赶集日，牛市的黄牛区

相比于平原，在山区上行走要花费更多力气的，不管是人还是牛。不过，地形还不是导致元阳耕牛劳动量较大的主要原因。最主要的原因，还是传统的精耕细作农业。哈尼族和彝族人的传统作物是高杆红米稻。为了提高产量，他们要对土地进行"三犁三耙"。犁即犁田，是将下面的土翻到上面来，以便养分均匀。犁田时，水牛在前架着犁铧，人在后面扶犁并驱赶牛向前走。耙即耙土，旨在碎土、平地和消灭杂草。水稻收割后，进行第一次犁、耙；来年插秧前，再进行两次犁、耙。由于海拔高度不同，水稻的生长进度也不一样，因此元阳各地梯田犁、耙的时间也有差异。以海拔1870米的全福庄中寨为例，是在头年的十月份，即收割后修过田埂之后进行第一次犁田；来年二月进行第二次犁田和耙土；三月份插秧前十天进行第三次犁田、耙土。经过"三犁三耙"，能将土壤踩松，也使稻秆充分而均匀地揉到田地里，给土壤足够的养分，提高水稻的产量（图 12-06）。[1]

---

1. 据有的村民反映，现在很多人也做不到三犁三耙了，因为那样耗时长，劳动量大，"不如用来打工划算"。

　　关于水牛的辛苦劳动，哈尼族人还流传着一个故事。传说很久以前，人间一片迷蒙混沌，人们五谷和草木不分，过着艰难的生活。天神看此情形，觉得过意不去，就跟他的一个助手水牛说："你去人间告诉人们，草木要人栽，五谷遍地长，两日吃一餐。"水牛来到人间，因为记忆不好，把天神的话传错了，说成了"天神让我来告诉大家，今后的五谷要人栽，草木遍地长，一日吃两餐"。人们按水牛的话去做，结果生活更苦了。天神知道水牛传错话之后，大怒，对水牛说："从今天起，你就到人间去帮他

图 12-05 新鲜牛血拌生苤菜，是一道具有哈尼族特色的菜肴

们干活，减轻他们的负担。"水牛不得不听天神的话，从此在人间乖乖地替人犁田。人们知道水牛原是天神的助手，也很爱护它。[1]

　　哈尼族和彝族人犁田和耙土都用水牛，其原因除了水牛力气比黄牛大之外，还因为水牛两岁时即可以在脖子上挂扼，而黄牛则要长到四岁才可以。

　　傣族居住的河谷地带，年积温高，最适合水稻生长，一年能种两季。而且，傣族人种田也不用像哈尼族或彝族那样"三犁三耙"，只需在头季稻插秧前"一犁一耙"即可（也是用水牛）。在两季水稻之间，傣族人也不需要再次犁地，只需"踩田"之后就能插秧。所谓"踩田"，就是把一批黄牛赶到田里，一通乱踩，使稻秆揉到泥地里。用黄牛，因为黄牛的蹄子小，踩得深，而水牛的蹄子宽大，用来踩田的效果远不如黄牛。

　　河谷的地形较平，农田大都是河流冲击出来的肥沃土壤。所以，不管是从耕作还是从地形来说，河谷地区农业劳作的劳动量比中高山区小得多，但产量却明显要高。傣族人有"一年种，三年吃"的说法，意思是说一年种的稻谷够三年的口粮。

1. 此处参考了：南马 . 无字诗篇——哈尼族口传文化与梯田农业 [M]. 昆明：云南美术出版社，2010：164～165

图 12-06 哈尼人用水牛犁田

牛的食料

不管是水牛还是黄牛，都以山上的青草为主要饲料。除青草外，食料还包括稻草、谷糠、玉米、黄豆壳等。稻草是仅次于青草的饲料，各家在收割稻谷之后自行储备。若过节或全家人都因太忙而无法出去放牛时，就用稻草来喂牛。谷糠和玉米只有在农忙的时候才喂，量不大。新鲜的黄豆壳也可以喂牛，但只能是新鲜的，不能储存，只占牛饲料的很小一部分（图 12-07）。

图 12-07 晒干的稻草，背回家可以做牛饲料

　　元阳县是山区，青草资源比较丰富，这为牛的饲养提供了良好条件。据《元阳县志》的统计，元阳县有效的草场面积为 188.27 万亩，占全县总面积的 56.61%；这些草场又分为山地草丛、疏林草场、林间草场、山地灌木草丛及其他草场类等五类。[1] 哈尼族和彝族所在的中高山区，主要是疏林草场和林间草场。傣族所在的低海拔地区，受河谷干热气候影响，主要是山地草丛和山地灌木草丛。因为草场类型不同，放牛的方式也有很大差异。在山地草丛和山地灌木草丛，由于乔木很少，视线几乎没有遮挡，当地的傣族农户在放牛时不用派专人去看管，只需不时远远地看一眼，甚至听听牛铃的声音即可（各家在牛铃上打结的位置不同，导致牛铃的声音有差异，有经验的人可以分辨出来）。从秋收结束后到次年初春，傣家人甚至让水牛在夜间露宿野外，连家都不回，俗称"放野牛"。可见，不管是放牛的人力成本，还是青草资源的丰富程度，傣族所在的河谷地区都比哈尼族、彝族所在的中高山区要有利得多。河谷地区的傣族

---

1. 云南省元阳县志编纂委员会. 元阳县志 [M]. 贵阳：贵州民族出版社，1990：127

人，也充分利用这一环境的生态优势，他们在饲养少量水牛之余，还饲养了很多主要用于肉食的黄牛。

有的哈尼族或彝族的寨子，因为林地里的青草多，也能做到不喂稻草就能养牛。元阳县林业局的何副局长是哈尼族人，家乡在俄扎乡 [1] 哈脚村委会的阿树村 [2]。据何副局长说，阿树村周围的山上青草很多，即使农忙时节也不用喂稻草。具体的时间安排是这样的：早上起来，先把牛牵到山上去吃草，早饭后（九十点钟）牵着牛下田；下午三点左右一天的劳动结束，再牵牛到山上吃草，傍晚时回家。

牛的饲养

现在的元阳农村，牛多是以家庭为单位进行饲养的。河谷地区的傣族人家，养黄牛的数量比较多。[3] 而水牛的数量，不管是哪个民族，都以满足自家耕作需要为前提。目前元阳农村的人均水田多在 0.5 亩左右，家庭人口以 4～6 口为多，也就是说，户均水田不超过 3 亩。耕牛的使用有着明显的季节性。据一些村民说，一头成年水牛如果耕作 100 天，大致可完成 10 亩水田的劳动量。因此，对于多数农户而言，一头水牛只需工作几十天，就可以满足自家的要求了。

我们在调查中发现，现在哈尼族和彝族的养牛户，以一户养两头水牛的为常见。这两头水牛，一头是成年母牛，另一头则是小牛。小牛如果是母的，多半有机会长到成年并成为耕牛。如果是公的，多数在成年之前就会被宰杀——自家宰杀或卖给别人家宰杀。只有少数公牛会被养到成年。公牛的力气比母牛大，劳动效率高，为什么反而养得少呢？原来，母牛的脾性一般比公牛温顺，犁、耙田时容易操控，而公牛的脾气"倔"，只有那些"善于掌牛"的人才驾驭得了。不被宰杀的公牛，一部分会在阉割之后养大，成为没有繁殖功能，但力气比较大的耕牛。不阉割的公牛，就要担负起传宗接代的责任。

以家庭为单位来养牛，且一户养两头水牛的现象，在 1956 年土地改革之前也是比

---

1. 位于元阳县西南部，西接绿春县。
2. 海拔 1520 米。
3. 据元阳县政府的一位年龄约 25 岁的工作人员杨春说，她外婆家在河谷边的寨刀村；寨刀村是个傣族寨子，有八九十户人，其中不少村民的家里养了五六头黄牛，还有一户养黄牛专业户，养了二三十头黄牛。

较普遍的。那时的元阳农村，尽管在田地占有上有着明显的阶级分化现象，[1] 但完全没有农田的雇农也是很少的。有农田但不多的中农和少量农田的贫农，是构成一般村寨里人口的主流。只要是有农田的人家，就有养耕牛的积极性和必要性。《云南彝族社会调查》一书里记载了元阳县马街乡阿路戛彝族寨土地改革之前的情况：全寨共有 47 户人，49 头水牛，18 头黄牛；其中地主 1 户，有水牛和黄牛各 2 头；富农 2 户，共有水牛 5 头，无黄牛；中农 21 户，共有水牛和黄牛各 31 头和 16 头；贫农 21 户，共有水牛 11 头，无黄牛；雇农 1 户，既无水牛，也无黄牛；地主、富农、中农和贫农拥有的水田，分别占总数的 6%、18%、60% 和 16%。[2] 中农户均 1.5 头水牛，贫农户均只有 0.5 头水牛。而占有水田达 24% 的地主和富农，户均也只有 2 ～ 2.5 头水牛（图 12-08）。

图 12-08 养两头牛的农家，摄于垭口村

母牛长到四岁便可以开始繁殖后代，"三年两胎"，一直到十岁左右。生下的牛犊，到一岁出头便可以上市交易，售价为一千多元。除非年长的那头母牛到了接近退役的年龄，需要一头小牛来"接班"，否则很少有人家会把小牛养到两岁以上再卖，因为两岁的小牛售价与一岁的差别不大，那多出的一年是"白养了"。饲养母牛比饲养公牛，平均每年能多收入六七百元。如果按一头母牛一生能下六只崽来计算，总共能多

---

1. 比如，《元阳县志》（1990 年，第 627 页）说，在麻栗寨人口不到 10% 的地主、富农，占土地 48.9%。
2.《民族问题五种丛书》云南省编辑组.《云南彝族社会历史调查》[M] 北京：民族出版社，2009 年 06 月，第 231 页。

图 12-09 放牛的妇女

图 12-10 公路边放牛，这些牛可能
是几家人合在一起放的

图 12-11 阿者科村有条进出村子的
石板路，这里也是水牛们每天的必
经之路

收入 4000 元左右，这对于现在人均年收入不到 1000 元的农民家庭来说是很可观的（图 12-09 ～图 12-11）。

在"三犁三耙"之外的其他时间，属于牛的"假期"。牛的"假期"是相当长的，这段时间牛不用干活，但是得有人看着。在白天，人们经常要把牛放到山上去吃草。放牛算不上技术活，却要费不少人工。如今，这项工作多是落在老人身上的，其次是背着小孩的妇女。在过去，放牛的"主力"是七八岁到十来岁的小孩，尤其是女孩（因为稍大点的男孩就要帮着大人下田劳动）。1950 年之前的元阳农村，孩子们大多是不用上学的，所以早早就帮着大人干农活和家务活了。1950 年之后，一直到 1990 年前后，因为农村的小学下午放学早，很多小学生放了学就得去放牛。我们在元阳遇到过不少年纪在三十来岁的哈尼族和彝族人，在问到有无放牛的经历时，他们都会面带微笑地回忆起那段兼有甜蜜和苦涩的岁月。元阳县梯田管理局的司机小杨，是新街镇人，今年 28 岁。他小时候就经常放牛，还喜欢和小伙伴们把两家的公牛牵到一起，看牛打架，"有时候牛角顶得流血，回家还挨骂"。阿者科村的普永贵家，以前养了一头牛，普永贵（出生于 1956 年）的两个女儿出嫁后，因为老伴生病，儿子、儿媳又要照顾两个年幼的孙子和孙女，没人放牛，就不养了。

显然，一家农户的水田远不能充分发挥水牛的作用。为了让水牛的作用更充分，也为了节省放牛的人力，有些人家就两户甚至三户合起来养一头水牛。当地人将这种行为称之为"分边养"。合养牛的人家，可能是亲戚，也可能是关系好的两三家人。合养的方式，或者是"一家出钱，一家出力"（一家负责出钱买牛，另一家负责养牛），又或者是"一起出钱，一起出力"（买牛的钱两家分担，放牛的人工也两家分担，比如每家各管一个月）。如果合养的是母牛，那么在决定合养之前，这两三家人要商量好它生了小牛之后如何分配——通常的情况是轮流，今年这胎分给这一家，明年那胎就分给另一家。到农忙的时候，合养牛的人家也要商量好时间，轮流用牛。阿者科村的马金亮老人（生于 1941 年），三个儿子都已经结婚，其中小儿子和老人同住，大儿子和二儿子则已搬家至约 500 米之外的牛倮普村；这三家人一共有 7 亩水田，合养了一头水牛。元阳县梯田管理局的陈云同志，老家是牛角寨乡二村的，在 1980 年代他上小学的时候，他家和另外两家人合养了一头成年母牛和一头小牛，他自己"每天下午放学之后都要去山上放牛"。

分边养也有问题。最大的麻烦，是用牛总要和另一家人商量。另外，当牛生病时，按通常的规矩，养牛的那家是不用出钱给牛治病的，而是由出钱买牛的那家人负责；如果牛因病死亡，养牛户也不用给买牛户任何赔偿。之所以有这样的"规矩"，自然是因为养牛的这家人本来就穷，经济上的责任不得不由买牛户多承担，但这对买牛户而言就不大公平。只要条件允许，农户们还是喜欢自家养一两头牛的。通过"分边养"，原先无牛的这家人可以在小牛出生之后得到一头完全属于自家的牛，这也是他们愿意"分边养"的一个原因。

还有一种合养牛的方式是结"牛亲家"。元阳立体气候明显，不同海拔的村寨在水稻种植和耕牛使用的时间上也产生差异。于是就有不同村寨之间的农户通过合养耕牛的方式，利用起了这种时间差。因为是在不同村寨之间的合养牛，关系有点像联姻，所以当地人形象地称之为"打牛亲家"（打，即结的意思）。结"牛亲家"常见的情况，是中高山区的一户哈尼族或彝族人与河谷区的一户傣族人共养一头牛，这样最能发挥海拔的差异作用。据《红河县志》载："冬春河谷气候温暖，水草不枯，由傣家放牧；夏秋河谷气候炎热，半山哈尼族地区气候适宜，由哈尼族饲养。所产牛犊双方共同所有，老畜宰杀均分。逢年过节，牛亲家互邀为客，友谊数代相传。"[1]《云南彝族社会调查》里记载的阿路戛彝族寨，"这里由于畜牧较少，几家合养一条水牛，和乌渗傣族打'牛亲家'的很多"。[2]

在20世纪50年代土地改革之前，尤其是在一些田地分化较为明显的村寨，富户与穷人家"分边养"牛的现象比较常见。比如元阳县温凡副县长（生于1969年）的爷爷，是1940年代时牛角寨乡摆依寨（即解放后的一村）最大的地主，他家在将田租给农民种的同时，也将牛交给该户养。母牛生的小牛，第一胎归农民，第二胎归地主，如此轮流。

在土地改革之后的集体生产时期，牛属于村集体所有，放牛算工分。不过，此时的养牛也依然是以家庭为单位的。温副县长的爷爷在土改时被划为地主，[3]家里的田产和大牲口大部分被没收并分给了贫农，一座"有大院子的房子"也成为生产队的公房；

1.云南省红河县志编纂委员会编纂.红河县志[M].昆明：云南人民出版社，1991：99.红河县位于元阳县西边，两县的气候与风俗相近。
2.《民族问题五种丛书》云南省编辑组 云南彝族社会历史调查[M].北京：民族出版社，2009（06）：231
3.据温副县长说，他爷爷共三兄弟。老大曾在民国时期当过保长，1950年解放后任乡长、县政协副主席。老二跑马帮，往返于元阳和建水。老二是温副县长的爷爷，负责看家。温家在解放前是牛角寨乡上最大的地主。

这座公房是用来给生产队开集体大会的（其中一项就是批斗原户主），同时它的大院子也用来关养生产队的水牛；而负责放牛的人，就是温家。据温副县长回忆，在他10岁之前他家为生产队放的牛有7头。另据上主鲁老寨村民李松荣老人（出生于1942年，哈尼族）回忆，该村生产队时期的水牛是分养到几户人家的，每家养两三头。[1]

牛的关养

在大多数情况下，水牛和黄牛都是白天放牧（或耕作），晚上关养。不过，各民族在牛的关养方式是有差别的。哈尼族和傣族都将牛圈设在住宅的底层，位于人的住房的下面。壮族是将住宅底层前方一排耳房的一侧用来关牛（另一侧用作厨房）。彝族人则在住房外另建牛棚（此法近年也为壮族所用）。哈尼族、壮族和傣族关养牛方式，都属于人畜共居。彝族人关养牛的方式，属于人畜分离。这两种方式应该说是各有好处的。人畜共居，有利于节地和看管，但不利于健康卫生。人畜分离，有利于健康卫生，但占地较多，也不利于看管。

同为中高山区的哈尼族和彝族人，采取了截然不同的关养牛方式。温凡副县长认为，这体现了这两个民族对耕牛的不同态度——哈尼族人让牛住在自己的楼下，是体谅牛犁田辛苦，要把耕牛当做自家人一样看待，而彝族就没这个讲究。

壮族人关养牛的方式，可以说是哈尼族人和彝族人的折衷。哈尼族住宅的底层，虽然也用来放农具，但这里基本上是被牛占据的，可以称之为"牛的空间"。彝族住宅的底层，则全部为人所用，是"人的空间"。而壮族住宅，底层的主体仍为人所用，只是将"外间"的一半分给了牛。这么一来，看管牲口、不让它被人偷走或被野兽叼走的目的达到了，同时又不减少人的居住面积。

同样是将牛关养在住宅的底层，哈尼族人可以说是一种主动选择——本来是有条件另设牛棚的，但主观上无此愿望。而傣族人，就可能是不得已而为之了。河谷地带的干热气候，使得这里的傣族住宅与其他几个民族的住宅有一个最大的不同——傣族

---

1. 新街镇政府工作人员钱光荣（生于1968年）说，根据他在几个哈尼族和彝族寨子了解到的情况，生产队时期哈尼族寨子里的牛多是分散到农户家里关养的，而彝族寨子里的牛多是利用没收的地主或另建一个大的牛棚来集中关养的；其原因在于，哈尼族人用住宅底层来关养牛的传统做法，比彝族人在住宅旁边另建牛棚的做法更有利于牛的健康，而且彝族传统的牛棚太小，一般无法关养三头以上的牛。不过，这只是一个很粗略的印象，还需要更多的实地考察才能证实或证伪。

人家常是若干户左右互连的，形成一片又一片的团块，团块之间是窄窄的巷子。如此布局，可以在最大程度上制造阴影，减少阳光直晒。而在这种居住肌理下，连树的生长都是缺乏空间的，更不用说建造独立的牛棚了。

耕牛关养位置的不同，也可能与各民族受汉民族文化影响的程度有关。彝族和壮族是这四个民族里受汉族文化影响较多的民族。我们或许可以做这样的解释：生活在元阳山区（尤其是气候湿润多雨的中山区和中高山区）的"原住民"，出于避开地面潮气和便于看管牲口等方面的考虑，最初都选择了底层养牲口、二层住人、三层放粮食的居住模式；后来随着汉文化的影响和渗透，其中有的民族就接受了将牲口移出户外的观念。聚起壮族寨卢忠兴家就经历了将耕牛由室内移至室外的过程。聚起寨，是一个外出打工者较早而且较多的寨子。1992年，卢忠兴按传统方法建了一座住房，由两层的主体和一层的外间组成。外间是厨房和关牛，装有栅栏门。从外间进到主体，还有一道正式的大门。大约在10年前，他在住房的旁边搭了一牛棚，把牛迁到牛棚去了。

不管是水牛还是黄牛，牛粪都是重要的肥料。哈尼族的村寨，几乎家家有肥塘。所谓肥塘，就是位于住宅旁边的一个小池子，专门收集牛粪。哈尼族人有两种方式将牛粪肥送到梯田里。一种是晒干之后用背篓背（湿的太重，也会漏）。另一种是"冲肥"——在寨子里选择位置合适的一两处，通过水渠将粪肥直接冲到梯田里。晒干的牛粪，也经常被用作燃料。

哈尼族人（以及其他民族）将牛粪晒干的方法，是把牛粪团成圆饼状，糊到土坯墙上。当几十个牛粪饼整整齐齐地排列在土坯墙上时，就成为一种特殊的装饰（图12-12～图12-14）。

图12-12 肥塘，主要是用来存放牛粪的

图12-13 贴在墙上的牛粪

图 12-14 存放稻谷的竹筐，外表要用牛粪涂抹

节日的牛

元阳各少数民族都有自己的民族节日。在有的节日上，会举行隆重的、以寨为单位举行的公共祭祀活动。在这些节日中，和牛有密切关系的是哈尼族的"苦扎扎"。

"苦扎扎"也称六月节。时间是在农历六月的属狗日至属鼠日三天，地点是在"磨秋场"——一个位于寨子与梯田之间的场地，架有秋千和磨秋（一种类似跷跷板的、可以旋转的木质游戏设施）。六月节正值春耕栽插的忙季已过，梯田里禾苗打苞、抽穗、扬花，所以有预祝好收成的意味。

六月节的第二天中午，头人助手采集用来包牛肉的芭蕉叶。每户派成年男性为代表到磨秋场和头人一起杀一头公水牛。杀牛前先将牛头、牛脚冲洗干净，意为洗掉"邪气"。然后割下牛的睾丸，再将牛杀掉。头人先将牛鞭挂在磨秋柱上祭祀，然后用部分牛肉祭祀，并将牛的下颌骨挂在磨秋房的木梁上。牛头和牛脚由参加祭祀的人一起享用，牛肉、牛骨和牛皮则均分给村民，用芭蕉叶包着带回家。

关于六月节的来源，哈尼族流传着这样一个传说：哈尼族开辟梯田过程中火烧森林，毁掉了大量的生灵的居所。它们到天神那里告状，天神就下令每当梯田栽种完毕，就要杀一个男人来祭祀动物亡灵。人祭后来演变为用公牛祭，但村民要转磨秋、荡秋千来象征受到惩罚，以慰动物亡灵。

这个传说解释了六月节的来历，但没说明为什么用水牛，而不是用别的动物来做祭品。笔者认为，用梯田里耕作的水牛做祭品，根源在于农业。这与磨秋场的空间意义也是呼应的：磨秋场位于寨子和梯田之间，代表着人与田的联系。在这个地方举行祭祀活动，只有用水牛做主祭品才合适。

哈尼族还有另一个同样重要的、也要举行公共祭祀的节日——昂玛突。昂玛突多在二月举行，也称为二月节。二月节期间，最重要的活动是在位于寨子和森林之间的寨神林里举行祭祀活动。主祭品是一头猪。为什么是猪，而不是其他的什么动物呢？笔者认为，这和六月节用水牛做祭品的道理是一样的。家猪的前身是野猪，而野猪是生活在山林里的。寨神林的空间意义是代表了人与森林的关系，所以用猪来做主祭品才最合适。二月节和六月节的主祭品，是绝对不可以互换的。

哈尼族的端午节，也是一个和耕牛有着密切关系的节日。哈尼族过端午节，可能是受了汉族的影响。不过，至少在元阳，哈尼族是有两个"端午节"的。一个端午节是在农历五月初五，和汉族的一样。另一个则是在公历的 5 月下旬，比农历五月初五大概早 20 天。有的村寨过前一个端午节，有的村寨过后一个端午节，具体视其传统而定。公历 5 月的端午节，在哈尼族语里叫"纽南南"，就是"牛歇息"的意思。这时，也正好是元阳哈尼族的梯田都插过秧，牛开始闲下来的时候。可见，元阳哈尼族人过"端午节"，最初是给耕牛过的一个节日。后来因为它和汉族的端午节日期接近，所以也称作端午节了。和汉族人一样，元阳哈尼族人在端午节里也吃粽子，不过在人吃之前，要先剥一个粽子混在稻草里，喂牛吃，以奖励牛的辛勤劳动。

葬礼的牛

哈尼族人在葬礼上宰杀耕牛，原因其实和六月节上杀牛、端午节上喂牛吃粽子是类似的，根源都在于农业。哈尼族人一辈子在梯田里操劳，水牛是不可或缺的生产工具兼劳动伙伴。哈尼族人认为，人死之后到了另外一个世界，也是要耕种梯田的，所以也不能少了牛的陪伴。否则，就要靠自己下田劳动。这种劳作的艰苦程度，是让人难以承受的。如何让一个人在"彼岸"也有牛可用呢？方法就是在这个人的葬礼上用牛做牺牲，让牛伴随他（她）一同到那个世界。

牛是价值不菲的殉葬品。葬礼上宰杀耕牛的数量，既是衡量葬礼隆重程度的标杆，也是亡者社会地位和家庭经济情况的反映。按元阳哈尼族的传统，普通人去世，其葬礼上主家要杀一头牛；家庭条件中上、威望高的人家，杀两头牛；当过官的，可以杀三头牛。

哈尼族葬礼特别讲究仪式，而仪式的繁复程度，也是按杀牛的数量来划分等级的。地位不同的摩匹，能主持的葬礼的等级也不同。比如麻栗寨李主义兄弟俩都是摩匹，大哥李主义是大摩匹，可以主持三头牛的葬礼，弟弟是小摩匹，只能主持一头或两头牛的葬礼。

为了表达神圣性，摩匹在杀牛时不能用普通的刀具，而要用他自带的一把专门的铁刀。杀牛的地点，也不能随意，而要在老水井旁边。杀牛之前，摩匹还要做一番简单的祭祀仪式。牛宰杀之后，牛头给葬礼的主家，部分肋骨给摩匹，其他的由牵牛者处理——通常情况，是抬到村里接待他们的那家人家，由参加葬礼者分享（图12-15）。

家中地位差不多的人，其葬礼上杀牛的数量应该是一样的，或者后去世者要多于先去世者。比如，老大去世时，其葬礼杀了两头牛，后去世的兄弟一般也不能少于两

图 12-15 葬礼上亲戚牵来的牛，牛头要给主家

头牛。于是，为了不给子孙后人造成太大的负担，就出现了葬礼上主家尽量少杀牛的现象。现在元阳哈尼族人的葬礼上，主家一般都是杀一头水牛——经济条件好的杀一头大牛，经济条件不太好的就杀一头小牛。

除了主家自备的牛，死者的亲戚还要赠送牛、猪等作为祭品。其中赠牛的行为，在当地称作"牵牛"。"牵牛"的亲戚主要是指从亡者的父亲开始，到其儿子之间的三代姻亲。其他的亲戚朋友，多是送一只小猪。"牵牛"是传统规矩，不能省。但牵多大的牛，则是可以并且应该事先协商好的。通常情况下，接受"牵牛"的一方在对方家庭举办葬礼时，要回赠同等或更高价值的牛。所以，主家接受的牛越多，将来要还的"牛债"也就越多。几乎所有接受我们采访的人都认为，现在的葬礼对主家而言有着相当大的经济压力。不少家庭因为办一次葬礼就变得赤贫，需要好几年才能缓过劲来。

元阳哈尼族人的在葬礼杀牛习俗，如今也在不同程度上影响到了其他民族。比如，彝族人办葬礼时，只要是经济不太困难的亲家，都要牵一头牛给主家。和哈尼族不同的是，彝族人可以牵水牛，也可以牵黄牛。

彝族人在葬礼上杀牛的习俗，可能和近年来不同民族间的通婚越来越多有关。元阳县梯田管理局司机小杨是彝族人（生于 1984 年），娶了个哈尼族的妻子。小杨家里的老人去世时，亲家按哈尼族规矩，牵了一头牛来。等到小杨的亲家有老人去世时，小杨也不得不按哈尼族规矩，牵了一头牛给亲家。小杨说，他本来是打算送 2000 元现金给亲家的，这样可以在经济上起点帮扶作用，但没想到亲家那边坚决不答应，一定要他牵一头牛来。

同在元阳县梯田管理局工作的亚鹏斌同志，是牛角寨乡一村的傣族人。据他回忆，2005 年他 88 岁的奶奶去世。去世前，她特意留下遗嘱说"不要杀牛"，因为"小时候放牛太多，到那边不想放牛了，改养养猪就行"。因为有这份遗嘱，亚鹏斌自己家没有杀牛，只杀了十几头猪。不过，来上祭的亲戚可不管这套，他们一共牵了七八头牛来。傣族人在葬礼上杀牛的习俗和哈尼族是一样的。

表面上看，哈尼族人在葬礼上宰杀了数量不菲的耕牛（以及家猪），这是相当铺张浪费的。不过，笔者认为这种看起来不合常理的事情，其实有着存在的合理意义。

首先我们要意识到，葬礼杀牛是从传统社会带到现代社会的一个行为。在元阳哈尼族的传统社会里，相当一部分土地是集中在少数地主和富农手里的。而不管是富户还是一般人家，在举办葬礼时都是全村人来帮忙的。富户的子女通常比穷人多，从而也有更多的富有亲家，因此在葬礼上杀掉的牛也比较多。不过，这些牛的肉只有一小部分是被葬礼的主家成员吃掉的。大部分的牛肉，都被参加葬礼的所有人分食了。所以在传统社会里，葬礼杀牛其实是带有"劫富济贫"意味的。1950年之前的元阳农村，肉类食物总的说来是比较匮乏的，人们平时难得吃上一次肉。葬礼上吃到的牛肉，对普通人而言堪称来之不易的奢侈品。

其次，由于"牵牛"的姻亲涉及三代人，所以牵扯到的家庭和村寨是相当多的。在传统社会，由于交通工具和条件所限，通婚半径远不如现在那么大。这意味着，每次葬礼都是附近一些村寨的"联谊会"。通过葬礼，哈尼族的寨子之间加强了联系，增进了地缘联络。

再次，哈尼族人只在举办葬礼和过苦扎扎时杀牛，他们在平时是不杀牛的。平时不杀牛，就等于保护了耕牛，因为这样就杜绝了平时的牛肉消费。从这个角度来说，汉族地区常见的保护耕牛的政令，可能是因为牛肉消费的经常性存在。1930年代的一份报纸说："每于田事告终之际，一般农民顿忘耕牛工作辛苦，售去供人宰杀，藉省冬季数月食料，故价虽低廉，亦弗计及。"[1] 卖牛者，多是家境贫寒的农户，他们由于种种原因而不得不靠卖牛来变现、应急。而买牛者，相当一部分不是为了耕田，而是为了贩卖到城市里，供人食用。这些吃牛肉的城里人，因为自己不耕田，所以也不用关心牛的耕田作用。正是由于牛肉消费的市场存在，而且不小，才会导致耕牛数量减少到影响耕田的地步。

小结

在农业社会，耕牛的地位通常是非常重要的。依靠精耕细作而开展农业的哈尼族人，耕牛对于他们而言更具特殊意义。

因为对耕牛有着强烈的依赖，哈尼族人不只把牛当作生产工具，还视其为共同劳

---

1. 春蚕 . 乡村素描之三：牛肉市场 . 吴江日报 .1932年10月28日。转引自《环境、农事与耕牛》，王加华 [J]《中国农史》2008年，第1期：32～40.

动、共同生活的伙伴。他们不忍心将耕牛置于户外，而让它和自己一起"住"进了家里。

哈尼族人不仅今生今世与耕牛相依，他们还将耕牛视为下辈子也不可或缺的伙伴。在去往另一个世界的时候，他们也不忘带上这位"朋友"——尽管是以今天我们看来比较残忍的一种方式。

耕牛和梯田的密切关系，不仅表现在耕牛在梯田里的劳作。耕牛辛勤劳动的成果是水稻，而水稻收割之后的稻草，一部分就成了饲料，进入了耕牛的肚子。耕牛拉出的粪便，反过来又是重要的田间肥料。

耕牛还是苦扎扎节这个重大节日上公共祭祀活动的最重要祭品。面对气势磅礴的梯田，除了水牛，还有什么能当得起这个重任呢？

耕牛和哈尼族人一起，将大地"雕刻"成了梯田。

第十三章
水碾房

孙娜 罗德胤

我们在前文已经说过，元阳哈尼族村寨里的公共空间是寨神林和磨秋场，它们起到了类似于汉族聚落里祠堂和庙宇的作用。元阳其他民族的村寨大多也有寨神林，有的还会有一座小规模的庙宇。因为公共建筑缺乏，或者公共建筑很少而且规模很小，所以元阳梯田村寨给人的印象是由一座座长相类似的住宅组成的。

但是，如果你是一位细心的访客，就会在有的村寨里发现一种特殊的建筑。它看上去像住宅，但是规模要小一些，高度要矮一些。最特殊的，是它总是在小溪边，而且身旁总会有一个巨大的木制轮子相伴。这就是水碾房了。

水碾房是用来给稻谷去壳的。梯田产稻谷，这是梯田人民的主粮。稻谷要去壳才能食用，所以水碾房是一种重要的生产工具，也是一道别致的村落景观。

其实水碾房进入元阳的时间是相当晚的。据《元阳县志》记载：李学（又名李国钧），彝族人，生于1881年，从小跟人学习铁、木、石工技术；1901年，李学被稿吾土司征兵，随之开赴广西；龙觐光部在广西百色被陆荣廷缴械之后，李学在两广一带流落数年，其间学到了建造水碾的先进技术；1922年返乡后，他在小新街建造和安装了元阳第一座水力碾米房，为当地揭开了水力碾米的历史；1934年李学由石碑寨迁居牛角寨，并于几年内在牛角寨、良心寨两地建起三座水碾房，从此水碾房在元阳得到越来越广泛的推广；李学于1949年病故，时年68岁。[1]

---

1. 云南省元阳县志编纂委员会编纂.元阳县志 [M].贵阳：贵州民族出版社，1990：665

在李学建造第一座水碾之前，元阳梯田里的人们是用土砻来给稻谷去壳的。和水碾利用水力不同，土砻要靠人力来旋转砻盘来脱去谷壳，劳动效率较低。

建设水碾房，首先要有好的水利条件，一般是在流量足够而落差较大的地方。在1950年之前，梯田里的农民虽然也组织人力开挖水沟，改善水利，但由于技术水平、组织能力的限制，不是个个村寨都有条件建设水碾房的。比如，上主鲁老寨是个水利条件不太好的村寨，所以尽管其历史较久，却也没有水碾房。

水碾房是聚落经济水平的一种体现。修建水碾房不像建蘑菇房，后者靠村民相助就可以完成。做水车和碾轮，需要专门的工匠费心打造，造价不菲。垭口村是个比较贫困的寨子，这里虽然拥有很好的水利条件，也没有水碾房。

水碾房也是聚落发展到一定程度才出现的。根据我们在元阳几个寨子里的调查，一座水碾房可以供二三十户人家使用。如果寨子里的人家太少，也不值得投资修建。

列入申遗整治工作的五个村寨里，上主鲁老寨和垭口寨没有水碾房，全福庄中寨有三处，牛倮普村有一处，阿者科村则有两处（分别位于村中心偏北处和村尾磨秋场处）。这三个村寨的六处水碾房，其产权形式有两种。全福庄中寨的三处是属于私人所有的，而牛倮普、阿者科的水碾坊则是附近的二三十户共建共有的。私有的水碾，也会供寨中其他人使用。公有的水碾房，则仅供拥有产权的这几十户人家使用，他们会选其中一户来负责水碾的运行和维修。不管是私人的水碾房还是公有的水碾房，使用者都要给碾房主人或管理员一些稻谷作为报酬。

我们在阿者科村测绘和调研了一座水碾房。这座水碾房村中心偏北处，村内主水渠转弯处下方。该处的水位落差接近4米。水渠转弯处设置水闸，水闸前方另修水道通向水车，形成"Y"字形水道。使用水碾时，将木板安装在水闸内，截断水渠，水流顺水道流向下方的木制水槽，推动水车转动。阿者科村这条溪流的水量很大，雨季常常漫过路面，为保证涨水时不启动水车，可将水槽推至一侧（图13-01）。

水碾房的下方是一小片平地，水流到此速度减缓，蜿蜒穿过场地中间几棵姿态各异的古树，平地边上还有一座水井，现在已经弃置不用。

水碾房坐南朝北（略偏西），面宽只有一间，6.34米，进深5.4米。墙体承重，结构非常简单。建筑北部贴崖而建，其他三面均为厚43厘米、高2.2米的石墙，外面还抹了厚厚的白灰（山墙面石墙上方土坯砖）。牛倮普村的水碾房和阿者科的这座水

图 13-01 阿者科水碾房

碾房形式接近，建筑材料也类似。全福庄中寨的三座水碾房，墙体下部有不到 1 米的石墙基，石墙基上方仍为土坯墙。牛倮普村和阿者科村本来就有用石墙建房的传统，而石墙用在水碾房上，更有利于减少水流对墙体的侵蚀。水碾房除大门外，一般仅在碾盘位置开一个小窗，采光条件较差。

水碾由石质碾槽、碾盘和木制碾轮组、水车及连接轴等组成。水车由井形支架、两块环形板（外径 3 米，内径 2.52 米，内部用木板封上）及 30 块叶片组成。水车用转轴架在碾房和侧面石壁上，转轴低于碾坊室内地面约 0.4 米。水碾房靠外墙处，居中挖长 1.3 米、宽 1.15 米、深 1 米的坑，周边用石块堆砌，里面放置一纵一横两个木制碾轮。碾轮均直径 1.04 米，有 24 个木齿。横碾轮固定在一根长约 2.1 米的方立轴底端，方立轴一端放在一个"铁碗"中，一段端固定在人字形立架支撑的横梁上。碾房地面上以立轴为圆心，由 8 块刻有沟槽的弧形石块拼成直径 2.18 米的碾槽。立轴中部斜着固定一块方木，是用来固定碾盘杆的。圆形石质的碾盘直径 72 厘米，中间厚约 19 厘米，向周边逐渐变薄至 5 厘米，其形状恰好契合碾槽的形状。

当水落下时，水车叶片之间会暂时储存一些水。水增加到一定程度时，便带动水车做顺时针转动。水力通过连接轴，驱动室内底坑里的碾轮组，带动碾盘在碾槽内滚动。碾槽内凿有不规则的石痕，稻谷被碾盘挤压，就会脱去稻壳。碾房内还配有和碾槽截面形状相配的三角形木铲，用于铺开稻谷。碾房内一般有旋转式扬谷扇车，碾过的稻米倒入扬谷扇车中扬去谷壳，就得到可以食用的干净稻米了。用水碾碾出的稻米，不会去掉梯田红米表面的营养物质，很好地保持了梯田红米的原始口感和食用价值。

水碾木制的构件均须用干燥的硬杂木制成，如锥栗木、五眼果木等；石质的碾盘和碾槽须用当地的麻布石精雕而成。

哈尼族传统住宅的木构架均是简单的梁柱搭接，没有复杂的榫卯构造，而水碾房则不然，水车和齿轮均是用数块木板拼合卯接而成，牢固度和精确度的要求极高，齿轮局部还要用铁件加固。其对木匠的工艺要求远高于建房。事实上，能做水车的匠人非常少。元阳县建设局的工程师老白，今年 60 岁，年轻时曾做过水车木匠。20 世纪70 年代，他和助手要花一个月时间才能做一架水车（图 13-02 ~ 图 13-09）。

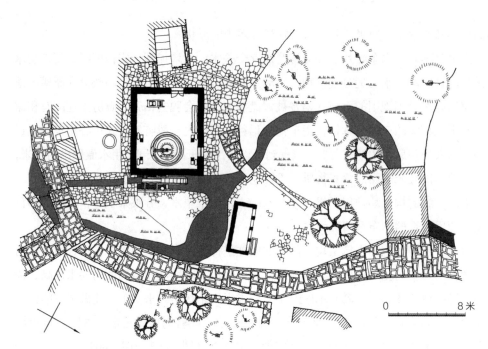

0   8米

图 13-02 阿者科水碾房总平面图

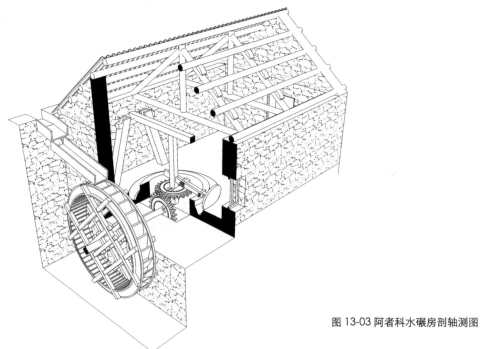

图 13-03 阿者科水碾房剖轴测图

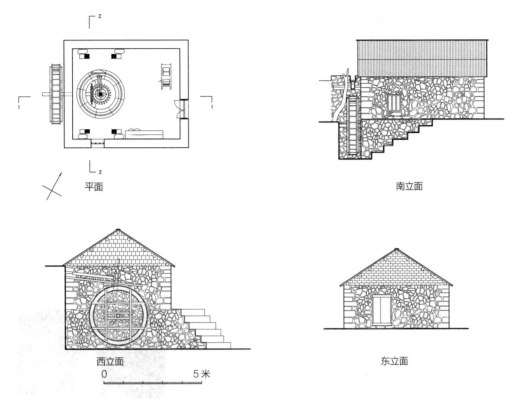

平面

南立面

西立面

0 　　　　　　　 5米

东立面

图 13-04 阿者科水碾房平面与立面图

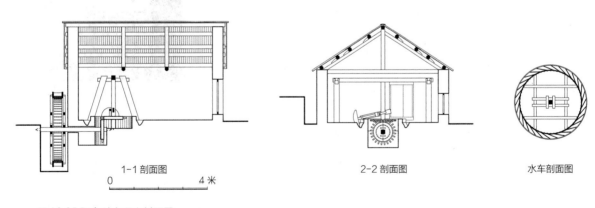

1-1 剖面图

0 　　　　　　　 4米

2-2 剖面图

水车剖面图

图 13-05 阿者科水碾房剖面图

附录：几篇采访笔记

　　此处收录的几篇采访笔记，是作者将采访材料整理成文章之后"剩余"的内容。因为无法放入正文，但是又属于和梯田村寨相关的第一手资料，故收入附录。

1. 采访大寨摩匹李雄辉

时　　间：2010-10-19

地　　点：大寨村 112 号，李雄辉家、大鱼塘村
　　　　　水上餐厅

采 访 人：罗德胤、霍晓卫、孙娜

被采访人：李雄辉，生于 1967 年，大寨摩匹

全福庄大寨摩匹李雄辉展示他的
"帕合"

　　问：除了您，大寨还有几位摩匹呢？

　　答：哈尼族村寨（的巫师）有摩匹和贝玛，摩匹是贝玛的老师。整个全福庄只有两个摩匹，大寨和小寨各一个。小寨的摩匹叫杨志和。摩匹可以率领徒弟们在葬礼上举行祭祀仪式，贝玛不行。贝玛只能给人叫魂，和在喜事、聚会上做祭祀。摩匹要有

代表其威信的信物"帕合"。

（李雄辉向我们出示了他的"帕合"——一个黑色土布袋、丧事时用来杀牛用的刀和包括一小把大米在内的几样祭祀用品。）

问：您从什么时候开始当摩匹的？

答：属马年（2001年）我父亲去世（时年81岁），之后就由我正式当摩匹了。之前大寨的摩匹是我父亲。我是跟我父亲学的。父亲名叫李嘎龙。

问：您多大的时候学做摩匹的？

答：14虚岁那年（1980年），上完小学，开始跟父亲学。学了三年，就可以去给人叫魂了，是贝玛。

问：您有兄弟吗？他们没有学当摩匹？

答：我们一共七兄妹，三男四女。女的是不能当摩匹的。我的两个哥哥也学了，但是不如我学得好。他们是贝玛，不是摩匹。

问：那么说摩匹都是跟父亲学的？卢姓人有做摩匹或贝玛的吗？

答：摩匹可以收多个徒弟，不止自家人和本姓人，也可以是其他姓的人。不过现在全福庄的贝玛大多数姓李，卢姓基本没有做贝玛的。

问：摩匹一年里什么时候最忙？

答：现在是春节之后的两个月里最忙。哈尼人出远门一般选属马或属虎的日子，属蛇日不宜出门。出发之前，要请摩匹叫魂。春节一过，打工的人就要离开家乡，进城找工作了，所以这段时间摩匹是最忙的。

问：全福庄的主要节日有哪些？什么日期？

答：有二月份的祭龙，就是昂玛突节，从属马日开始。还六月份的苦扎扎节，也就是彝族六月二十四的火把节，属狗日立秋千，属猪日杀牛。一个月有两到三个合适的日子过节，但是现在村委会都统一日期了。从坝达到菁口、龙树坝这些寨子，日期也都是一样的。以前过节是很严格的，寨子外的人不允许进来。

问：二月节时您要做祭祀吗？

答：是的。昂玛突节属马日那天，我要带几个手下"巡村"，将不好的东西、邪气咒出村外。

问：大寨的昂玛突有什么程序吗？

答：（见正文）

问：寨神林里的神树如何选定？

答：（未直接回答）神树有病就要换另外一棵。这由咪谷来选。选好后要请摩匹来叫魂。叫魂的时候，摩匹负责杀一头猪、一只公鸡和一只母鸡，咪谷再杀一只公鸡，都切成小片肉，摆在石供台上"献饭"。

问：六月苦扎扎节又怎么过呢？

答：（见正文）

问：葬礼一般要举行几天？

答：葬礼要举行三天。第一天杀鸡，叫魂。第二天亲戚朋友都来祭拜，最忙碌。女死者的外家要赶牛来（祭祀）。大小舅子要来"上祭"。这天要杀牛。第三天出殡，需要请摩匹选时辰。若是年岁大的老人，停灵的时间可以延长，便于道远的亲朋都可以来祭祀。

问：村寨的选址有什么原则？是否遵照"惹罗古规"（比如中寨六十年代建寨时）？

答：要请当地看山的人拿三粒谷子种在地里，过几天去看是否长出芽来；还要往地上扔一个鸡蛋，看能不能砸碎。中寨有一家姓卢的，盖房子的时候请过地师来看地。

问：我看过一本书上写全福庄卢姓父子联名制下来有六七十代人，大寨有多少代了呢？

答：（未直接回答）李、卢两姓是最早迁来大寨的，其中李姓从胜村的主鲁寨搬来。

问：能大概说一下大寨的历史么？哪个组先来的？大概多少年了？

答：三四组多姓卢，他们可能是由一个地方迁来的，所以共用一个寨神林。大寨一共有六个咪谷，一二组、三四组、五组各有两个，其中四组的咪谷是最大的咪谷。这可能说明三四组的居民是最早迁来的。五组居民是从三四组分出来的，成寨时间比中寨早，差不多有六七十年。新寨子从老寨迁出的时候，要从老寨的寨神林那里找几棵小树，迁种到新寨的寨神林里。

问：小寨也是从大寨分出的么？大概什么时间？

答：小寨（卢、高、李为主要姓氏）不是从大寨分出去的，而是从上寨（多姓李）分出。上寨可能是从大寨分出去的，时间不清楚。迁到上寨，可能是因为当时有战乱。上寨的地址可能是没认真选过的，比较仓促，所以现在上寨不太好。上寨现在没有摩匹和咪谷。老摩匹和老咪谷前些年去世了，摩匹没人继承，新咪谷也选不出来。自己寨子里没有摩匹，可以请外寨的摩匹来做祭祀。但咪谷必须是本寨的人。咪谷要镇得住邪气。上寨老的大咪谷死后，选过一个新的大咪谷。但是这个大咪谷在选上后家里就遇到不好的事，就主动提出不干了，别人也不敢当。

问：如果大寨人口再增加，还有可能再像分出中寨一样向外分寨么？

答：这些年大寨的户数虽然增加了一些，但还没有到需要分寨的地步。中寨是1963年由大寨的几家人迁出去的。在1963年之前，那里是集体的荒地，有人住之后才变为私地的。1983年分林、田到户，之后土地归属就基本成形了。道路、水池和神林是公共的，其他都分到各家。如果要新建水池，在选好位置后，村委会要和那块地的主人协商，给补偿。一般都能协商成功，因为他不同意，村委会就可能不让他家到公共水井取水。建水池时，村组长安排义务工。水管要从谁家旁边过的话，跟这家人打声招呼就行。公厕也是集体的，但是因为卫生问题，新建公厕比较难，多为改建或扩建原来的厕所。摩匹给人叫魂的时候，要到水井那里打一瓢水。大寨"真正的"[1]水井就在（四组）下面。

问：全福庄还有公共的坟地么？

答：大寨的寨神林上面有一处公共坟山，离公路200米左右。中寨上面的茶山西侧也有一处。这两处公共坟山是整个全福庄共用的。

问：大寨有沟长吗？

答：有的，沟长也叫水长。沟长管全福庄大沟，不管小沟。进入村寨后的水如何分配，沟长是不管的。以前每家在秋收时要给沟长一点给谷子，现在是给钱，村委会按户收了之后给沟长。各家田里用水，一般是自己协商的，协商不了才找沟长。

问：大寨发生过大的火灾么？

答：有过火灾。二三十年前，发生一次大火灾。烧了一、二组的三四十户人家。

问：能问一下您的家庭状况和住房情况吗？

答：我家有四口人，我夫妇和一子一女。女儿已经出嫁。住房是1991年改建的。改建之前的老房子，大概是100年前盖的。改建之后是砖混结构的房子，层高加高，

---

1. 指泉水汇集而成的水池，多是历史较早的。其他"水井"，是引山泉而成的水池，不是真正的水井。

平面加大，屋顶换成混凝土的。后墙还是用石头的，神龛用红砖砌。改建前的二层净高 1.7 米左右，现在净高 2.4 米（层高 2.7 米）。一层从原来的 1.6 米加高到 2.2 米，还是用来关牲口和放农具。新房子也没有烟囱，排气不好，所以屋里的墙全都熏黑了。

哈尼族人的房子里，中柱是最重要的。妇女不能碰中柱。火塘也很神圣，大家围坐着商量事情，冬天老人烤火。因为不透风，冬天屋子里比较暖和。大门外面有一间房，是给小孩住的，方便他（她）谈恋爱。现在盖这么一套住房，大概要花十几万元。盖房子的时候，主人自己设计，也要请木匠。亲戚朋友会来帮工，有的时候还要请小工。

后墙上有大、小神龛各一个，是给老祖先回来过年的（春节、六月节等）。原来都有篾供台，现在有的房子没有了。小神龛位于楼梯旁靠近门口的位置。供奉的食物有的是八碗，有的是十六碗。

问：盖房子的时候有什么讲究吗？

答：建房一般要请摩匹或本寨"懂的人"来选日子，要请贝玛来做祭祀。建地基那天，要杀鸡杀猪，分糯米给帮手、路过的人和小孩。上梁和搬家时，也要分糯米。搬家时还要请贝玛做祭祀，祭祀后才能吃饭。

问：住宅的朝向有讲究么？

答：要朝向开阔处。不一定朝哪个方向，一般不朝向山，而是朝向开阔处。具体的方向是请地师来选定的。地师不一定要请本村寨的，但一般都是请本民族的而且是主人家熟悉的人。我家盖房请的是安达寨的一个地师，他给选的位置。

问：您做祭祀有报酬吗？

答：摩匹报酬由主人家随意给，一般行情是一天七八十元。这几年每年靠这个能有约一两千元的收入。

问：其他还有什么收入？

答：有水田三亩多，收获稻谷二十袋，每袋约 60 斤，总共 1200 斤左右。还搞点养殖，每年收入也有一千多元。

2. 采访大寨大咪谷卢文林

时　间：2010-10-20

地 点：大寨 202 号，四组大咪谷家，卢文林（52 岁）

采访人：罗德胤、霍晓卫、孙娜

问：您什么时候当上咪谷的？

答：我家从曾祖父到我，已经连续四代当咪谷了。曾祖父往上的祖辈是不是当咪谷，我不清楚。我是从父亲卢主应（1924-2002 年）去世后开始当咪谷的。父亲把祭神树的仪式、祭词等都传授给了我，才可以继承的。咪谷"正"，寨子才会平安无事。

问：您知道大寨卢姓是从哪里迁来的？

答：卢姓据说是从麻栗寨迁来的，人口占三四组的 80% 左右。其他姓还有李、陈、龙、罗等，只占少数。

问：李姓呢？

答：李姓据老人说是从祖鲁寨迁来的。

问：您要处理寨内的纠纷么？

答：寨内有纠纷时，我要和村干部们一起商量。我们寨子里一向和平，一般也不同外人争斗。（哈尼族人）认为争斗是丢脸的。如果村内争斗很多，大家也会认为咪谷有责任。

问：您当咪谷有报酬么？

答：每年十二月，村委会负责向寨内每户收取一些稻谷给咪谷。去年是每户 5 斤，其中 3 斤给大咪谷，2 斤给小咪谷。昂玛突节时，大、小咪谷和其他工作人员各能分到一斤猪肉（一般会宰杀一头不超过 80 公斤重的猪），普通人家只能分得几两。猪肉过去是用大叶子（比如芭蕉叶）包着给各户的，现在改用塑料布了，各家拿碗来取。这些肉拿回家做熟后，要先"献饭"给祖先，第三天还要拿到神林里吃。摩匹可以拿到约 30 元的工钱。

问：昂玛突时您要做什么？

答：当年出生的小孩要来给咪谷磕头，送给咪谷鸡蛋、蝌蚪（代表水中的动物，可以炸来吃）、小鸟（代表天上飞的动物，男孩子送，女孩不送），还送烟、酒、肉等。

在属羊日，咪谷负责杀一头猪和一只公鸡，而摩匹负责杀另一只公鸡和一只母鸡、一只鸭子（分别代表男人、女人和小孩）。猪肝要拿出来看，预测来年寨子里的吉凶和参加祭祀者的生活是否顺利。如果不好的话，就要请摩匹来叫魂。杀完祭品后，在寨神林里要象征性地煮点猪肝、下杂肉（腹部五花肉），并用大蒜调味、搅拌后分食。属猴日再去寨神林里煮内脏、猪头等。

问：昂玛突时各家派一个代表进寨神林？

答：过去是每家派一个代表，端着篾供桌进寨神林。现在可以派两个代表，一个男人，另一个一般是小孩（男女皆可）。游客也可以进去免费吃喝。结了婚的女人就不能再进寨神林了。篾供桌上放 6、8 或 10 个碗，盛满菜。三四组一共有 100 多户，每家要摆一张供桌。每家代表要给咪谷磕头敬酒，咪谷不管喝不喝都要用嘴泯一点。

问：昂玛突时在寨神林里吃饭要吃多久？

答：具体时间要看天气，一般两个小时左右，但是也有吃到天黑的。吃饭的时候，碗不可以掉在地上，树叶也不能掉在桌子上，否则要请摩匹来叫魂。以前没有凳子，都是蹲着吃，或者盘腿坐在地上吃饭，现在带凳子进去，可以坐着吃了。

问：大寨要摆长街宴么？

答：长街宴是俄扎乡哈播寨过十月年时摆的，我们这里不摆（包括全福庄、箐口、大鱼塘）。1993 年因为开国际会议，在大寨的小学那里摆过。

问：昂玛突吃饭时各家篾桌的摆法有讲究吗？

答：每家都有固定位置的，不能乱摆。

问：您家现在经济收入如何？

答：有 4 ～ 5 亩旱地，原来种玉米、蔬菜，现在退耕还林了，国家每年给 240 元 / 亩的补偿。还有 4 亩多水田，每年能得约 40 袋（每袋约 60 斤），折合产量约 400 斤 / 亩。粮食不够吃，要从外面买。

问：您现在家里有几口人？

答：12 口，我夫妻俩，老母亲，四个儿子，老大有两个孩子（一男一女），老二有三个孩子（一男二女），老三、老四还没结婚。

问：您家的房子是什么时候盖的？

答：是在我爷爷手里盖的，当时我还没出世。在我一岁的时候，加建了大门外右边的一间户。

问：这间房现在住着您的老母亲？

答：是的。老母亲本来应该住屋里的女主人房，但是因为有残疾，身体状况不好，怕烟熏，就住到外面这间房了。

问：您觉得这个老房子有什么不舒服的地方吗？

答：烟熏着不舒服，还漏雨，但是比新房子暖和。最好能加上卫生间、淋浴。牲口可以移到外面，但是别太远，怕丢。

问：今年苦扎扎每户交了多少钱？

答：20元，一共270多家，每家能分得五两牛肉。大咪谷有8斤肉，小咪谷有6斤肉。帮忙杀牛分肉的人是按组每年轮换的，具体由小组长安排。牛头、牛脚和内脏由工作人员分食。

问：以前的祭祀房有多大？

答：比现在的祭祀房大得多，大概有10米长，5米宽，屋檐比人略微高一点。

问：磨秋场是在小学那里吗？

答：是的。小学原来是在三组下面的厕所旁边，1968或1969年搬到现在的位置，后来又扩建，磨秋和秋千架被挤到教学楼背后去了。磨秋场原来是可以看到周围的山林和田地的（视野开阔），咪谷要对着田地喊祝祠。现在看不到了。

问：新米节是什么日期？

答：新米节是八月份属龙日。之前的一天，咪谷和帮忙的人（村组长和一些老人）要杀一头猪做祭祀，摩匹不参加。地点是在中寨磨秋场下面，有三块石头的地方。

问：那里不是中寨举行新米节的地方吗？

答：中寨新米节是在寨神林的下面。

问：十月年需要咪谷主持么？

答：以前（指1950年之前）要杀一头猪，咪谷主持祭祀。后来不需要了，各家吃点糯米粑粑。这几年经济条件好了，也请咪谷杀猪祭祀（不请摩匹）。重视程度不如春节。

问：大寨现在还有冲肥吗？

答：现在没有了，以前有。现在是把肥料晒干了，背到田里。

3、采访大寨五组咪谷卢家和

时　　间：2010-10-21
地　　点：五组咪谷卢家和（68岁）家
采访人：罗德胤、霍晓卫、孙娜

全福庄大寨五组咪谷卢家和

问：您什么时候当上咪谷的？

答：有10年了。我爷爷和我爸爸都是咪谷。爷爷的爸爸是不是咪谷，我就不知道了。

问：五组是什么时候从大寨分出去的？

答：五组以姓卢的人为主。什么时候搬来的不清楚，我太爷爷那代人就住在这里了。

问：五组有贝玛么？

答：没有。五组人需要叫魂了，就请中寨的贝玛李落矮来。李落矮现年70岁左右。中寨还有一位贝玛，名叫李欧中，给中寨过昂玛突。这两人不是摩匹，不能主持葬礼上的祭祀仪式。上寨也没有贝玛，上寨人请小寨的摩匹杨志和给他们叫魂和主持祭祀仪式。整个全福庄只有两个摩匹，即大寨的李雄辉和小寨的杨志和。

问：您要主持昂玛突吗？

答：我主持五组的爱哈苦（anhaku）。五组的爱哈苦就是昂玛突，隔年举行一次。我家里有爱哈苦和葬礼上用的鼓和锣。我不主持苦扎扎，五组的苦扎扎由大寨的大咪谷（即卢文林）负责。

问：爱哈苦有叫寨魂的仪式么？

答：有的。祭祀程序是：贝玛从神树林到中寨和小寨的分界处叫魂，然后再回到神树林。五组的神树林靠近中寨。另外还有俣或索，杀公、母小鸡各一只，到咪谷门外的水井边，祭祀水井。

问：五组有"寨心石"吗？

答：我没听说过"寨心石"的说法。

问：五组有寨门吗？在哪里？

答：中寨水井下面有棵多依树，就是五组的寨门。

问：您家现在有几口人？有多少水田？

答：7口，我和妻子有两个儿子；老大已结婚，有一子一女；老二还没结婚。有3亩多水田。本来还有1、2亩旱地，现在种上树了。

4、采访小寨咪谷卢扣福、摩匹杨志和

时　间：2010-10-22

地　点：小寨咪谷卢扣福（80岁）家、杨志和
　　　　（53岁）家

采访人：罗德胤、孙娜

全福庄小寨咪谷卢扣福

问：您当咪谷多少年了？

卢：1954年，我25岁，父亲把咪谷（的位置）传给我了。那年我父亲75岁，年纪太大了。我有个哥哥，大我三岁，但是他身体不好，不能当咪谷。去年我老伴去世，今年我也不当了。按规矩是在过昂玛突节前选新的咪谷，所以新咪谷要明年春天才新选。

问：如果没有合适人选，就传给大儿子吗？

卢：如果选不出咪谷，那就不举行全寨的祭祀活动了，各家自己祭祀，相当于不

过节了。

问：小寨都有哪些姓氏？

杨：有杨、张、李、卢、陈、高、龙。20世纪40年代初，为联合起来一起抗击土匪，大寨的很多住户一起搬到了小寨。小寨还有一部分人来自麻栗寨，例如杨姓，占小寨人口一小半，祖上是从麻栗寨迁来的。

问：小寨昂玛突有普哈库么？

杨：有的。祭品包括两只小鸡（一公一母）、糯米、豆芽、炒黄豆、鸡蛋、魔芋、树花等。要到三个地方叫魂：①在寨子的田间"叫粮"；②在太阳落山的地方（指寨子西侧某处）"叫畜"；在寨子的东南方"叫人"。每叫过一处，都要返回寨神林重新倒酒夹肉祭祀一次。

问：寨神树为什么是一棵小树？

答：老神树长虫子了，所以就换了一棵。

问：有米咪咪么？

杨：米咪咪是在小寨去往中寨的寨脚位置。那里有块大石头。要准备两只鸡、一公一母（公鸡代表天界，母鸡代表人界）、一条公狗（取意是让人们别象狗一样爱吵架）、一只鸭子（代表地下界）、一只刚出壳的雏鸡（取意是不要带来火灾，要用一支穿了线的针把雏鸡的嘴对穿缝起来，然后活埋）。吃剩下的菜代表不好的东西，不能带回家。

问：有普作作么？

杨：二月属虎日举行普作作，人员包括磨批和另外九个人（包括咪谷，组长以及德高望重的老人）。每人自带一把凳子、一碗糯米和一个煮熟的鸡蛋。磨批在前诵经，九个人不能抽烟，不能说话，也不能动。这一天村里人都不能干活。这十个人是固定的。这个仪式只有当十人中某人去世选举新人时才举行。阿玛阿错（即昂玛突）时，十人坐在最靠近神树的主桌上。

问：要祭寨门么？

杨：祭寨门叫哈托托。寨门的位置在寨子向东和向西各100米的寨门处。每个寨门用两只公鸡，其他同中寨一样。第二天要看鸡头是否被老鼠吃掉，吃掉的话兆头不好。

问：祭水井吗？

杨：要的，但只祭其中最老的四口水井：两口水井靠近公路，一口位于磨秋场边下面，一口位于现在老年活动中心附近。

问：苦扎扎有什么活动？

杨：（和其他寨子一样）……第二天，大、小咪谷坐在秋房里，各家代表来给他们磕头。咪谷面前摆着一张桌子，各家代表要带一根黄瓜来，放在桌上。带黄瓜的原因，是要献饭给一胖一瘦两位神灵，胖的吃肉，瘦的吃黄瓜。这一天女人们是不能进入磨秋场的，各家媳妇在仪式结束后喊自家男人回家（否则魂就丢了）。转磨秋时，要由咪谷先转。咪谷顺时针转9圈，再逆时针转9圈。一边转，一边用带叶子的树枝拍打磨秋。

5. 采访土锅寨村民杨学清

日　　期：2012 年 3 月 31 日
采访对象：杨学清，45 岁，前村民小组组长
采 访 人：罗德胤 孙娜 张洪康

问：您家里有多少田地？
答：有 2 亩多水田，1 亩多旱地。土锅寨人均有水田 7、8 分。

问：您家里养牛了吗？
答：现在没有。要用牛的时候可以租。连牛带人工，插秧前犁田、耙田一共四天，价格是 120 元每天。我自己要负责"打埂子"，即铲草补埂。

问：您家这栋小楼是什么时候建的？
答：1998 年。之前这里是间小耳房，后面紧挨着我父母的住房。

问：土锅寨内有土基房（土坯砖）和土掌房（夯土墙），还有下部为夯土墙、上部为土坯砖的房屋，它们在年代上有先后吗？

答：夯土墙的耐久性好，但是比较费工，夯土时需要 3 ～ 5 个人同时干。取土背土的时间不计，仅夯土就需要 20 多天。我记得在 5 岁之前，寨子里夯土墙的房子很多，后来土坯房慢慢多起来了。打土坯可以自己掌握时间，只需在垒墙的时候找人帮忙即

可。不管是打土坯，还是夯土，都要在雨季之前（元阳雨季是清明节后到秋收前）。

问：土锅寨过清明节吗？

答：一般老人送上山（下葬）后满三年再去祭，之后隔年或每年去上坟都可以。第一次扫墓时要有一大一小两头猪，而且舅家、姨家都要来。第二次要一公一母两只鸡，之后有一只大公鸡即可。上坟都在中午时分，要去上香、献饭。

问：哈尼族过清明节么？

答：哈尼族以前是不上坟的，只有家里发生不好的事情时才会去。如果风水实在不好，会把坟移走。

问：土锅寨有龙树么？

答：有的，在寨子上边。龙树周边用石头垒成约10平方米的圈，平时不能进，只有"龙掌"（龙头）可以进去。

问：什么样的人可以当龙掌？

答：要满足三个条件。①属猪或虎的人才行。②只讨过一个老婆的人（离婚再娶的也不行）。③年龄在50岁以上，有儿有女，在村子里口碑要好。

问：如果满足这些条件的不止一个，怎么选出龙掌呢？

答：用鸭蛋占卜。将一个煮熟的鸭蛋切成两半，候选人拿着它们从几十厘米高的地方向下放，两半都扣着落地的，就合适了。

问：现任龙掌是谁？

答：杨正开，今年六十多岁。

问：村子里有几个贝玛？

答：两个，杨朝贵和杨开学。

问：村子里有庙么？

答：在村北有一座庙（占地有十几平方米），里面只有祭台，没有神像。以前是一座茅草顶的土坯房，屋顶是"两片瓦"。五六年前改为石头墙、石棉瓦顶的了。

问：祭祀活动是什么时候？

答：农历八月初二。有两个会长，寨子里各家都要出钱，杀一头猪祭祀，然后大家分肉。前年每家交了20元，去年是30元。会长还管死人的事，在葬礼上安排桌椅碗筷及各种人事。村里每家每年交一斤谷子，分给两个会长，这就是他们的报酬。

问：寨子下边有一条修得很整齐的石板路，是古驿道么？

答：是的。现在公路上方还有一条从新街镇到攀枝花的马帮路，新街镇上原来还有马店。以前一队马帮至少要有两个马锅头（即领头的人）、四匹马。每匹马载重大约100公斤。马锅头多是汉族人。

问：有寨门么？

答：有的，有两个，其中马帮路上那个是大寨门。祭龙树时，要在寨门的两棵树之间挂绳子。

6.采访姆基寨李颖超

日　　期：2012年5月1日

采访对象：李颖超，牛角寨乡的彝族人，1986年生，和70岁的外婆同住，因此对传统风俗还比较了解

采 访 人：孙娜

元阳彝族比较重要的节日包括春节、清明节、火把节、鬼节、中秋节等。

（1）春节。每家要请老贝玛叫魂。家里每人拿一件自己的衣服放在桌上，贝玛摇铃念咒，把"不干净的东西"驱走。每个人要给贝玛16元。

（2）清明节。要拔草、扫墓，放鞭炮。祭品包括至少一公一母两只鸡，还要买蛋糕。李颖超的外婆有3个女儿，所以杀了4只公鸡。清明时，每个女儿要送娘家一份礼，其中包括鸡、蜡烛、香、蛋糕等。

（3）火把节。农历的六月二十四。原先是在新街镇统一过的，有斗牛、摔跤、放烟花、晚会等，很热闹。2004年的火把节，由于人太多，把新街一中的墙都推倒了，还死了11个人，之后就取消这项活动。现在过火把节，是关系比较好的几家人在山上野餐，每人出点钱，带上音响设备，跳舞。

火把节的早上要杀鸡祭祀。姆基寨的村民一天吃两餐，分别是早上十点和下午四、五点。早餐前杀一只鸡，献饭，放鞭炮，磕头，烧香，烧纸钱。香要先插在门口，再插在灶台上，然后插在祖宗牌位前。

（4）鬼节。即七月半。从七月十四到十六都要点燃蜡烛，摆好水果，每天磕头一次，十五早上杀鸡献饭，把一杯酒和各种菜品等倒在路边。全家参加，尤其是小孩子必须参加。十六把水果全部扔掉。

（5）中秋节。要"献月亮"，即在院子里和房顶（平台）上，点燃蜡烛，摆上核桃、板栗、花生、木耳、绿豆、水果等祭品。

牛角寨村委会比较知名的贝玛有三个，思娘姆有两个。思娘姆可以和死人对话。2007 年李颖超的母亲去世后，他曾经去看过思娘姆，准备了酒、米、蜡烛等祭品，给了思娘姆十几块钱。

参考文献

[1] 国家文物局.红河哈尼梯田申报世界遗产文本.2001年版和2010年版

[2] 云南省元阳县志编纂委员会.元阳县志.贵阳:贵州民族出版社,1990

[3] 王清华.梯田文化论——哈尼族的生态农业.昆明:云南大学出版社,1999

[4] 王清华.哈尼族梯田农耕社会中的妇女角色.哈尼族文化论丛（第四辑）.昆明:云南民族出版社,2010

[5] 史军超.哈尼族文化大观.昆明:云南民族出版社,1999

[6] 张红榛.哈尼族祖先迁徙史.云南出版集团有限责任公司、云南美术出版社有限责任公司,2010

[7] 张红榛.哈尼族古谚语.云南出版集团有限责任公司、云南美术出版社有限责任公司,2010年

[8] 哈尼族简史.北京:民族出版社,2008

[9] 马翀炜.云海梯田里的寨子——云南省元阳县箐口村调查.北京:民族出版社,2009

[10] 郑宇.箐口村哈尼族社会生活中的仪式与交换.昆明:云南人民出版社,2009

[11] 谢伟.家园耕梦——哀牢腹地哈尼人.云南美术出版社,2006

[12] 范元昌,何作庆.红河哈尼族文化研究.云南大学出版社,2008

[13] 角媛梅.哈尼梯田自然与文化景观生态研究.北京:中国环境科学出版社,2009

[14] 陆建辉,张红榛.文化解读哈尼梯田丛书.农耕盛典——哈尼族节庆活动散记.昆明:云南出版集团有限责任公司、云南美术出版社有限责任公司,2010

[15] 云南省红河县志编纂委员会.红河县志.昆明:云南人民出版社,1991

[16] 南马,张红榛.文化解读哈尼梯田丛书.无字诗篇——哈尼族口传文化与梯田农业.昆明:云南出版集团有限责任公司、云南美术出版社有限责任公司,2010

[17] 云南省编辑组.云南彝族社会历史调查.昆明:民族出版社,2009

[18] 黄绍文.试论元阳县梯田文化生态旅游资源类型与开发对策.红河学院学报,2004

后记

  我们在元阳做现场调查期间，得到国家文物局、云南省文物局、红河州梯田管理局、元阳县政府和元阳县梯田管理局等部门的大力支持，在此致以诚挚的谢意。尤其要感谢两位老朋友，是红河州梯田管理局的张红榛局长和张洪康副局长。张红榛局长两次委托我们做梯田村寨的规划和整治工作，对我们的工作给予了最充分的信任和理解。张洪康副局长在现场陪我们的时间最长，他对地方情况的了解和对村寨生活的热爱使我们克服了调查中最让人头疼的民族语言问题。

  我们在北京有几位经常一起讨论哈尼族梯田的师长和朋友，对本书的写作起到了重要的推动作用。他们之中，必须提到的是中国建筑设计院的王力军老师，文化遗产研究院的张谨所长和赵云女士，以及中元公司的何伟嘉总工。

  书中采用了数量不少的建筑测绘图。作为对历史建筑的第一手的科学记录，这些测绘图具有不可替代的学术价值。完成测绘图的，是清华大学建筑学院2006级本科生高翔和2009级本科生郑晓佳、李晨星、吉亚君、任俊宇、叶亚乐，指导教师是罗德胤和孙娜。

  本书书稿在提交出版社之前，经过陈志华先生的审阅。

  还有很多人对本书的完成有贡献，在此一并谢过。由于篇幅有限，不再一一列举。

作者

2012年12月